GESTÃO DE CARREIRA
como ser o protagonista de sua própria história

www.editorasaraiva.com.br

Miriam Gold

GESTÃO DE CARREIRA
como ser o protagonista de sua própria história

SAIBA COMO:
- desvendar as exigências do cenário 4.0;
- promover o autoconhecimento e usá-lo a seu favor;
- alcançar seu verdadeiro potencial e construir a trajetória dos seus sonhos;
- tomar as melhores decisões para a sua carreira ou para o seu negócio;
- ter sucesso nas diferentes etapas e ciclos de sua carreira;
- inspirar-se e preparar-se para conquistar cargos de gestão ou liderança.

Av. Doutora Ruth Cardoso, 7221, 1º Andar
Pinheiros — São Paulo — SP — CEP: 05425-902

SAC | Dúvidas referente a conteúdo editorial, material de apoio e reclamações:
sac.sets@somoseducacao.com.br

Direção executiva	Flávia Alves Bravin
Direção editorial	Renata Pascual Müller
Gerência editorial	Rita de Cássia S. Puoço
Coordenação editorial	Fernando Alves
Edição	Ana Laura Valerio
	Neto Bach
	Thiago Fraga
Produção editorial	Alline Garcia Bullara
	Amanda Mota Loyola
	Daniela Nogueira Secondo
	Estela Janiski Zumbano
Serviços editoriais	Juliana Bojczuk Fermino
Preparação	Queni Winters
Revisão	Ana Maria Fiorini
	Queni Winters
Diagramação e capa	Negrito Produção Editorial
Imagens de capa	© Getty Images Plus/ iStock/ Selcebu
	© Getty Images Plus/ iStock/ PeopleImages
	© Getty Images Plus/ iStock/ Monkeybusinessimages
Imagens das aberturas das partes	© Getty Images Plus/ iStock/ G-stockstudio
	© Getty Images Plus/ iStock/ EmirMemedovski
	© Getty Images Plus/ iStock/ 4x6
Impressão e acabamento	Gráfica Paym

ISBN 978-85-7144-032-6

**DADOS INTERNACIONAIS DE CATALOGAÇÃO NA PUBLICAÇÃO (CIP)
ANGÉLICA ILACQUA CRB-8/7057**

Gold, Miriam
  Gestão de carreira: como ser o protagonista de sua própria história / Miriam Gold. — São Paulo: Saraiva Educação, 2019.
  Bibliografia
  ISBN 978-85-7144-032-6

  1. Profissões – Desenvolvimento 2. Carreira profissional – Sucesso 3. Desempenho 4. Liderança 5. Autoconhecimento I. Título

19-1100 CDD 650.14
CDU 65.011.4

Índice para catálogo sistemático:
1. Sucesso profissional

Copyright © Miriam Gold
2019 Saraiva Educação
Todos os direitos reservados.

1ª edição

Nenhuma parte desta publicação poderá ser reproduzida por qualquer meio ou forma sem a prévia autorização da Saraiva Educação. A violação dos direitos autorais é crime estabelecido na Lei n. 9.610/98 e punido pelo art. 184 do Código Penal.

| COD. OBRA | 603667 | CL | 651685 | CAE | 659735 |

DEDICATÓRIA

Jaime Gold, meu querido irmão,

Dedico este meu novo livro a você.
Muita coisa mudou depois que você se foi...
E eu só tenho a agradecer por ter tido a
oportunidade de conviver e aprender com você.
Obrigada por ter sido meu irmão!

Saudades imensas!

AGRADECIMENTOS

Este livro é resultado da minha jornada no mundo do trabalho. Depois de muitos anos no papel de professora, ministrando treinamentos, surgiu a oportunidade de me colocar em outro lugar, o da escuta. Foi ouvindo as pessoas sobre suas trajetórias e seus desafios profissionais que me encantei por uma nova profissão: o *coaching* e a mentoria de vida e carreira.

Para mim, vida e carreira são inseparáveis quando se chega à idade adulta. É o resultado na vida e carreira das pessoas que me motiva a seguir em frente: pessoas que chegam com a autoestima lá embaixo e que vão se dando conta de seus talentos, de suas realizações, de suas conquistas, e renovam seu otimismo e energia para as ações necessárias à realização; pessoas que percebem que precisam alterar alguma coisa em seus comportamentos, mas não sabem exatamente o que ou como fazer para conquistar seus sonhos e seus objetivos, e que, ao terminarmos o trabalho, sentem-se renovadas e agradecidas (não a mim, mas à possibilidade maravilhosa que o ser humano tem de olhar o mundo sob outra perspectiva, o que amplia os horizontes da felicidade e do bem-estar).

Sou grata à vida. Sou grata à minha história pessoal. E sou grata a pessoas especiais que alimentam minha fé, meus sonhos e meus projetos.

São tantas as pessoas que fizeram parte da minha jornada que, só de pensar nelas, a gratidão invade meu coração e um sorriso vem aos meus lábios.

Entre tantas pessoas especiais, meu primeiro e especial agradecimento é às minhas origens: ao meu pai, por conduzir minha família pelo valor da honestidade e trazer para a minha vida o valor do estudo; à minha mãe, pela bagagem que trouxe do Kibutz e por seu olhar humano para as pessoas à nossa volta; à minha avó, Regina, imigrante da Polônia, que me introduziu no universo da cultura europeia; e à minha avó, Clara, romena, sofrida, que me mostrou que a resiliência é fundamental e que os trabalhos manuais são um alento à dureza da vida.

Agradeço ao meu querido irmão, Jaime, sempre muito companheiro, um coração de ouro, que infelizmente teve encurtada sua presença entre nós; à Tamar, minha irmã, ao Guilherme, por estar sempre ao meu lado, e ao meu querido filho, Marcio, que me inspira, orgulha, motiva e me traz luz!

Sou especialmente grata à Saraiva Educação e ao querido Fernando Alves, por confiarem em mim e me darem a oportunidade de contribuir com meu aprendizado a profissionais que buscam uma realização mais plena em sua inserção no mundo do trabalho. Agradeço também ao time da editora, meus parceiros, e em particular ao Thiago Fraga, por seu cuidado e carinho na revisão e editoração.

Agradecimentos especiais a Monica Barg, que trouxe tanta contribuição à minha vida e que me orientou em alguns capítulos. A troca com você é sempre rica e proveitosa, além de divertida. Obrigada por fazer parte da minha vida.

Preciso também deixar registrada minha gratidão ao Rabino Ilan Stiefelmann e seus valiosos ensinamentos, que contribuíram para fortalecer meus pensamentos, falas e ações e norteá-los em função de um propósito maior.

Agradeço aos meus colegas do Grupo de Coaches do Rio de Janeiro, pelo compartilhamento de emoções e conhecimentos. Nossos encontros são sempre muito ricos e cada um de vocês traz contribuições valiosas ao nosso trabalho e ao nosso desenvolvimento pessoal. Vocês são demais!

Não posso deixar de mencionar e agradecer a duas pessoas muito importantes na minha trajetória: Cristina Fortes e Ana Cláudia Souza, minhas diretoras nas duas últimas organizações em que fui consultora associada. Líderes sábias e humanas, aprendi muito com vocês. Vocês tiveram papel decisivo em minha jornada!

Queridos colegas da DBM/LHH Consultoria e da Career Center, foi um privilégio trabalhar com vocês.

Conhecer e trabalhar com Zuleica Ramos, Cristina Rebelo e Daiane Moreira foi um presente. Mais do que profissionais competentes, vocês são pessoas que tornam o mundo melhor!

E como não agradecer, de coração, a todas essas pessoas que conheci e atendi nestes últimos dez anos e que me ensinaram tanto? Elas me desafiaram a ser cada vez melhor em minha atuação! Saber escutá-las com pureza de alma e poder contribuir fez – e faz – com que eu me sinta muito realizada. Não posso nomear todas as pessoas aqui por motivos éticos, mas elas estão presentes neste livro em cada frase, parágrafo, capítulo. Obrigada a todos!

Por fim, uma menção especial e minha gratidão aos queridos profissionais que escreveram seus depoimentos nas primeiras páginas deste livro. Meu coração está entrelaçado ao de vocês. Obrigada! Um abraço carinhoso!

SOBRE A AUTORA

MIRIAM GOLD é professora formada em Letras pela Universidade Federal do Rio de Janeiro (UFRJ), com especialização em Literatura Brasileira. Pós-graduada em Linguística do Texto pela UFRJ e em Educação e Qualidade na Empresa pela Universidade Santa Úrsula (USU). Possui formação em Psicanálise pelo Colégio Freudiano e aprimoramento em Gestão de Pessoas e Gestão de Competências pela Fundação Getulio Vargas (FGV).

Possui larga experiência no diálogo com o mundo corporativo, atuando em empresas de médio e grande porte por meio de consultorias, *workshops*, treinamentos e *coaching*.

Cria e desenvolve projetos e programas alinhados a necessidades específicas na área de gestão de pessoas, delegação, controle, comunicação, relacionamento interpessoal e inteligência emocional, tanto em empresas nacionais como multinacionais de diversos segmentos de mercado, como Petrobras, Icatu, Accenture, Intelig/Tim, Engepred, SulAmérica, Light, Enel, entre outras.

É *executive* e *career coach*, certificada internacionalmente pelo Behavioral Coaching Institute, dominando diferentes metodologias, *assessments*, ferramentas e técnicas para a geração de resultados sustentáveis e de excelência. Alguns de seus clientes são: ThyssenKrupp, Enel, brMalls, Kohler, Gearbulk , Travel Expert, Kasznar Advocacia, Globosat, Essilor.

Atua também com empreendedores e profissionais liberais em sua gestão e protagonismo, aprimorando habilidades requeridas para o sucesso do negócio.

Possui experiência comprovada na condução de processos de *coaching* de carreira e *outplacement*, com expertise em todas as etapas do processo: identificação de perfil profissional, elaboração das realizações e identificação de competências, estabelecimento da direção de carreira, LinkedIn, análise e abordagem de mercado, estratégias de *networking*, preparação para entrevistas.

Especialista na área de comunicação, tendo concebido metodologia inovadora de Comunicação Assertiva focada na eficácia e empatia.

Autora do livro *Redação Empresarial* (5ª edição), pela Saraiva Educação.

DEPOIMENTOS
SOBRE A AUTORA

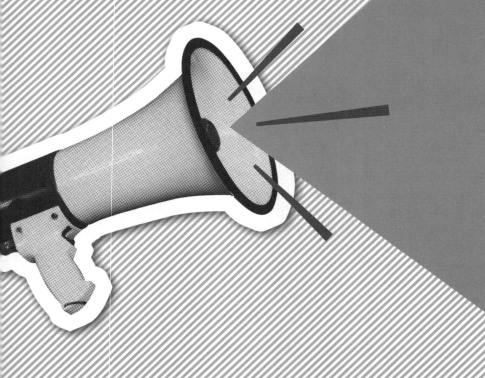

"O ano era 2012 e eu estava em uma fase de transição, tentando entender se estava finalizando ou iniciando um novo ciclo profissional. Sete anos se passaram e cada encontro com Miriam Gold, formal ou informal, é relevante. Aprendo técnicas valiosas que aplico e me dão suporte. Suas ponderações e *feedbacks* são certeiros, construtivos, desafiadores. Ela me ajudou a aprimorar minhas habilidades! Eu tinha alta performance mas me faltava autogestão, e, claro, confiança para pensar grande, usar a ambição e meus talentos de forma proativa, mais racional, assumindo responsabilidades, entendendo meus padrões, abandonando hábitos, muitas vezes abandonando pessoas – o grande desafio da ruptura – e assumindo o protagonismo que me cabe, levando em consideração o que eu gostaria para a minha vida, o que me gera satisfação, crescimento com bem-estar. Miriam me ensinou a fazer pausas, a respirar, fazer reflexões, comparações... transformações. E, acredite você, foram essas pausas, ponderações e *feedbacks* que me ajudaram a construir a Carul que sou hoje, como pessoa e profissional. E eu adoro a Carul que sou hoje!"

CARUL BRUGNARA
Sócia-proprietária da empresa Eventos no Colchagua.

"Procurei a Miriam quando já havia tentado tudo que estava ao meu alcance para melhorar minha vida profissional. Mudei de empresa, troquei de área etc. De fato, eu tinha sucesso profissional, mas não era feliz com o que eu fazia. Estava perdida e não sabia mais o que fazer. Pensei em voltar para a área anterior, em trocar de emprego novamente, mudar completamente minha área de atuação e até fazer uma outra faculdade. Mas qual seria a melhor decisão? Eu realmente não gostava do que eu fazia, ou era um momento profissional difícil pelo qual eu estava passando? Não seria loucura abandonar todas as minhas conquistas sabendo que poucas pessoas tinham chegando aonde cheguei? Em pouco tempo, a Miriam me ajudou a responder a todas essas perguntas. Por meio de metodologias que aplico até hoje, inclusive em minha vida pessoal, eu pude definir o que me satisfaz profissionalmente, qual profissão me permite alcançar o equilíbrio entre vida profissional e pessoal e como eu me vejo no futuro."

D. C.
Identidade preservada por motivos éticos.

"Conheci a Miriam em um momento em que precisava de ajuda em minha vida profissional. Havia me tornado sócia de meu marido, na agência de viagens dele. Era um momento em que eu precisava assumir novas atividades e diferentes das que havia desenvolvido ao longo dos últimos 15 anos. Precisava fazer acertos na área comercial e na gestão de vendas. Miriam me ajudou a estabelecer metas pessoais, avaliar minhas habilidades e como contornar minha dificuldade com prazos e disciplina. Foi muito bom!"

MARISTELA DOHERTY
Sócia-diretora da empresa Transpacific

"Construir, desconstruir... e construir novamente! Em quase 10 anos de convívio profissional com Miriam Gold, vivenciei essa questão em pelo menos dois grandes momentos da minha vida e carreira, com grandes hiatos de tempo entre eles. E o que ela sempre provocou? Com habilidade e sutileza, orientava de tal maneira que ficava fácil olhar para dentro de mim e enxergar o que poderia, ou não, ser aproveitado no futuro. Ainda assim, é duro, e às vezes difícil, aceitar que temos ciclos de carreira e que precisamos estar atentos às mudanças velozes do mundo corporativo e empresarial para entendermos onde nossas habilidades, as adquiridas e as latentes, podem ter mais sucesso nas decisões futuras de vida e carreira."

PAULO MAKSOUD
Executivo com 25 anos de vida profissional em
multinacionais e em um negócio próprio.

"Em meados de 2015, tive a oportunidade e o prazer de conhecer Miriam Gold, em um momento profissional sensível no qual pude vivenciar toda a dinâmica e atenção desta profissional com seus clientes. Voltada para o profissional sem negligenciar o ser humano, autovaloração e a autoavaliação, desenvolvendo nossas competências, e muitas vezes, nos fazendo descobri-las. Recomendei, recomendo e recomendarei sempre!"

BÁRBARA MARTINS
Controller

XIV   Gestão de carreira

"Gostaria de deixar aqui registrada a minha total satisfação com a consultoria que recebi dessa profissional séria, comprometida e totalmente envolvida com as demandas do cliente. Após o término do trabalho, conquistei uma nova amizade, de uma pessoa fantástica, de muita sabedoria e de uma didática incrível. Tive a minha autoestima elevada e um autoconhecimento do qual nem eu tinha noção. Quero agradecer por tudo o que você fez por mim, Miriam, e continua fazendo, porque mesmo após o encerramento do trabalho continua se preocupando comigo."

GENILDA LÚCIA DA SILVA
Gerente contábil.

"Miriam é uma profissional extremamente assertiva e experiente que tive o prazer de conhecer. As sessões de aconselhamento com ela durante o meu processo de recolocação profissional foram objetivas e muito produtivas, com resultados surpreendentes. Estou segura de que a sua sensibilidade e expertise como *coach* me ajudaram muito e podem contribuir com o desenvolvimento de qualquer profissional. Obrigada, Miriam! Foi um enorme prazer ter conhecido você."

VALÉRIA PINHEIRO
Atua nas áreas de logística, contratos, importação e exportação.

"Quando somos empreendedores, principalmente donos de pequenos negócios onde 'jogamos nas onze', nós encaramos a realidade de frente todo dia, mas nem sempre conseguimos parar para ver a chamada *big picture*, o panorama real de como tudo no negócio está. O trabalho que realizei com a Miriam me ajudou a ver esse panorama e, a partir daí, tomar a dura decisão de fechar a minha empresa. Mas a expertise e sensibilidade da Miriam permitiram que eu tomasse essa decisão sem trauma e com segurança. Montei um outro negócio e segui em frente. Hoje, seis anos depois, só tenho a agradecer, pois minha vida está melhor e as oportunidades mais constantes."

DIEGO SOUZA MELLO
Owner da SmartFrog Design Gráfico e Editorial.

APRESENTAÇÃO

Todos nós iniciamos e finalizamos vários ciclos em nossa vida. Sob a ótica da carreira, meu primeiro ciclo profissional foi marcado por uma escolha influenciada pelas pessoas à minha volta: embora eu me identificasse mais com a área de Psicologia, acabei cursando a faculdade de Letras da Universidade Federal do Rio de Janeiro (UFRJ). Eu realmente adorava ler e, na ingenuidade da época, aquilo fazia sentido para mim. Na faculdade, eu, assim como a maioria dos estudantes, percebi com certa surpresa que o estudo acadêmico estava distante de uma realização profissional. Nesse momento, descobri uma característica minha e um talento: o gosto em ver o resultado das ações e a determinação. E foi assim que me dediquei ao desafio de transmitir os fundamentos de uma linguagem clara e objetiva a uma cultura até então de verbosidade nas organizações. Isso aconteceu lá pelos idos de 1980.

No entanto, minha perplexidade pela diferença entre as pessoas e seus modos de entender o mundo crescia. Assim, não resisti ao apelo de fazer uma formação em Psicanálise. O curso, oferecido pelo Colégio Freudiano do Rio de Janeiro, foi excelente! Ele me propiciou construir treinamentos variados na área de gestão de pessoas, que apliquei em diversas empresas.

Em 2009 começa meu terceiro ciclo, e nele estou até o momento. Este ciclo se caracteriza por ouvir as pessoas e apoiá-las em seu desenvolvimento humano e de carreira. Por isso, atuo com empresas e profissionais na realização do binômio vida e carreira, criando programas customizados por meio de treinamentos, *workshops* e *coaching*.

Todos nós, profissionais, temos ciclos de carreira. Alguns reconhecem que esse processo é natural, e sofrem menos. Outros, que não estão preparados para os altos e baixos, sofrem mais.

Nas formações acadêmicas pouco se fala sobre os ciclos de carreira e sobre o preparo necessário para lidar de forma sábia e positiva com os desafios inesperados que surgem.

Continuo encantada pelo meu trabalho, e esta é a razão deste livro: transmitir meu aprendizado ao longo destes últimos anos e contribuir com informações relevantes e transparentes sobre o processo de autogestão e desenvolvimento de carreira do profissional dos novos tempos.

O livro está dividido em três partes. A primeira trata do cenário atual do mundo do trabalho. No Capítulo 1, abordamos as transformações que estão ocorrendo, tanto em nosso país como no mundo, e estimulamos reflexões sobre: como fazer as melhores escolhas profissionais no cenário 4.0, caracterizado por grandes e impactantes inovações tecnológicas, mudanças nas relações culturais e sociais. Ressaltamos que todas as pessoas, estejam elas no mercado corporativo ou não, devem ficar atentas à volatilidade e complexidade atuais, assumir o controle e o protagonismo de suas carreiras, observando e cuidando das competências consideradas economicamente valiosas se quiserem prosperar profissionalmente.

No Capítulo 2 abordamos questões relacionadas à satisfação no trabalho, destacando sinais que denunciam uma tomada de decisão muito importante. Tanto em um caso como em outro oferecemos informações sobre pontos sensíveis que exigem reflexão e autogestão, alertando que é preciso estar ciente das rupturas que necessariamente acontecerão e dos novos desafios envolvidos. Destacamos quais sinais são apontados por pesquisadores como sendo aqueles que denunciam a necessidade de trocar de empresa e ressaltamos a importância de conferir o alinhamento de valores entre os praticados pela futura empresa e os do profissional.

No caso da opção pela mudança de empresa, esse capítulo apresenta os cuidados necessários para gerenciar o desligamento e alguns aspectos invisíveis que ocorrem nos processos seletivos. No caso da opção pela ascensão dentro da mesma empresa, destacamos no Capítulo 2 quais são as competências e as características positivas valorizadas em cada nível corporativo e apresentamos o que é necessário desenvolver.

Olhar de frente a realidade que se impõe é fundamental; por isso, o leitor terá a oportunidade de responder a perguntas que provocam uma reflexão profunda sobre os rumos possíveis de carreira, levando em consideração um propósito de vida.

O Capítulo 3 trata de questões básicas para o desenvolvimento da carreira: como se preparar para assumir projetos e papéis ambiciosos. Com o advento das novas tecnologias, globalização da produção, internacionalização do capital e as constantes mudanças que vêm afetando o ambiente das organizações, surge um conceito novo ao qual todo profissional deve ficar alerta: a empregabilidade. A empregabilidade pode ser identificada como um conjunto de competências e habilidades para o indivíduo conquistar e manter um emprego, destacando o quanto suas características profissionais e pessoais influem em seu bom desempenho. Todas as seis diretrizes da empregabilidade orientam o profissional na autogestão e desenvolvimento de sua carreira.

Como o conceito de empregabilidade reforça a importância de uma relação prazerosa com o trabalho, destacamos no Capítulo 3 a importância da motivação, dos padrões pessoais de satisfação e das âncoras de referência profissional, a fim de propiciar a identificação e reflexão dos elementos indicadores de realização. Finalizamos o capítulo com a apresentação de opções de empregabilidade distintas do emprego corporativo: a atuação como profissional independente, consultor ou empreendedor.

Para fechar a Parte I, o Capítulo 4 traz informações sobre as competências na evolução da carreira. Iniciamos apontando a presença de diferentes gerações no mundo do trabalho e a necessidade de flexibilidade para a construção da longevidade na carreira. E, além da flexibilidade, quais são as competências necessárias para que o profissional se mantenha longevo e atuante? A partir de nossa experiência de mercado, destacamos 25 competências que são consideradas relevantes na autogestão e no desenvolvimento da carreira, explicitando cada uma delas. O leitor poderá responder a um teste e construir um plano de desenvolvimento de competências a partir do exemplo dado.

Além disso, apresentamos, também no Capítulo 4, as competências que o profissional precisará dominar até 2020, de acordo com o Fórum Econômico Mundial. Falando de futuro, pesquisamos e apresentamos as áreas e profissões que terão maior demanda nos próximos anos. E destacamos em um quadro algumas competências que as pessoas acima de 50 anos têm e das quais devem cuidar, pois se tornam diferenciais competitivos no mercado, mantendo-as atuantes profissionalmente.

Mas ninguém alcança suas metas sem o autoconhecimento. Este é o tema da Parte II: o autoconhecimento como salto qualitativo. O Capítulo 5 traz para o leitor a importância e as consequências positivas do autoconhecimento, seguido de uma explicação da neurociência sobre nossos comportamentos racionais e emocionais. Pelo fato de os nossos valores serem nossa infraestrutura, em seguida, trazemos um teste de autoavaliação e perguntas de *coaching* que evidenciam quais são, para cada um, as diretrizes que orientam a identidade e as tomadas de decisão individuais.

Ademais, para que o profissional se destaque na área escolhida, ele precisará entender seus talentos e seus padrões específicos de forças pessoais. É facilmente observável que a utilização destes geram um senso de autenticidade e de satisfação, facilitando o aprendizado e provocando sentimentos de bem-estar e maior produtividade. Nesse capítulo o leitor encontrará testes de identificação de suas forças e talentos, bem como orientações para sua aplicação.

O Capítulo 6 trata de questões comportamentais que ganharam maior espaço no mundo corporativo no final do século XX, quando se buscaram soluções para que os colaboradores se mantivessem motivados e as empresas sobrevivessem em um cenário complexo: o ser humano como capital psicológico positivo. O capital psicológico positivo – caracterizado por quatro atributos específicos: esperança, autoeficácia, resiliência e otimismo – é considerado hoje a base para o desenvolvimento de talentos e de lideranças positivas. O leitor encontrará nesse capítulo observações e efeitos de cada um desses atributos tanto em sua vida pessoal como na profissional, além de ferramentas, perguntas de *coaching* e orientações para desenvolver esses atributos.

Acrescentamos ao Capítulo 6 aquilo que faz com que, reiteradamente, caiamos nas mesmas armadilhas pela vida afora, seja na família, no trabalho ou nos relacionamentos: as crenças limitantes e os sabotadores. Sua mente é sua maior amiga, mas pode ser também sua maior inimiga. Por isso, não deixe, leitor, de responder às perguntas de *coaching* desse capítulo. Construa e conquiste o seu capital psicológico positivo!

Como comentamos e já é do conhecimento de muitos, o cenário contemporâneo é caracterizado por um mundo VICA (volúvel, incerto, complexo e ambíguo). A Parte III deste livro é dedicada à análise e indicação dos comportamentos imprescindíveis à empregabilidade, realização e ascensão profissional.

No Capítulo 7, analisamos as expectativas e os desafios da primeira gestão, quando a designação de um cargo de liderança soa como ganhar um presente: maior salário, maior poder de tomar decisões e influenciar os rumos da empresa para a qual trabalha. Entretanto, a realidade é outra, e poucos estão preparados para abandonar antigos hábitos, atividades e formas de trabalho do nível anterior. Abordamos o grande desafio da ruptura e as quatro grandes mudanças esperadas do novo líder. Detalhamos as características formadoras de um líder completo, apresentamos um teste de autoconhecimento e ressaltamos as estratégias mais eficazes para se conquistar sucesso no exercício da nova função. O final do Capítulo 7 traz um questionário visando testar a habilidade de gestão. Ao conferir o resultado das respostas, o profissional terá um espelho de suas competências e poderá traçar um plano de ação visando o alcance dos resultados esperados.

Seja em um cargo de gerência ou de coordenação, destacam-se as pessoas que têm maior habilidade para se comunicar e se relacionar. Este é o tema do Capítulo 8: o gestor e seu pilar principal, a comunicação. A habilidade de comunicação interfere em muitos contextos do mundo do trabalho: liderança, motivação de equipes, negociações, *networking*, entrevistas, reuniões e apresentações em público, entre outras, e é o pilar básico que sustenta a liderança e a ascensão profissional.

Destacamos a força da comunicação não verbal e apresentamos orientações para que os gestores comunicadores sejam bons comunicadores e construam equipes confiantes e de alta performance, por meio de técnicas e ferramentas para a comunicação assertiva, gerenciamento dos diversos perfis comunicacionais, construção de confiança e eficácia na delegação e *feedback*. Ao longo de todo o capítulo são apresentadas dicas e perguntas de *coaching* para que o leitor possa ampliar suas possibilidades comunicacionais e estabelecer, se for preciso, novos comportamentos.

Por fim, o Capítulo 9 explora o vínculo entre as competências socioemocionais e a alta performance. Esse tema tem sido extremamente relevante nos últimos anos. Um gestor líder não deve ser avaliado somente por sua habilidade de, por exemplo, fazer bons relatórios, bolar ótimos programas, estar presente nas horas certas, prever, organizar, controlar etc. O que se espera dele, atualmente, é que ele atue com inteligência emocional e social, o que abrange competências distintas.

Para que o líder execute seu papel com eficácia e sabedoria, ele precisa entender que o principal recurso de uma organização é o seu capital humano. No Capítulo 9, oferecemos informações, exemplos e ferramentas para que o líder perceba suas próprias emoções e as utilize em uma gestão imparcial, empática, de crescimento social e de bem-estar. Assim, obterá o alinhamento entre os objetivos organizacionais e os objetivos de profissionais e de times, favorecendo um ambiente no qual todos contribuam efetivamente, além de propiciar a sua própria realização e vantagem competitiva para sua empresa.

Chego ao fim desta apresentação certa de que a leitura e as reflexões promovidas por este livro trarão aspectos novos e ampliarão o aprendizado sobre o ser humano e suas possibilidades de vida e carreira, a fim de que se inicie um novo ciclo de muita realização e bem-estar!

Apresentação **XXI**

SUMÁRIO

PARTE I
Cenário atual do mundo do trabalho

CAPÍTULO 1

Como fazer as melhores escolhas profissionais no cenário 4.0 3

1.1 O mundo do trabalho 4.0: os novos valores e as novas práticas 5
1.2 As qualidades economicamente valiosas do profissional 4.0 8
1.3 O poder de ser protagonista para garantir seu sucesso 11
1.4 Você quer estabelecer um projeto alinhado com seus valores? 15
1.5 Sentir, refletir, agir 17
1.6 Você pensa na carreira como conservador ou como liberal? 22

CAPÍTULO 2

Mudar de empresa ou crescer na mesma empresa? 27

2.1 Como fazer as melhores escolhas profissionais 29
2.2 Seu talento é portável de uma empresa a outra? 31
2.3 Sinais que denunciam a necessidade de trocar de empresa 32
2.4 Como ser o melhor nas entrevistas de seleção 37
2.5 Para mudar de empresa, faça *networking* 41
2.6 Dicas poderosas para gerenciar o desligamento 44
2.7 Optando pelo crescimento na empresa 47

CAPÍTULO 3

Empregabilidade, autonomia e empreendedorismo 53

3.1 Empregabilidade: a palavra do momento 55
3.2 Motivação para o trabalho: por dor ou por prazer? 59
3.3 Como ser o melhor com o melhor do seu talento 62

3.4 Descubra e utilize suas âncoras de carreira 66
   3.4.1 Teste simplificado de motivadores de carreira 66
3.5 Profissional autônomo ou liberal: principais reflexões 70
3.6 Empreendedorismo: principais reflexões 72

CAPÍTULO 4

A importância das competências na evolução da carreira 77

4.1 As gerações e o desafio de interlocução no mundo corporativo 79
4.2 Competências que favorecem a evolução de carreira 84
4.3 Competências do profissional 4.0 89
4.4 Áreas e profissões do futuro próximo 92
   4.4.1 Saúde 93
   4.4.2 Segurança 94
   4.4.3 Tecnologia 95
   4.4.4 Serviços 96
   4.4.5 Meio ambiente 97
4.5 Longevidade: como usar o envelhecimento no mercado de trabalho 97

PARTE II
Autoconhecimento: o salto qualitativo

CAPÍTULO 5

Autoconhecimento: valores, forças e talentos 105

5.1 Autoconhecimento: para que serve? 107
5.2 Os dois sistemas: razão e emoção 109
5.3 A importância dos valores em nosso comportamento 110
5.4 As forças pessoais, o bem-estar e o desempenho 112
5.5 As 24 forças: quais as geradoras de sua identidade? 115
5.6 O poder dos talentos pessoais no desenvolvimento da alta performance 118
5.7 Descobrindo seus padrões de talentos 120
5.8 Como se proteger do efeito sombra do talento 126
5.9 O poder da prática: talentos e treinamentos 127
5.10 Capital humano e performance nas organizações 130

CAPÍTULO 6
O ser humano como capital positivo 137

6.1 Capital psicológico positivo: o que é e sua importância 139
6.2 Os quatro atributos HERO: base de lideranças positivas 145
6.3 O atributo esperança e a conquista dos objetivos 146
6.4 Autoeficácia e autoconfiança 148
6.5 Os mecanismos do atributo resiliência 150
6.6 O atributo otimismo na visão da ciência 154
6.7 Benefícios da aplicação do capital psicológico positivo 157
6.8 Crenças limitantes: identifique e supere-as 159
6.9 Não se deixe sabotar! 162

PARTE III
O gestor no mundo 4.0

CAPÍTULO 7
Expectativas e desafios da primeira gestão 171

7.1 Cenário contemporâneo e desafios da gestão 173
7.2 Os papéis de gestores e líderes 175
7.3 O grande desafio: a ruptura da primeira gestão 176
7.4 Características a serem alcançadas por um líder 177
7.5 Administração da mudança de atitude 180
7.6 O dilema do tempo: gestão *versus* execução 181
7.7 Impactos da motivação 184
7.8 Teste sua habilidade de gestão 186

CAPÍTULO 8
O gestor e seu pilar principal: a comunicação 191

8.1 Liderança e comunicação 193
8.2 Características da comunicação eficiente e eficaz 195
8.3 A força da comunicação não verbal 197
　　8.3.1 Postura e gestos 198
　　8.3.2 Face e olhos 199
　　8.3.3 Voz e entonação 199
　　8.3.4 Toque 199
　　8.3.5 Atração física 199
　　8.3.6 Vestuário 200
　　8.3.7 Distância 200

8.4   Comunicação assertiva: objetividade e clareza 201

8.5   Gerindo perfis comunicacionais e suas diferenças comportamentais 204

8.6   O processo de comunicação e a promoção de confiança 207

8.7   A importância de saber ouvir 209

8.8   A aliança de ouro: palavras e atitudes 212

8.9   O empecilho da moldura mental 213

8.10 Delegação e controle 215

8.11 A arte do *feedback* 217

8.12 Como atribuir poder, encorajar e valorizar equipes 220

CAPÍTULO 9

Competências socioemocionais e alta performance 225

9.1   Competências socioemocionais: o que são 227

9.2   Inteligência social em foco 229

9.3   Isenção de julgamento 231

9.4   A empatia 233

9.5   O líder *coach* e seu papel como ativador das habilidades sociais 237

9.6   O gestor de relacionamentos 239

9.7   Conheça o grande vilão do trabalho em equipe 242

9.8   Seu autoconceito rege o seu destino? 245

9.9   Autocontrole ou autorregulação como vantagem competitiva 248

9.10 Você é um gestor imparcial? 250

Palavra final da autora 255

Índice remissivo 259

Referências 264

PARTE I

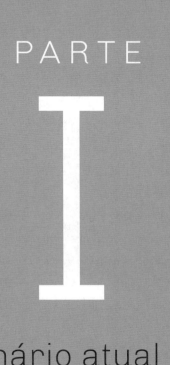

Cenário atual do mundo do trabalho

1

COMO FAZER

AS MELHORES ESCOLHAS PROFISSIONAIS

NO CENÁRIO 4.0

1.1 O MUNDO DO TRABALHO 4.0: OS NOVOS VALORES E AS NOVAS PRÁTICAS

Nosso cenário de vida muda ao longo do tempo, assim como o cenário mundial, e é importante nos mantermos atualizados e buscarmos as melhores respostas para o caminho da realização pessoal e profissional. Neste mundo VUCA – em português denominado VICA (volátil, incerto, complexo e ambíguo)[1] – em que estamos inseridos, as dúvidas sobre carreira e futuro estão diretamente relacionadas a essa realidade da sociedade e das organizações.

Figura 1.1 Mundo VICA

V olátil $\longrightarrow$ Ritmo acelerado dos fatos com impactos imprevisíveis

I ncerto $\longrightarrow$ Alta imprevisibilidade dos acontecimentos

C omplexo $\longrightarrow$ Interdependência e alta conectividade dos fenômenos

A mbíguo $\longrightarrow$ Falta de clareza e alto potencial de erros de leitura

Fonte: elaborada pela autora.

A crise vivenciada na década de 1970 – quando a desregulamentação do sistema monetário internacional e os choques petrolíferos em 1973 e 1979 travaram o ritmo de crescimento nos países industrializados – impulsionou as organizações e economias a buscarem novos caminhos para poderem reerguer os níveis de produtividade. Muitas empresas multinacionais buscaram conquistar novos mercados consumidores, pois seus mercados internos estavam saturados.

---

[1] Em inglês, VUCA significa: *volatility, uncertainty, complexity and ambiguity*.

Nessa busca, os investimentos na tecnologia da informação foram fundamentais e provocaram uma profunda reorganização tecnológica e organizacional em diferentes setores da vida econômica.

A concorrência fez com que as empresas utilizassem cada vez mais recursos tecnológicos para estabelecer contatos comerciais e financeiros de forma rápida e eficiente, principalmente para baratear os preços. Na busca pelo barateamento do processo produtivo, muitas indústrias passaram a produzir suas mercadorias em vários países menos desenvolvidos, diminuindo ainda mais as oportunidades de empregos nas grandes cidades.

Esse é um brevíssimo histórico dos antecedentes que geraram profundas mudanças culturais e organizacionais.

FIQUE DE OLHO
Atenção: o mundo do trabalho mudou e, com ele, a nossa zona de conforto.

O mundo do trabalho 4.0 parece projetado por um filme de ficção científica: o avanço exponencial de diversas tecnologias e a junção do digital e do real se misturam, formando um cenário em que as forças transformadoras se potencializam.

Está em curso a **quarta revolução tecnológica**, promovendo a conexão direta da web com eletrodomésticos, máquinas industriais e meios de transporte (denominada internet das coisas).

Na realidade do mundo contemporâneo – universo da **economia 4.0** ou da **quarta revolução industrial**, como tem sido chamada – não há nada que possamos fazer para impedir ou evitar as necessidades de transformação que acompanham as reformas das estruturas organizacionais.

E como ficam os colaboradores desse mundo 4.0?

Ao adotarem novas práticas administrativas (Figura 1.2), as empresas do século XXI exigem de seus colaboradores novas atitudes, pois o que predominou anteriormente, como a definição clara das responsabilidades e a especialização do trabalho, está sendo substituído pela capacidade de ajustar-se rapidamente às novas necessidades a fim de responder com rapidez aos clientes e fornecedores, bem como integrar-se à necessidade constante de inovação.

Figura 1.2 Novas práticas administrativas

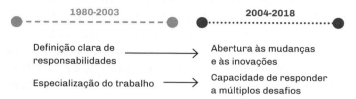

Fonte: elaborada pela autora.

Pode-se afirmar sem dúvida que as organizações que se mantêm competitivas são aquelas que não ficam amarradas a processos burocráticos e se revitalizam continuamente (Figura 1.3).

Figura 1.3 Novo modelo das organizações

- Cultura guiada pelo medo do fracasso e pelo medo da novidade
- Trabalho baseado em processos

- Organização de aprendizagem, inovação e impacto no consumidor
- Rede ágil, alimentada pela colaboração
- Cultura baseada na positividade
- Trabalho baseado em projetos

Fonte: elaborada pela autora.

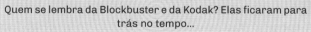

PAUSA PARA REFLEXÃO
Quem se lembra da Blockbuster e da Kodak? Elas ficaram para trás no tempo...

Algumas empresas famosas que não conseguiram aceitar as inovações perderam competitividade e até faliram. A Blockbuster sucumbiu às empresas que fornecem serviços por *streaming*. O Yahoo – maior portal de internet do mundo, chegou a valer

O profissional de sucesso no mundo 4.0 precisará ter um *mindset* mais amplo, ligado à complexidade dos fatos/ideologias e à interdependência e conectividade.

US$ 125 bilhões em 2005 – não acompanhou a necessidade de atualização e decidiu ser somente um portal de mídia. Foi engolido pelo Google e, apenas 10 anos depois, comprado por módicos US$ 4,8 bilhões. A Xerox criou tecnologias inovadoras, mas não as aproveitou. Ficou conhecida como marca das fotocópias e, agora, está tentando se reinventar. A Kodak detinha 80% da venda de câmeras e 90% de filmes fotográficos nas décadas de 1970 e 1980. Inventou a câmera digital, mas achou que iria prejudicar a venda de filmes e, por isso, engavetou a tecnologia.

E quem tomou todas as decisões equivocadas que fizeram com que essas grandes empresas definhassem?

As decisões são sempre tomadas por pessoas. Pessoas que estavam presas a modelos mentais antigos e não conseguiram tomar as melhores decisões em tempos novos.

1.2 AS QUALIDADES ECONOMICAMENTE VALIOSAS DO PROFISSIONAL 4.0

Para as empresas contemporâneas sobreviverem e prosperarem, elas precisam de pessoas em busca de aprendizado constante a fim de aprimorar-se e autocorrigir seus comportamentos.

FIQUE DE OLHO
A maioria das organizações não está mais tão preocupada em estabelecer e desenvolver trilhas de conhecimento para seus colaboradores, então cada profissional deve buscar e construir proativamente seu desenvolvimento profissional.

Todos os profissionais, estejam eles no mercado corporativo ou não, devem ficar atentos à volatilidade e complexidade do mundo atual e desenvolver, por si e continuamente, novas competências para se ajustar às recentes dinâmicas, se fortalecer e prosperar profissionalmente.

O conceito tradicional, fundamentado no processo formação – emprego – carreira – remuneração, foi preterido. Entrou em cena a noção de competência, em uma nova lógica que desfoca a perspectiva dos empregos para fazer emergir um novo modo de organização da força de trabalho, no qual se destaca o predomínio das competências e da multifuncionalidade. Isso significa que é provável que um funcionário de qualquer função ganhe destaque em função de sua atuação, como consequência de sua dedicação a seu próprio desenvolvimento.

Surge no cenário contemporâneo a palavra **empregabilidade**, que reflete com perfeição a ideia de que maiores serão as oportunidades de trabalho quanto maiores forem as competências do trabalhador. Fica cada vez mais claro que o profissional que procurar desenvolver suas competências terá muito mais probabilidade de se manter empregável e capaz de lidar com os desafios das mudanças apresentadas.

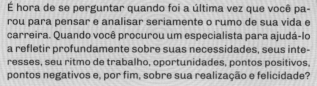

PAUSA PARA REFLEXÃO

É hora de se perguntar quando foi a última vez que você parou para pensar e analisar seriamente o rumo de sua vida e carreira. Quando você procurou um especialista para ajudá-lo a refletir profundamente sobre suas necessidades, seus interesses, seu ritmo de trabalho, oportunidades, pontos positivos, pontos negativos e, por fim, sobre sua realização e felicidade?

As novas práticas de gestão nas empresas demandam dos profissionais novas atitudes, competências, capacidade de compreensão das mudanças e abertura às inovações. Os colaboradores precisam ser resilientes e multitarefas. Os líderes precisam estar aptos a tomar decisões rápidas e sábias, ajustando-se – e às suas equipes – às novas necessidades globais, de forma a poderem responder com diferencial competitivo aos clientes e fornecedores.

Para isso, as pessoas devem ser capazes de abraçar as mudanças, aprender com a incerteza, aproveitar as oportunidades e desenvolver uma perspectiva diferente para poderem fazer sua autogestão e desenvolvimento de carreira.

Nos últimos 15 anos, a maioria das grandes empresas cortou os níveis gerenciais em até 50%, a fim de promover a tão temida redução de custos. O resultado dessa estratégia mercadológica reflete-se na quebra do paradigma "ter um emprego" e cria a necessidade de desenvolvimento e cuidado constante com a própria carreira.

Outro efeito da reestruturação das empresas e da necessidade de diminuir níveis hierárquicos e custos é que funcionários menos preparados começam a assumir responsabilidades maiores. Assim, quanto maior for a polivalência e a multifuncionalidade do profissional, maiores suas chances de empregabilidade.

FIQUE DE OLHO
Segundo dados recentes do Ministério do Trabalho, de cada dez brasileiros com curso superior, sete exercem atividades diferentes daquelas para as quais estudaram. Trata-se de uma nova tendência no mercado profissional, ligada aos avanços tecnológicos e à própria globalização.[2]

A **multifuncionalidade** é uma meta que as empresas têm perseguido. Nos processos seletivos, as empresas mais competitivas exigem profissionais que comprovem realizações e resultados muito além do escopo de seus cargos.

FIQUE DE OLHO
Não basta desenvolver as tarefas e funções que lhe são próprias; o indivíduo que se destaca é aquele que demonstra estar preparado para oferecer soluções inovadoras aos problemas enfrentados pela organização.

Como o mundo do trabalho é hoje extremamente competitivo e seletivo, as pessoas devem assimilar os novos valores da segunda década do século XXI – valores novos e diferentes dos que prevaleceram no século XX e que exigem a quebra de paradigmas e preconceitos para que se possa enxergar novas possibilidades de realização profissional.

O Grupo Pão de Açúcar é uma das organizações que já está colocando em prática a realidade do funcionário polivalente ou multifuncional. Uma das medidas para melhorar atendimento, produtividade e eficiência operacional no ano de 2017 foi preparar os funcionários para serem multifuncionais. O aumento do número de funcionários com perfil polivalente, que sabem executar mais de uma função, visa melhorar o atendimento nas lojas, especialmente nos horários de pico.[3]

---

[2] BERTOLINO, V. *O profissional multiprofissional*. Disponível em: <https://carreiras.empregos.com.br/seu-emprego/o-profissional-multifuncional>. Acesso em: 10 jul. 2018.

[3] SOUSA, J. Funcionários polivalentes e plataforma colaborativa com fornecedores estão entre as prioridades do GPA para 2017. *Portal Atacadista*, mar. 2017. Disponível em: <http://www.supermercadista.com.br/2017/03/02/funcionarios-polivalentes-e-plataforma-colaborativa-com-fornecedores-estao-entre-as-prioridades-do-gpa-para-2017>. Acesso em: 24 abr. 2019.

FIQUE DE OLHO

Profissionais multidisciplinares: esse é o perfil atualmente procurado pelo mercado de trabalho, na opinião de especialistas em seleção e recrutamento de gestores. Além de aumentar as possibilidades de contratação, tornar-se uma espécie de "faz-tudo" revela disposição e capacidade de adaptação.[4]

Podem ser destacadas 13 qualidades economicamente valiosas do profissional 4.0. Esse profissional:

- é proativo;
- busca, por si próprio, o desenvolvimento de suas competências;
- apresenta iniciativa e não se apavora com incertezas;
- é colaborativo;
- busca inovação;
- tem um olhar amplo e verifica oportunidades de melhorias;
- é responsável e questionador;
- cuida de sua saúde física e emocional;
- é positivo;
- é flexível e resiliente;
- possui inteligência emocional;
- possui competências socioemocionais;
- está disponível para as necessidades da empresa.

1.3 O PODER DE SER PROTAGONISTA PARA GARANTIR SEU SUCESSO

Há um momento crucial na vida de muitas pessoas que estão trabalhando no mundo corporativo. Várias perguntas são feitas:

- Será possível crescer neste emprego ou será melhor assumir o risco de mudar de empresa?
- Devo buscar uma colocação em um órgão público, onde provavelmente estarei garantido pelo resto da vida?
- Será melhor buscar um programa de demissão voluntária e abrir um negócio próprio ou uma franquia?

---

[4] TATIANA, I. Disputados: empresas procuram profissionais polivalentes. *Hoje em dia*, abr. 2014. Disponível em: <http://hojeemdia.com.br/primeiro-plano/economia/disputados-empresas-procuram-profissionais-polivalentes-1.251679>. Acesso em: 10 jul. 2018.

O desempenho técnico e comportamental será o melhor possível se você estiver se sentindo realizado. A realização no mundo do trabalho está diretamente ligada à aliança da atuação com seus valores, motivadores de carreira e propósitos de vida.

Não há como fugir dessas reflexões – e agir diferente – hoje em dia: somos os únicos responsáveis pela nossa vida e carreira profissional. No entanto, tendemos a seguir adiante sem nos aprofundarmos porque o dia a dia nos envolve e exige, deixando-nos sem tempo para tantas coisas, quanto mais para reservar uma hora por semana para verificar se estamos no rumo que gostaríamos ou não.

Geralmente somos levados a pensar em nossa carreira quando algo se interpõe a ela: esperamos uma promoção que não vem; há mudança de chefia que impacta e atua sobre a zona de conforto a que estamos habituados; ocorre uma fusão que força uma reestruturação administrativa; o nível de estresse provoca reações negativas no ambiente de trabalho; ou, pior, gera algum tipo de acidente que reflete o quanto a qualidade de vida está dissociada de nós.

FIQUE DE OLHO
Trabalhar arduamente há muito deixou de ser pré-requisito para promoções ou ascensões profissionais.

O critério de alto desempenho, válido até a década de 1990, foi também substituído por circunstâncias advindas do cenário externo, assim como variáveis situacionais, como perfis de liderança e habilidades de relacionamento e negociação.

Não há certo nem errado quando se fala em rumo de carreira. A escolha é feita de acordo com o momento, considerando o que se deseja priorizar, a expectativa que se tem em relação à vida e, principalmente, os aspectos motivadores individuais.

A maioria das pessoas sabe o que não quer ser, mas não consegue expressar bem aquilo que deseja de forma mais específica. A análise de oportunidades deve levar em conta as oportunidades internas, como habilidades e pontos fortes, bem como as oportunidades externas.

Há vários recursos disponíveis para a análise de oportunidades relacionadas a seu "eu interior". São válidas perguntas como as seguintes:

PERGUNTAS DE *COACHING*

1 O que você busca?

2 Como você imagina que será mais feliz?

3 Por que isso será importante para você?

4 O que você poderia fazer hoje para ir em direção a sua meta?

Com referência à verificação de oportunidades do cenário externo, deve-se pesquisar em jornais, analisar o mercado, buscar opiniões, enfim, apoiar-se em todos os recursos possíveis para que a tomada de decisão leve à satisfação desejada.

Na verdade, vários economistas, sociólogos e até grandes executivos têm apontado que nossa economia está passando por uma ampla reformulação, mudando de uma "economia do dinheiro" para uma "**economia de satisfação**".

Do ponto de vista das organizações, a estrutura sobre a qual as empresas estão constituídas tende também a se reconfigurar e apresentar mudanças significativas. Como o mundo corporativo foi concebido em função de elementos externos – mercado, consumidores, proprietários, lucro –, ele se organiza em torno do resultado financeiro.

Entretanto, o que percebemos hoje em dia é que a principal preocupação do mundo corporativo está centrada na **retenção dos talentos internos**. A alta direção e a área de recursos humanos têm buscado intensamente a resposta à pergunta: Que tipo de incentivo ou motivação é necessário para que o trabalhador se dedique realmente à empresa?

Martin Seligman afirma que, nos Estados Unidos, enquanto a renda aumentou 16% nos últimos 30 anos, a percentagem de indivíduos que se descrevem como "muito felizes" caiu de 36 para 29%.[5] Ao se analisar o cenário mundial após 2015, tudo leva a crer que a percentagem de indivíduos que se sentem felizes diminuiu ainda mais.

O atrativo de uma vida estável vem perdendo força para a busca de uma vida com mais significado, seja por meio de mais desafios e crescimento profissional, seja por uma direção de carreira com maior qualidade de vida.

---

[5] SELIGMAN, M. *Felicidade autêntica*. Rio de Janeiro: Objetiva, 2002.

Seja qual for a sua motivação, pense por alguns momentos nas perguntas de *coaching* a seguir. Reflita sobre os *insights* que você tiver e procure tomar maior consciência daquilo que está movendo você.

Veja como você pode refletir sobre vários aspectos, adquirindo o poder de ser protagonista de seu sucesso.

PERGUNTAS DE *COACHING*

1. Quais os rumos a seguir?
2. Como você gostaria de estar daqui a três anos?
3. Você pensa em ficar mais quantos anos na empresa em que está?
4. Qual o seu leque de escolhas profissionais? Optar por abrir uma franquia, crescer na empresa em que está ou abrir o seu próprio negócio?
5. Você está usando o seu potencial adequadamente? Quais são os pontos fortes do seu perfil? Eles estão sendo aproveitados? Eles fazem diferença na empresa em que você está?
6. Você está na posição mais condizente com o seu perfil? Quais são as características a serem melhoradas para que você alcance a meta que planejou?
7. Que estratégia você deve utilizar na carreira para otimizar a sua empregabilidade?
8. Como ampliar os seus horizontes?
9. É possível ficar mais satisfeito com o seu trabalho?

Com relação à performance, é importante refletir sobre algumas perguntas.

10. Como melhorar o seu desempenho profissional?
11. Como aproveitar as oportunidades?
12. É possível incrementar a gestão de pessoas e os processos de trabalho?
13. Como otimizar seus conhecimentos, habilidades e atitudes? Você pode aproveitar melhor seus pontos fortes e seu potencial de desenvolvimento e ascensão?

1.4 VOCÊ QUER ESTABELECER UM PROJETO ALINHADO COM SEUS VALORES?

A cada subida para um degrau mais alto na escada da evolução pessoal, costumamos atravessar um período de desconforto, de iniciação. Mudanças reais devem ser acompanhadas por novas reflexões e ações.

Toda mudança gera, inevitavelmente, muitas expectativas. Expectativas, por sua vez, podem gerar frustração e insegurança, por não trazerem a certeza de que o esperado aconteça tal como sonhamos. Na verdade, o ser humano precisa ter a sensação de controle de sua vida, por isso procura se certificar de que a mudança implicará o resultado desejado.

Cada movimento que fazemos na vida, cada comportamento ou decisão, envolve pequenas ou grandes mudanças. Quando agimos de forma espontânea, não criamos expectativas. Por outro lado, quando estabelecemos um projeto e criamos uma expectativa de mudança, geramos ansiedade e uma adrenalina excessiva que nos faz sofrer.

Quando pensamos em mudança, além do resultado que visamos alcançar, sabemos que teremos de mudar nossas ações e, muito possivelmente, nossos sentimentos. É isso que nos assusta. Estamos na zona de conforto das nossas emoções e mexer com elas gera desconforto, ansiedade e certo sofrimento.

Já foi dito que é insano esperar mudanças reais se os comportamentos manifestos permanecem os mesmos. No entanto, muitas pessoas sentem tamanho desconforto com qualquer tipo de alteração de suas rotinas que preferem não mudar.

PAUSA PARA REFLEXÃO
Toda mudança remete ao desconhecido, e o desconhecido assusta, não é verdade?

Se pensarmos bem, o filósofo Heráclito tinha razão: não há como banhar-se duas vezes no mesmo rio, pois da segunda vez as águas não serão as mesmas. De fato, cada momento é diferente do que o precede. O mundo está em constante mudança: a Terra gira, a noite sucede ao dia, o verão sucede à primavera que, por sua vez, sucedeu ao inverno e ao outono.

Ao aceitarmos a mudança como um movimento natural, estamos nos movendo no mesmo fluxo do universo e não criamos forças resistentes, que geram sofrimento. Precisamos apenas, humanos que somos, compreender e trabalhar no sentido de processar mudanças que possam tornar nossa vida mais positiva.

PAUSA PARA REFLEXÃO
Pense no quanto esta afirmação tem a ver com você: as pessoas têm medo de mudanças, eu tenho medo é que as coisas permaneçam como estão.[6]

Mudar de carreira e de emprego envolve atitudes com forte poder de expectativa, porque implicam toda uma sorte de alterações tanto no âmbito de relacionamentos quanto no aspecto econômico. Se você chegou à conclusão de que nasceu para outro tipo de carreira e que tem talentos de outra natureza, que não podem ser empregados em sua ocupação profissional atual, é necessário fazer o movimento de mudança e insistir em desejar ser mais feliz.

Para tomar uma decisão dessa ordem, é preciso saber a direção a ser tomada. É como percorrer uma estrada e, de repente, ela se abrir em forma de Y.

- Para onde ir?
- Qual caminho trará maior sensação de realização e felicidade?

Não é uma situação fácil. Quantas pessoas você conhece que se declaram infelizes profissionalmente mas não sabem o que querem? Ou sabem o que querem, mas não sabem como chegar lá?

Uma das minhas clientes de reflexão de carreira chorava a cada encontro nosso durante um mês e meio. Foi um período muito difícil para ela – uma engenheira de 32 anos, bastante inteligente, com um passado em empresa multinacional

---

[6] BREDA, J. As pessoas têm medo das mudanças, eu tenho medo é que as coisas permaneçam como estão. *Administradores.com*, nov. 2011. Disponível em: <http://www.administradores.com.br/informe-se/artigos/as-pessoas-tem-medo-das-mudancas-eu-tenho-medo-e-que-as-coisas-permanecam-como-estao/59861>. Acesso em: 10 jul. 2018.

conceituada. Embora fosse proprietária de seu negócio, este não lhe trazia satisfação profissional. Ao mesmo tempo, ela não se via voltando ao ambiente corporativo sem ter uma participação na qual realmente fizesse a diferença e atuasse em uma área mais alinhada com seus valores. Quando definiu sua direção, conseguiu fazer parte de uma grande consultoria multinacional ligada à sustentabilidade, ganhando um belo salário.

Concordo com Marcelo Cuellar quando ele afirma acreditar "que no fundo as pessoas sabem para o que elas têm talento ou habilidade; o grande problema é que na maioria das vezes não sabemos como traduzir este talento em uma profissão".[7]

Cuellar ainda acrescenta:

> São diversas histórias bem-sucedidas de profissionais que trilharam este caminho com sucesso: advogados que viraram professores de cursinho, pilotos que viraram executivos de grandes empresas, nutricionistas que se tornaram músicos e até histórias mais incomuns como a de alguns componentes do Cirque du Soleil. O mais importante é que as noites de domingos não podem gerar um sentimento de tristeza e aflição pela espera de retornar ao trabalho na segunda-feira.

1.5 SENTIR, REFLETIR, AGIR

É fundamental refletir utilizando o recurso da inteligência emocional como aliado para agregar valor às decisões.

O conceito de inteligência emocional foi apresentado por Daniel Goleman,[8] embora já tivesse sido desenvolvido por Howard Gardner, autor do conceito de inteligências múltiplas.

Goleman afirma que o autocontrole sobre as emoções faz a diferença entre crescer ou estagnar na vida, defendendo a tese de que a sociedade ocidental preocupou-se com o desenvolvimento da inteligência no âmbito da educação formal, ou seja, pela aquisição de conhecimento e informações advindas da formação acadêmica. Para ele, não é a formação acadêmica

---

[7] CUELLAR, M. Quero mudar de carreira, e agora? *Blog Televendas & Cobrança*, fev. 2014. Disponível em: https://www.televendasecobranca.com.br/gestao /quero-mudar-de-carreira-e-agora-30170/. Acesso em: 10 jul. 2018.

[8] GOLEMAN, D. *Inteligência emocional*. Rio de Janeiro: Objetiva, 1995.

que prepara o indivíduo para as oportunidades ou ameaças que a vida impõe.

Também não é o QI (quociente de inteligência mensurável tradicionalmente) fator decisivo de sucesso na vida da maioria das pessoas.

PAUSA PARA REFLEXÃO

...é enorme a quantidade de situações de aprendizagem prática que temos a chance de encontrar pelo mundo. Nessas situações, aliás, nem mesmo sentimos que estamos aprendendo alguma coisa, é um processo quase que inteiramente inconsciente. No entanto, estamos aprendendo e muito – coisas, aliás que nos vão servir em muitas áreas da vida.[9]

Goleman entende que:

O QI não explica bem os diferentes destinos seguidos por pessoas em igualdade de condições intelectuais, de escolaridade e de oportunidade. Foi feito um acompanhamento de 95 estudantes de Harvard [...]. Na época em que chegaram à meia-idade, a vida profissional e pessoal dessas pessoas, cujos QIs previam um futuro promissor, foi comparada com a vida de outros colegas que, à época, obtiveram um escore mais baixo. Nada de significativo os distinguia, em termos salariais, capacidade de produzir ou status profissional. Também não estavam especialmente mais satisfeitos com a vida, nem mais felizes em seus relacionamentos com os amigos, com a família ou nas relações amorosas.[10]

Goleman explica que a inteligência emocional

caracteriza a maneira como as pessoas lidam com suas emoções e com as das pessoas ao seu redor. Isto implica autoconsciência, motivação, persistência, empatia e entendimento, e características sociais como persuasão, cooperação, negociações e liderança. Esta é uma maneira alternativa de ser esperto, não em termos de QI, mas em termos de qualidades humanas do coração.[11]

---

[9] OLIVEIRA, M. A. G. *O novo mercado de trabalho*: guia para iniciantes e sobreviventes. Rio de Janeiro: Senac, 2000. p. 137.
[10] GOLEMAN, 2012, p. 59.
[11] CALMON, N. Entrevista com Daniel Goleman. *Blog Nayaracalmon*, abr. 2010. Disponível em: <https://nayaracalmon.wordpress.com/2010/04/19/entrevista-com-daniel-goleman>. Acesso em: 10 jul. 2018.

Como, então, desenvolver a inteligência emocional para ser capaz de oferecer ao cenário corporativo as habilidades e atitudes desejáveis e, por meio delas, ultrapassar os desafios de carreira e alcançar o sucesso desejado?

De acordo com Goleman, a inteligência emocional é decisiva para compreender por que um indivíduo prospera na vida enquanto outro, com capacidade intelectual similar ou até superior, fracassa.

Seu desenvolvimento se dá por meio de quatro pilares fundamentais. Veja o que Goleman[14] aponta e depois exercite sua inteligência emocional respondendo às perguntas de *coaching* propostas a seguir.

1. O primeiro pilar é desenvolver sua autoconsciência emocional, gerada pelo reconhecimento dos sentimentos vivenciados e de suas causas geradoras, isto é, seus gatilhos emocionais.
2. O segundo aspecto é saber lidar com esses sentimentos e desenvolver a capacidade de confortar-se, livrar-se da ansiedade, da tristeza ou da irritabilidade.
3. A partir de então, é necessário saber automotivar-se e utilizar as emoções de forma positiva.
4. As pessoas empáticas estão mais sintonizadas com os sutis sinais sociais, com os indicativos do que os outros precisam ou o que querem. A arte de se relacionar passa, em grande parte, pela aptidão para lidar com as emoções dos outros. É essa aptidão que reforça a popularidade, a liderança e a eficiência interpessoal.

Como se pode depreender dessas premissas, a inteligência emocional deve ser desenvolvida por todas as pessoas interessadas em construir perspectivas de crescimento profissional.

Vamos apresentar pilares muito importantes!

Primeiro pilar. Autoconhecimento. Aquele que não se conhece não tem como administrar suas particularidades e lidar de forma satisfatória com as pressões do ambiente corporativo. É preciso ter autoconsciência para reconhecer um sentimento quando ele ocorre. A capacidade de controlar os sentimentos a cada momento é crucial para o discernimento emocional e a autocompreensão.

PERGUNTAS DE *COACHING*

Relembre uma situação em que você se sentiu irritado e demonstrou essa irritação.

1 O que aconteceu?

2 O que você pensa sobre isso?

3 Quais foram os sentimentos que tomaram posse de você?

4 Onde começou a dar errado?

5 A maneira como você reagiu trouxe benefícios ou prejuízos?

6 Você se lembra de alguma ocasião em que se sentiu da mesma forma?

7 Como você gostaria de ter se comportado para alcançar mais benefícios?

8 Qual a grande lição que você pode extrair desse acontecimento?

9 O que pode fazer para melhorar em uma próxima oportunidade?

10 Por que será importante perceber quando uma situação semelhante acontecer novamente?

Segundo pilar. É interessante aprender a lidar com sentimentos negativos.

PERGUNTAS DE *COACHING*

Relembre uma situação em que você ficou triste e responda:

1 Escreva sobre esse sentimento de tristeza, explicando o que o causou.

2 Como você gostaria que as coisas fossem diferentes?

3 O que você faria se pudesse mudar algo?

4 Quanto de controle pessoal ou influência você tem sobre o que gerou o sentimento de tristeza?

5 O que você pode fazer para minimizar a tristeza? Algum novo pensamento ou ação?

6 Qual poderia ser uma visão positiva sobre este assunto?

7 Quão bem você realmente quer se sentir agora para começar a pensar em suas próximas ações?

8 Houve algum momento em que você também esteve triste e essa tristeza passou? Relembre o que fez com que ela passasse. É possível usar agora este recurso?

Relembre agora uma situação em que você se sentiu ansioso.

9 A ansiedade o ajudou a lidar com a situação?

10 Você conhece alguém que lida bem com a ansiedade? Se sim, o que essa pessoa faz?

11 O que você gostaria que acontecesse para não ficar ansioso? Isso está sob seu controle?

12 Que recursos você conhece para lidar com a ansiedade negativa? Você conhece alguma técnica de meditação? Conhece algum livro ou aplicativo que traga dicas para ansiedade?

Terceiro pilar. É positivo saber motivar-se e colocar as emoções a serviço de uma meta.

PERGUNTAS DE *COACHING*

1 O que é mais importante na sua vida?

2 Como você se sente só de imaginar concretizar o que deseja?

3 Quais valores você deve começar a priorizar?

4 Que tipo de pensamento pode fortalecer você?

5 O que pode inspirar você?

6 O que irá habilitá-lo a alcançar sua meta?

7 O que será diferente quando você conquistar sua meta?

8 De que você precisa para realizar seu sonho?

9 Que habilidades você precisa desenvolver para concretizar seu objetivo?

10 Como você pode caminhar em direção ao seu objetivo?

11 O que você pode fazer agora?

Quarto pilar. É importante reconhecer as emoções dos outros. As pessoas empáticas estão mais sintonizadas com os sutis sinais sociais, com os indicativos daquilo que os outros precisam ou o que querem. A arte de se relacionar passa, em grande parte, pela aptidão para lidar com as emoções dos outros. É essa aptidão que reforça a popularidade, a liderança e a eficiência interpessoal.

PERGUNTAS DE *COACHING*

1. Quando você está conversando com alguém, você olha para o rosto da pessoa?
2. Você consegue ouvir até o fim o que o outro está expressando?
3. Você consegue ouvir sem julgar se a pessoa está certa ou errada?
4. Se a pessoa que está falando com você está triste, você a respeita?
5. Você procura ter sempre uma atitude de compreensão para com o outro, sem se sentir dependente das próprias palavras?
6. Você consegue com frequência se colocar no lugar da outra pessoa?
7. Você se sente capaz de compreender a postura e as opiniões dos outros sem preconceito?
8. Você sabe ouvir?
9. Você consegue acalmar a outra pessoa quando ela precisa?

É muito importante, de acordo com as pesquisas mais recentes, atuar em ambientes que estejam mais alinhados com seus valores. Afinal, será lá que você passará a maior parte do dia!

1.6 VOCÊ PENSA NA CARREIRA COMO CONSERVADOR OU COMO LIBERAL?

O perfil do profissional do século XXI mudou e provavelmente mudará ainda mais para acompanhar as exigências do mercado globalizado. No Quadro 1.1, pode-se verificar, de forma comparativa, quais as características de cada geração.

Quadro 1.1 Características das diferentes gerações

Veteranos (1930-1945)	Baby boomers (1946-1964)	Geração X (1965-1976)	Geração Y (1977-1990)	Geração Z (1991-2010)
Testemunharam os pais lutarem pela sobrevivência São conservadores e cuidadosos com o dinheiro Valorizam segurança e estabilidade	Representam grupo experiente Iniciaram a carreira com máquinas de escrever, sem computadores ou celulares Passaram por momentos difíceis da economia mundial Valorizam trabalho árduo e carreira sólida Focam no resultado	São fortes candidatos a posições de liderança Iniciaram a carreira juntamente com os avanços da tecnologia Divertiam-se com os primeiros videogames Valorizam o empreendedorismo Focam no equilíbrio entre vida pessoal e profissional	Buscam posições de liderança Cresceram com a tecnologia Possuem mentalidade global Aceitam mais facilmente as diferenças Viveram bons momentos da economia mundial São questionadores, ansiosos e imediatistas Não se prendem à empresa	Primeira geração 100% digital (nativos digitais): possuem muita conectividade a pessoas e aplicativos Representam o grupo mais jovem nas organizações Têm pais protetores, mas estão preocupados com o seu dinheiro Valorizam a sustentabilidade do planeta e se engajam em ações sociais Entediam-se facilmente e estão sempre em busca de algo melhor

Fonte: adaptado de LEITE, R. C. Guia sobre as diferentes gerações no ambiente de trabalho. *Centro de pesquisa, desenvolvimento e educação continuada* (CPDEC), abr. 2015. Disponível em: <http://www.cpdec.com.br/guia-sobre-as-diferentes-geracoes-no-ambiente-de-trabalho>. Acesso em: 29 ago. 2018.

A vivência diferenciada de cada geração implicará valores e estilos de trabalho muito diferentes. Como as organizações precisam de um clima positivo para os resultados serem alcançados, é importante minimizar as consequências negativas das diferenças entre as gerações. Saber perceber e respeitar cada geração é fundamental para um clima produtivo e de aprendizagem mútua, propiciando o melhor desempenho de todos e da empresa.

No **Capítulo 4** falaremos mais detalhadamente sobre as **diferentes gerações no mundo corporativo**, abordando as **diferenças de comportamento** e **valores de cada geração** e os impactos na convivência e na produtividade.

Por que é necessário identificar nosso perfil pessoal/profissional? Porque impede que nossas decisões sejam orientadas somente por nosso inconsciente, que é o responsável pela construção histórica de nosso perfil comportamental.

Ao ter maior conhecimento de como funcionamos, podemos explorar outras possibilidades, enriquecendo o repertório de comportamentos e aumentando o leque de opções nas tomadas de decisão.

Independentemente da geração, porém, observamos que existem **perfis conservadores** e **perfis mais idealistas**. Esses diferentes comportamentos afetarão o modo de olhar e decidir sobre o presente e o futuro: procurar uma nova posição em outra empresa ou reavaliar suas perspectivas na empresa em que já trabalha.

Os conservadores tendem a entender seu comportamento como traço positivo, evitando riscos desnecessários, enquanto os idealistas se percebem mais ousados e mais otimistas.

Essa disposição influencia a forma como as pessoas exploram as oportunidades. Seja qual for o seu perfil, é bom saber que seu futuro profissional não pode ficar inteiramente subordinado à sua zona de conforto. Para se desenvolver é necessário racionalizar, analisar as variáveis de maneira objetiva, entender suas motivações reais (e não ilusórias) e verificar quais talentos, habilidades e competências podem propiciar um caminho na direção almejada.

Você pode identificar seu perfil no questionário mostrado no Quadro 1.2. Basta ler e preencher a autoavaliação e você terá uma ideia mais clara de como você tende a se comportar: de forma conservadora ou idealista.

No questionário, atribua valores de 1 a 5 para cada afirmativa, sabendo que o total de cada linha deve sempre ser 5. Por exemplo, caso você tenha pontuado 3 na coluna A, a coluna B deve ser pontuada com 2. Considere o valor 1 como o menos próximo de seu modo de ser e 5 como o mais próximo. Depois, some os totais de cada coluna.

Quadro 1.2 Questionário para identificação de perfil conservador ou idealista

Coluna A	Seus números	Coluna B	Seus números
Posso ser bastante severo comigo mesmo e com os outros, pois valorizo o autoaperfeiçoamento.		Busco diversidade e desafios e estou constantemente procurando novas saídas e maneiras mais criativas de fazer as coisas.	
Gostaria de ter admiração e respeito dos colegas, mas procuro não chamar a atenção para mim mesmo.		Posso me sentir sobrecarregado pelos detalhes; prefiro que outra pessoa cuide da rotina.	
Sou contido no trabalho e muitas vezes sou rotulado como fechado.		Sinto-me cerceado com regras excessivas, estruturas inflexíveis e burocracia.	
Espero que as regras e as ordens sejam seguidas; tenho pouca tolerância com aqueles que se desviam delas.		Tenho tendência a atropelar regras, políticas e regulamentos quando estou em busca de resultados.	
Respeito a autoridade e não me conformo com os que não fazem o mesmo.		Sou mais idealista e prefiro encontrar um trabalho que seja gratificante e coerente com meus valores íntimos e pessoais.	
Total 1		Total 2	

Fonte: elaborado pela autora.

Se você fez, na Coluna A, de 20 a 25 pontos, você tem um perfil bastante conservador; se fez de 12 a 19 pontos, tem um perfil conservador, mas flexível à diversidade humana e ao ambiente; de 5 a 11 pontos, seu perfil é levemente conservador, com inteligência emocional para ajustar-se à realidade.

Se, na Coluna B, você fez de 20 a 25 pontos, seu perfil é bastante idealista, e você é ousado, com tendência à impulsividade; se fez de 12 a 19 pontos, você tem perfil idealista, mas flexível à diversidade humana e ao ambiente; de 5 a 11 pontos, seu perfil é levemente idealista, com inteligência emocional para ajustar-se à realidade.

CASO REAL

Várias pessoas dizem-se extenuadas ou sem perspectivas no trabalho atual. Mudar de empresa surge imediatamente como a melhor alternativa. Mas será que é a mais consistente?

Para ilustrar, apresentamos o caso de Adriana (nome fictício), profissional muito competente, mas extremamente frustrada em sua atuação como gerente de recursos humanos de determinada empresa.

Ela não tinha muitas dúvidas de que seu ciclo naquela organização havia finalizado, mas precisava encontrar a maneira mais adequada de partir rumo a novas opções – as quais, afinal, não fazia ideia de quais seriam – e manter equilibrado seu orçamento mensal.

Adriana acreditava que seus conhecimentos não estavam sendo utilizados como ela gostaria. Na sua percepção, ela não fazia muita diferença na empresa e se sentia muito insatisfeita.

Ao longo de nossas reuniões, percebeu que esse traço de insatisfação já estava presente havia muito tempo. Ela verificou que, como se sentia insatisfeita, acabava "comprando" a insatisfação dos colaboradores e era sempre a mensageira de cobranças a seu diretor. Em outras palavras, ela não ocupava adequadamente a posição estratégica de uma gerente de recursos humanos.

Depois de alguns encontros, chegou à conclusão de que sua insegurança afetava todo o seu desenvolvimento profissional. Diante dessa nova perspectiva, adotou uma conduta que potencializou sua alavancagem profissional: conseguiu alterar, dentro de si mesma e dentro da organização, seu comportamento, trazendo o olhar de dono para sua função e sua vida. Buscou alimentar sua subjetividade com dados reais, trouxe maior isenção de julgamento, e aprendeu a ser mais racional e menos emocional, gerando maior assertividade.

Ao mesmo tempo, sua melhor percepção de si mesma permitiu que ela atuasse como uma líder *coach*, fazendo com que os colaboradores se responsabilizassem por determinadas atitudes.

Seu novo comportamento gerou novas conquistas: além do reconhecimento de um bom trabalho pelo diretor, ela conseguiu atuar como consultora independente, com o mesmo salário e com maior tempo livre, que ela utilizou para desenvolver novos projetos.

Este e outros casos demonstram como é possível encontrar várias possibilidades de solução. Quanto mais o profissional ampliar seu autoconhecimento e o entendimento sobre a realidade que o cerca, maiores serão as chances de caminhar e construir sua carreira de maneira consistente.

2

MUDAR DE EMPRESA

OU CRESCER NA MESMA EMPRESA?

2.1 COMO FAZER AS MELHORES ESCOLHAS PROFISSIONAIS

Considerar a mudança de trabalho é sempre um dilema. Há uma zona de conforto preestabelecida que vai desde o trajeto conhecido de casa para o trabalho até as demais implicações relacionadas. Entretanto, mudar de trabalho ou de emprego é uma realidade cada vez mais presente.

Nenhuma decisão deve ser puramente emocional, mas sim respaldada por reflexões diversas, a começar pela **análise das ameaças e oportunidades** que envolvem essa troca ou substituição.

> **PAUSA PARA REFLEXÃO**
> É importante responder à questão: Como a mudança poderá ser uma evolução na minha carreira?

Para quem está pensando, ao ler este texto, que estamos nos referindo apenas a mudar de empresa, aí vai uma surpresa: até mesmo para alavancar sua carreira é preciso estar seguro das rupturas que acontecerão e dos novos desafios envolvidos, como ter de praticar uma boa gestão de pessoas ou lidar estrategicamente com seus novos pares.

Para começar, é preciso refletir sobre as perguntas a seguir.

A evolução é um fator essencial para definição. Afinal, se não é evolutivo, para que se arriscar?

- Mudar de empresa ou crescer na mesma empresa?
- O que implica mudar de empresa? Trata-se realmente da melhor escolha?
- Quais são os sinais que apontam para uma necessidade de mudança?

Nas considerações sobre a mudança, há dois temas que merecem reflexão: **felicidade e sucesso**. Afinal, ninguém quer uma mudança para se sentir infeliz: a perspectiva é sempre a de ter um aumento de salário, atingir a próxima meta de carreira, poder realizar sonhos e projetos.

Shawn Achor, professor e pesquisador de Harvard, palestrante do curso mais concorrido da melhor universidade do mundo, entrevistou 1.600 estudantes de graduação que tiveram ótimas notas e demonstraram alto desempenho. Ele tinha como objetivo entender o que leva as pessoas a terem sucesso e prosperar em ambientes desafiadores.

O que ele descobriu foi revelador. Sempre se acreditou que felicidade e sucesso são a recompensa pelo empenho e esforço despendido. Fomos ensinados, no ambiente familiar, nas escolas, nas empresas e na sociedade, que, se nos empenharmos realmente na conquista de algo, teremos sucesso e então alcançaremos a felicidade.

No livro *O jeito Harvard de ser feliz*, Shawn explica:

> Essa crença (do empenho) explica o que costuma nos motivar na vida. Pensamos: se ao menos eu conseguisse aquele aumento de salário ou atingisse a próxima meta de vendas, finalmente seria feliz. Se ao menos eu conseguisse uma boa nota, seria feliz. Se ao menos eu conseguisse mais uma boa nota, seria feliz. Se perdesse mais três quilos, seria feliz. E assim por diante. Sucesso antes, felicidade depois.[1]

Entretanto, pesquisas e estudos das últimas décadas provam o contrário: *a felicidade precede o sucesso*. As emoções positivas ampliam nosso mundo mental e comportamental. Elas orquestram para que nosso organismo produza maior quantidade de dopamina e serotonina, substâncias químicas que nos fazem sentir bem e ativam os centros de aprendizado de nosso cérebro. Como resultado, essa inundação de sentimentos de bem-estar nos torna mais bem preparados para enfrentar qualquer situação em todos os aspectos de nossa vida: intelectual, emocional, criativa e de saúde.

FIQUE DE OLHO
Nosso cérebro é literalmente configurado para apresentar o melhor desempenho não quando está negativo ou neutro, mas quando está positivo.[2]

---

[1] ACHOR, S. *O jeito Harvard de ser feliz*. São Paulo: Saraiva, 2012. p. 13.
[2] ACHOR, 2012, p. 26.

Dessa forma, o fundamental a quem deseja melhorar sua vida profissional é manter uma **atitude positiva**, seja pela análise objetiva de perspectivas, seja por meio de sua rede social e de apoio, seja por trabalhar o otimismo, a esperança, a autoeficácia e a resiliência, ou seja, o capital psicológico positivo.

 Aprofundaremos, no **Capítulo 5**, os **conceitos da psicologia positiva** e seus efeitos na vida pessoal e profissional.

2.2 SEU TALENTO É PORTÁVEL DE UMA EMPRESA A OUTRA?

Outro item a ser ponderado diz respeito à análise de quão portável é seu talento, ou seja, o quanto ele poderá ser reconhecido na nova organização.

Boris Groysberg, professor associado da Harvard Business School, analisa até que ponto se pode comprar talento com o objetivo de melhorar o desempenho da empresa.[3] Ele afirma, após considerar centenas de casos, que uma pessoa que demonstre um talento excepcional em uma organização não terá necessariamente o mesmo desempenho quando estiver trabalhando em outra empresa.

Ele mesmo recebeu um convite para dar aulas em Stanford, na especialidade em que atuava, com a possibilidade de chefiar posteriormente o departamento da universidade. Com isso, teve a oportunidade de verificar na própria pele o conceito-chave do seu trabalho: a portabilidade de talentos.

De maneira simplificada, ele observa que o talento expoente que tem sucesso em determinada organização não necessariamente terá em outra, uma vez que o resultado e a performance são produzidos não somente pelo conhecimento técnico e pela capacidade do indivíduo, mas também pela equipe que o apoia, a infraestrutura disponível, o ambiente de trabalho, entre outros fatores.

Segundo o professor Groysberg, nem sempre o talento é portável e, mesmo que o seja, pode levar um tempo até atingir a mesma curva de desempenho que vinha seguindo.

Observe a si mesmo e verifique se está passando por um momento de estresse e de cansaço e se isso está influenciando seus sentimentos relacionados à mudança. Nunca tome uma decisão tão importante sem pensar bem ou pedir auxílio a um profissional.

---

[3] GROYSBERG, B. *Perseguindo estrelas*: o mito do talento e a portabilidade do desempenho. São Paulo: Évora, 2011.

> **PAUSA PARA REFLEXÃO**
> Aquilo que leva um trabalhador do conhecimento ao sucesso constitui algo complexo. Refere-se a bem mais que dar a uma pessoa uma mesa e um computador. O cérebro requer um contexto no qual ele possa funcionar bem.[4]

Vale a pena ressaltar a importância do alinhamento entre os valores em que o profissional acredita e aqueles que a empresa pratica, pois ninguém alcança a plena realização profissional sem que haja afinidade e concordância de valores.

Imagine um profissional da área de sustentabilidade atuando em uma empresa que tem explicitada em sua visão de futuro o cuidado com a sobrevivência do planeta Terra, mas que, em seu dia a dia, não valoriza a colaboração entre os membros da equipe. A incongruência entre o que está descrito na visão da empresa e como a empresa trata, na prática, seu capital humano poderá ser um motivo de grande desgaste para o profissional que tem como valor a solidariedade e a coletividade.

Outro exemplo é quando se vê no *site*, nos impressos e nos quadros expostos na organização que um de seus valores mais importantes é o respeito por pessoas, mas os líderes se comportam de forma autocrática, não há *feedbacks* e os funcionários são tratados como se fossem máquinas. Essa empresa claramente não atua de acordo com o valor preconizado de respeito pelas pessoas.

A melhor forma de conferir se os valores expressos ocorrem de fato é por meio de conversas com profissionais que estão na empresa ou por lá passaram há pouco tempo. A troca de ideias fará com que as informações sejam reais.

Acesse sua rede de contatos, fale de suas expectativas e pergunte se as condutas internas têm alinhamento com seus valores. Dessa forma, você terá a certeza dos comportamentos e valores que poderá encontrar.

2.3 SINAIS QUE DENUNCIAM A NECESSIDADE DE TROCAR DE EMPRESA

Observe quais são os sinais comuns para a maioria das pessoas e aqueles que denunciam a necessidade de sair da organização em que você atua.

---

[4] PAINE, N. Atrair e reter talentos. *Mindquest educação*, set 2014. Disponível em: <http://www.mindquest.com.br/retencao-de-talentos>. Acesso em: 16 jul. 2018.

- Sentir-se insatisfeito porque percebe que a possibilidade de desenvolver-se como profissional na atual empresa está cada vez mais distante.
- Estar cansado de repetir as mesmas atividades e considerá-las de menor importância.
- Acreditar que está sendo privado de reconhecimento por parte de superiores e líderes diretos.

De acordo com uma pesquisa realizada pela DBM Consultoria, a falta de desafios e de perspectiva de crescimento é o principal fator para os funcionários deixarem a empresa.[5] Segundo essa pesquisa, as principais razões de mudança de emprego, ilustradas na Figura 4.1, são:

- remuneração inadequada (7%);
- falta de reconhecimento (6%);
- falta de desafios e perspectivas de crescimento (37%);
- falta de sustentabilidade da empresa (23%);
- falta de alinhamento com pares e superiores (13%);
- "a empresa não combina mais comigo" (7%);
- outras (7%).

Figura 4.1 Principais razões de mudança de emprego

- Remuneração adequada
- Falta de reconhecimento
- Falta de desafios e perspectivas de crescimento
- Falta de sustentabilidade da empresa
- Falta de alinhamento com pares e superiores
- A empresa não combina mais comigo
- Outras

Fonte: *VOCÊ RH*, n. 15, 2011.

Em algumas situações, a organização não mais representa o ideal que levou o profissional a estar interessado em trabalhar nela. Essa se torna a questão mais relevante a ser compreendida.

---
[5] Plano de carreira. *Você RH*, n. 15, 2011.

Os sinais de insatisfação descritos exigem reflexão imediata sobre a possibilidade de mudar de empresa.

PAUSA PARA REFLEXÃO

A melhor empresa para trabalhar é aquela em que você se sente realizado, exercendo um trabalho de que goste, tendo um bom relacionamento interpessoal com as pessoas mais próximas, sendo reconhecido por trazer sua contribuição e tendo uma remuneração compatível com o mercado para as atividades exercidas.

Antes de tomar a decisão de mudar de empresa, é preciso saber quais desses sinais pertencem à realidade específica da empresa onde você trabalha ou se você vivenciará as mesmas situações em outra organização. Não foram poucos os clientes que atendi que relataram conflitos com seus superiores em várias empresas em que trabalharam. No processo de *coaching* descobriram que, por questões pessoais, foram eles que propiciaram os desentendimentos e cultivaram a insatisfação.

Algumas perguntas para ajudar sua reflexão são feitas a seguir.

PERGUNTAS DE *COACHING*

1. Você realmente esgotou todas as possibilidades de permanecer na organização atual?
2. Buscou oportunidades com as pessoas certas e as oportunidades lhe foram negadas?
3. Procurou ter um melhor relacionamento com a liderança e não obteve retorno positivo?
4. Conversou com seu líder direto a respeito do que o está incomodando?
5. Já tentou ser o líder que está faltando na empresa?
6. Você é participativo nas decisões importantes?
7. É proativo diante das adversidades?
8. O que faz para conquistar um cargo mais alto?
9. Continua se desenvolvendo profissionalmente com cursos de atualização e específicos?
10. Consegue gerenciar os conflitos internos da sua área?
11. Você toma as rédeas ao perceber que pode contribuir com a solução de alguma situação crítica?

Se você já fez de tudo e mesmo assim continua decidido a mudar de trabalho e/ou se encaixa no perfil de insatisfação, o melhor a fazer é sair.

Mas os riscos devem ser muito bem analisados antes de se tomar a decisão efetiva de deixar sua atual posição. É primordial planejar-se e questionar-se antes de partir para a ação.

PERGUNTAS DE *COACHING*

1. O momento econômico do país é favorável?
2. As suas finanças estão sob controle?
3. A família está, e estará, o apoiando durante esse processo de busca pela nova empresa ou oportunidade de trabalho?
4. Como essa atitude atual contribuirá para o alcance de seu objetivo profissional daqui a cinco anos?

PAUSA PARA REFLEXÃO

Todos reagimos de diferentes maneiras a estímulos emocionais, por isso uma referência genérica "à maioria das pessoas" ou "à pessoa normal" é totalmente inadequada.[6]

Mas atenção! Procure deixar as portas abertas. Lembre-se de que será importante ter boas referências de seu chefe para apresentar nas entrevistas de emprego.

Veja como procedeu um profissional a quem atendi. Rodrigo (nome fictício) era um gerente dedicado e ético. A maneira como ele se desligou da empresa foi extremamente digna. Ele comunicou de antemão que sairia porque queria atingir posições mais altas e já havia chegado ao máximo que poderia ali. Negociou sua saída de maneira justa e recebeu bons benefícios. Conversou com os colegas de trabalho e comunicou sua saída a todos, com a autorização do departamento de recursos humanos da empresa. Solicitou uma carta de recomendação ao seu superior direto, que se sentia seu parceiro, pois conhecia seu potencial

Se você optar pelo desligamento, o objetivo é manter o bom relacionamento com a empresa.

---

[6] DAVIDSON, R. J.; BEGLEY, S. *O estilo emocional do cérebro*. Rio de Janeiro: Sextante, 2013. p. 26.

Capítulo 2 Mudar de empresa ou crescer na mesma empresa? **35**

Reflita: por quanto tempo você terá fôlego para se sustentar financeiramente caso uma nova proposta de trabalho não apareça logo?

como profissional. Essa carta era a representação do ótimo trabalho que havia realizado na empresa.

Muitas vezes, no início de nossa carreira profissional, somos levados em uma certa direção, seja por necessidade financeira, seja por valores. Entretanto, como a vida é dinâmica e nós temos a oportunidade de crescer e aprender sempre mais sobre nós mesmos e sobre o mundo, distanciamo-nos dos valores da empresa na qual trabalhamos. Quando isso acontece, nos sentimos desmotivados, fazendo nosso trabalho sem grande envolvimento. Isso não é notado apenas por nós próprios: nossos colegas e nossa chefia também percebem.

Nesse caso, é hora de tomar outro rumo e buscar um caminho profissional mais próximo de nosso real desejo, fazendo reflexões como as que se seguem.

PERGUNTAS DE *COACHING*

1. Você quer mudar de empresa, de trabalho, de remuneração ou de ambiente de trabalho?
2. Que tipo de satisfação a mudança de empresa deverá trazer?
3. Seu comportamento continuará o mesmo?
4. Que valores devem fazer parte da empresa que você busca?
5. Que novos desafios você está buscando?

Esses questionamentos o ajudam a mover-se na direção da empresa que possua aquilo que a atual não tem, segundo sua opinião. Para construir um desenvolvimento de carreira sustentável em uma nova empresa, leve em consideração as perguntas a seguir.

PERGUNTAS DE *COACHING*

1. A próxima empresa deverá ter possibilidades concretas de crescimento profissional?
2. Deverá ser uma organização sólida?
3. Pode ser uma empresa nacional ou multinacional?
4. É melhor que seja de pequeno, médio ou grande porte?
5. É importante que seja uma empresa que invista em novas tecnologias?
6. Os honorários devem ser compatíveis com os atuais ou maiores?
7. A próxima posição será hierarquicamente a mesma ou superior?
8. Você aceitará trabalhar por menos?
9. Que desafios você quer realizar: novos ou os mesmos?
10. Como você gostaria que fosse o ambiente de trabalho?

Há mais um ponto a considerar: mudar de empresa significa lidar com um cenário desconhecido, que pode colocá-lo em uma situação melhor ou pior. Portanto, você deve estar preparado e conhecer tanto seus pontos fortes quanto os fracos.

PAUSA PARA REFLEXÃO
É importante ressaltar: mudar de empresa não é garantia de sucesso, especialmente se seu comportamento for o responsável por sua insatisfação.

2.4 COMO SER O MELHOR NAS ENTREVISTAS DE SELEÇÃO

As contratações dependem do que o candidato oferece nas etapas de entrevista. As informações sobre sua história de vida e profissional, as justificativas relativas às suas mudanças de emprego, sua visão de mundo, suas crenças e desejos, aliadas às competências apresentadas, são determinantes para você preencher uma vaga.

Antigamente, o processo era mais rápido, com as obrigatórias perguntas sobre pontos fortes, pontos fracos e experiências profissionais diretamente relacionadas ao desempenho do candidato ao cargo pretendido.

Hoje é necessário não apenas apresentar dados cronológicos da experiência profissional, mas – e sobretudo – saber discorrer sobre os vários desafios enfrentados em cada momento, como foram as soluções propostas e quais os principais resultados alcançados.

> Para mais informações sobre a **apresentação adequada de suas realizações profissionais**, consulte o Capítulo 9 de meu livro *Redação empresarial*, da Saraiva, em que forneço uma metodologia que contribui para o autoconhecimento de suas competências.[7]

Anteriormente, o nível de conhecimento sobre a personalidade e o comportamento do candidato era tratado de maneira superficial. Hoje, as empresas estão mais exigentes porque a competitividade é acirrada e não há tempo a perder com uma contratação malfeita. A despeito da formação acadêmica e do nível de conhecimento, que serão muito semelhantes entre a maioria das pessoas que participam do processo seletivo, o que as diferenciará serão seus pontos fortes, bem como o conhecimento de seus pontos a melhorar.

PAUSA PARA REFLEXÃO

Quem não tem autoconhecimento pode acreditar ter habilidades que não possui e ignorar as que realmente tem. Quem não conhece a si mesmo confunde pontos de melhoria com qualidades.

Portanto, atenção![8]

Tomemos, a título de exemplificação, o autoconhecimento que uma boa devolutiva da **classificação tipológica de Myers-Briggs** (teste MBTI)[9] pode oferecer, sabendo que as quatro escalas medidas pelo teste orientam-se conforme o Quadro 2.1 e resultam em 16 tipos.

---

[7] GOLD, M. *Redação empresarial*. 5. ed. São Paulo: Saraiva, 2017.
[8] PAIVA, K. S. O autoconhecimento numa entrevista de emprego. *RHPortal.com*, set. 2015. Disponível em: <https://www.rhportal.com.br/artigos-rh/autoconhecimento-em-uma-entrevista-de-emprego>. Acesso em: 16 jul. 2018.
[9] Vale ressaltar que o instrumento MBTI foi elaborado por Katharine Briggs e Isabel Briggs Myers e baseia-se no trabalho de Carl Jung e sua teoria dos tipos psicológicos.

Quadro 2.1 Escalas medidas pelo teste MBTI	
Escala	**Referência**
Extroversão - Introversão	Modo como a pessoa se motiva
Sensação - Intuição	Modo como a pessoa processa as informações
Pensamento - Sentimento	Modo como a pessoa prefere tomar decisões
Julgamento - Percepção	Modo de vida que a pessoa prefere

Fonte: HIRSH, S. K.; KUMMEROW, J. M. Myers-Briggs Type Indicator – Relatório Interpretativos para Organizações. *Relatório preparado para modelo*, 12 jan. 2010. Disponível em: <https://fellipelli.com.br/wp-content/uploads/2016/05/MBTI-Modelo-Relatorio.pdf>. Acesso em: 30 ago. 2018.

Todas essas escalas têm graduações e resultam em efeitos no exercício da vida profissional, tanto em termos de aptidões como em modos de relacionamento.

Examinemos um perfil com grau mediano de introversão. Com base no conhecimento de seu modo dominante de motivação (I), o candidato pode defender sua orientação para a introversão – preferência por tirar energia do mundo interior das ideias, emoções ou impressões pessoais – relatando uma história de sucesso de sua participação em uma negociação complexa, eivada de expectativas diversificadas por parte dos envolvidos, demonstrando como sua credibilidade e seu alto grau de confiança permitiram o alinhamento das aspirações e resultaram em soluções do tipo ganha-ganha.

Analisemos agora um candidato a diretor de recursos humanos, com maior orientação para o sentimento (F) – preferência por organizar e estruturar as informações para tomar decisões de maneira pessoal e orientada para valores – e pouquíssima orientação para o pensamento (T) – preferência por organizar e estruturar as informações para tomar decisões de maneira lógica e objetiva.

Como justificar sua candidatura a uma multinacional do segmento de bens de consumo quando se sabe que a cultura da empresa privilegia a racionalidade? Nesse caso, o candidato poderia se utilizar de sua bem-sucedida gestão anterior em outra multinacional de menor porte, na qual adquiriu a confiança de todas as suas equipes subordinadas, como treinamento e desenvolvimento de pessoal (T&D), recrutamento e seleção (R&S), departamento pessoal (DP), entre outras, demonstrando que a união dos esforços ultrapassava obstáculos. Com os resultados obtidos, o diretor conquistou maior credibilidade para a área de recursos humanos, elevando-a a um lugar mais estratégico, ao lado das demais diretorias.

Suponhamos agora um perfil ISTP[10] do teste MBTI. Os ISTP têm habilidade para gerenciar situações e fatos, são realistas e acreditam na razão como pilar fundamental das atitudes. Desse modo, são excelentes solucionadores de problemas, reagindo rapidamente quando há necessidade de atender às expectativas do momento. São bastante orientados para projetos e adoram verificar a aplicação prática. No entanto, podem ter dificuldades em cargos iniciais de liderança por gerenciarem de maneira mais descontraída e parecerem "apagadores de incêndio", ou seja, concentrarem-se em resultados de curto prazo, sem uma visão mais ampla de outros fatores envolvidos. Podem também parecer sem objetivos e metas determinadas, já que se envolvem na resolução de problemas constantemente.

Já pessoas com perfil ESTJ[11] – que estão prontas para agir, mas tomam decisões racionais, valorizando a organização, a eficiência e os resultados – sempre foram bem valorizadas nas entrevistas de trabalho, justamente por apresentarem características como pensamento analítico, clareza e assertividade. De fato, os ESTJ são bastante direcionados para tarefas, e esse comportamento é muito valorizado nas organizações. O que se comprovou nos últimos anos, com os estudos relacionados à competência comportamental, é que essas pessoas podem mostrar-se rígidas e autoritárias em situação de liderança, impactando negativamente a condução da equipe. Além disso, como são pessoas bastante pragmáticas, muitas vezes têm dificuldade de ouvir os outros, sendo vistas como arrogantes e prepotentes.

Como se vê, cada perfil tem respostas únicas e significativas nas entrevistas de emprego, que buscam o candidato que se acredita estar mais alinhado com o perfil do cargo e com a cultura da empresa contratante. Assim, quanto mais a pessoa se conhecer, melhor apresentará a sua imagem, ampliando as chances de ser contratada para a vaga que propiciará o desenvolvimento sustentável de sua carreira.

Autoconhecimento tem um valor especial para o próprio indivíduo. Uma pessoa que seja mais consciente de si mesma estará em melhor posição de prever e controlar o próprio comportamento.

---

[10] ISTP: introvertido, guiado pelos cinco sentidos, toma decisões baseadas na razão, gosta de viver de forma espontânea.
[11] ESTJ: extrovertido, guiado pelos cinco sentidos, toma decisões baseadas na razão, gosta de viver de forma organizada.

Existem diversas ferramentas de autoconhecimento, entre as quais podemos citar o eneagrama, o teste DISC, o teste de 16 personalidades (baseado no MBTI), o teste de preferência cerebral e muitos outros, até a dominância tipológica por meio dos quatro animais (águia, tubarão, lobo e golfinho). Convém ressaltar que há instituições e consultores credenciados para aplicação e devolutiva de cada um dos testes citados.

 No **Capítulo 5**, você terá oportunidade de desenvolver mais seu autoconhecimento.

Você pode também utilizar um recurso simples, mas eficaz, de testar se tem realmente os talentos corporativos que acredita ter, pois de nada adianta falar em uma entrevista de seleção que você é um bom negociador, por exemplo, se não tem uma experiência ou caso sólido para contar sobre o tema.

Faça um teste breve, porém importante, com base nas perguntas de *coaching* a seguir.

PERGUNTAS DE *COACHING*

1. Identifique cinco principais talentos ou características.
2. Que comportamentos ou ações podem evidenciar e comprovar essa característica?
3. Essa característica é reconhecida por seu superior, por seus pares ou por sua equipe?

2.5 PARA MUDAR DE EMPRESA, FAÇA *NETWORKING*

O ser humano é gregário por natureza, ou seja, pertence a grupos desde a mais tenra infância. As redes de contatos profissionais estão incluídas nesse comportamento.

FIQUE DE OLHO
Hoje em dia, o *networking* é responsável por 85% das recolocações. Então, fique de olho aberto!

Networking é a capacidade de estabelecer uma rede de contatos ou uma conexão com algumas pessoas, trocando ideias, informações, sonhos e projetos. Essa rede de contatos pode – e deve – ocorrer com pessoas que têm conhecimentos e experiências em diversas áreas, desde a mais próxima até as mais distantes.

Muitas pessoas dizem que *networking* não tem nada a ver com relacionamentos e amizades. Contudo, relações baseadas em credibilidade e confiança são muito mais eficazes. Colegas não precisam ser íntimos, mas devem poder confiar uns nos outros, ter certa admiração pela sua trajetória profissional ou saber que têm bom caráter. Afinal, é muito mais prazeroso conversar com pessoas em quem se confia. Caso contrário, o *networking* assume um cunho utilitarista, o que é desgastante e improdutivo.

Não deixe que o *networking* pareça um jogo de interesses!

Reconhece-se, atualmente, a importância de construir uma rede de relacionamentos. No entanto, se realizarmos uma breve pesquisa, veremos que 90% das pessoas não exerce essa prática rotineiramente.

Pense em 10 pessoas com as quais você conversou nos últimos dois meses, ou seja, 60 dias, sobre questões profissionais relevantes. Você pode tê-las escutado, ou procurado para um bate-papo, ou pode ter sido ajudado na avaliação de oportunidades ou em decisões estratégicas. Conseguiu pensar nas 10 pessoas? Se a resposta for positiva, você faz parte dos 10% que praticam *networking* regularmente.

Seguem-se alguns aspectos resultantes do cultivo da rede de contatos.

- A troca de ideias com as pessoas o mantém mais informado sobre o mercado.
- As pessoas podem "ensinar" coisas novas.
- As pessoas fornecem *feedback* sobre as suas ideias.
- Você pode conhecer seu futuro empregador.
- Você pode descobrir ideias de como resolver uma questão complexa.
- As pessoas podem falar sobre alguma oportunidade interessante.
- Alguém pode ter o recurso exato para ajudá-lo a economizar tempo.

A lista segue indefinidamente, pois conversar com as pessoas pode nos enriquecer muito. Ademais, existe um segredo que é a alma do negócio: é preciso estar pronto para apoiar e cooperar com os outros.

Não assuma uma atitude autocentrada. Ouça seu interlocutor com interesse real, analise o que você tem a oferecer, pergunte como você pode ser útil e coloque-se à disposição.

Existem quatro passos fundamentais para você vencer o desafio do *networking*.

Networking é uma via de mão dupla: para receber, é preciso dar. Todo ser humano espera reciprocidade de ações positivas.

1. Fale sobre a sua trajetória de forma clara e objetiva.
2. Diga o que você espera da sua carreira: mostre seus sonhos e o quanto eles são importantes para você.
3. Diga quais são as empresas em que você gostaria de trabalhar e como você poderia contribuir com elas.
4. Pergunte se seu interlocutor conhece alguém dessas empresas com quem você possa conversar para saber um pouco mais sobre a cultura da empresa.

Por fim, entre em ação. Só assim poderá errar e aprender com os erros, persistir e finalmente construir algo que será útil e prazeroso pela vida inteira.

Como se faz *networking*?

- Frequente cursos, palestras, congressos, tanto da sua área quanto de outras.
- Tenha sempre em mãos um cartão de visita, para fortalecer os laços do contato.
- Ajude outros colegas quando você for solicitado. Assim, você sempre terá a porta aberta quando precisar.
- Seja conhecido e respeitado em sua própria empresa.
- Fale de seu trabalho, mencione o que você faz e mostre sua importância – mas não seja nem pareça arrogante. Ninguém é insubstituível.
- Cada mudança de emprego deve ser comunicada. É muito importante comunicar às pessoas novas conquistas e desafios, bem como colocar-se à disposição para receber os colegas para conversar.

2.6 DICAS PODEROSAS PARA GERENCIAR O DESLIGAMENTO

A transição de emprego ou de carreira – expressão que dá nome à fase em que o profissional, desligado de sua empresa anterior, está buscando um novo emprego – é um momento delicado que, infelizmente, tem se tornado cada vez mais frequente nos últimos tempos.

Hoje em dia, ninguém tem a segurança de permanecer no emprego por um longo período em razão de várias necessidades de adaptação pelas quais as empresas estão passando. O mundo de hoje é de fusões e aquisições de empresas, redução de pessoal, reestruturações administrativas, diminuição de gastos etc.

Você já deve ter visto algum familiar, amigo ou colega enfrentando essa situação desconfortável. Você mesmo pode estar, neste momento, vivenciando essa fase difícil.

O impacto emocional da demissão produz diversos sentimentos de perda, muitas vezes de forma misturada: preocupação, solidão, tristeza, raiva, frustração, insegurança e outros. Muitos profissionais também relatam perda da autoestima e da autoconfiança.

FIQUE DE OLHO
Em 1982, a descoberta de que a maior atividade no **córtex pré-frontal esquerdo** estava relacionada com as emoções positivas e que a maior atividade no **córtex pré-frontal direito** estava associada às emoções negativas foi apenas o primeiro passo na jornada para encontrar as bases cerebrais do que se tornaria a dimensão Atitude.[12]

Gerenciar as emoções, principalmente nas primeiras semanas, será seu grande desafio.

Hoje em dia já se sabe que nossa vida é regida por duas forças: uma, a **mente racional**; a outra, a **mente emocional**. Na maior parte do tempo, essas duas mentes operam em harmonia, mesclando seus modos de conhecimento para que nos orientemos no mundo.

---

[12] DAVIDSON; BEGLEY, 2013. p. 98.

De maneira geral, essas mentes se coordenam: os sentimentos são essenciais para o pensamento e vice-versa. Entretanto, algumas vezes, quando somos tomados por uma emoção muito forte, a mente emocional assume o comando. A mente emocional é muito mais rápida que a racional, e essa rapidez não permite que ocorra a reflexão que caracteriza a mente racional. A mente emocional considera que suas crenças são totalmente verdadeiras e, assim, despreza qualquer coisa que lhe seja contrária.

É muito importante você cooperar com sua mente racional para poder recuperar sentimentos de realização profissional e de autoconfiança. Sete dicas poderosas para começar a gerenciar sua transição são descritas a seguir.

1. **Supere os sentimentos de perda.** Para superar os diversos sentimentos de perda trazidos pelo desligamento, lembre-se de que você pode acionar sua mente racional. A ciência já provou que cada um é aquilo que acredita ser. Por isso, reveja tudo que você já construiu, os desafios que superou, as conquistas que obteve e retome sua autoconfiança.

   A autoconfiança e a autoestima caminham junto com a atitude positiva. Então, concentre-se em pensamentos positivos. O autocontrole sobre as emoções faz a diferença entre crescer ou estagnar na vida.

2. **Exercite seu pensamento.** Reverta seus sentimentos, fazendo o exercício de se lembrar de momentos de satisfação que você teve nos últimos três anos de sua vida profissional. Faça uma lista de pelo menos cinco momentos de satisfação. Essas lembranças podem ser do dia em que você atingiu uma meta, de quando ficou feliz com a solução de um desafio ou da sensação de realização por alguma conquista.

   Foque nas características das quais você gosta a seu respeito. Acredite sempre em si mesmo. Se você se enxergar como um profissional de sucesso, isso se refletirá em seus contatos e trará, com certeza, muitos ganhos em sua caminhada na busca por um novo emprego.

FIQUE DE OLHO

Os circuitos do cérebro emocional estão frequentemente sobrepostos aos do cérebro racional e pensante, e acredito que a mensagem que podemos extrair desse fato seja bastante forte: as emoções trabalham de forma integrada com a cognição, permitindo assim que encontremos nosso rumo no mundo das relações, do trabalho e do crescimento espiritual.[13]

3. **Faça internamente seu desligamento.** Mantenha a tranquilidade ao lidar com a ex-empresa ou com ex-colegas. Não queime a relação com seu ex-empregador. Lembre-se de que precisará de referências.

    Argumentar que a empresa não tinha processos estruturados ou que seu chefe sabia menos que você não trará nada de positivo; só alimentará mais sua decepção e mágoa.

    Considere o passado como fonte de aprendizagem e projete sua energia para o futuro.

4. **Conte à sua família.** Todos os membros da sua família precisam saber da nova situação, pois ela afetará a todos. Sente-se e converse com todos o mais tranquilamente possível. Demonstre equilíbrio emocional e diga que o apoio de todos é muito importante.

5. **Replaneje seu orçamento.** Lembre-se de que há momentos em que o mercado de trabalho está aquecido e outros em que não, e você precisa estar preparado para a eventualidade de que seu novo emprego demore um pouco mais do que você gostaria. Reveja despesas que poderão ser eliminadas nesse período. Determine de quanto você precisa para viver e faça um novo planejamento orçamentário.

6. **Acredite em você e se prepare.** Você tem a seu favor diversos conhecimentos, talentos e habilidades. Siga um planejamento de trabalho, focando nas técnicas e ferramentas de uma recolocação de carreira e emprego.

    Não se precipite ligando para pessoas sem estar preparado nem distribua seu currículo a torto e a direito. Se fizer

---

[13] DAVIDSON; BEGLEY, 2013, p. 106.

isso, você poderá desperdiçar tempo ou se queimar em contatos feitos sem uma preparação prévia.

Você precisa ter uma direção, um foco, e saber usar as estratégias corretas para atingir sua meta. O processo de recolocação exige disciplina e trabalho. Utilize produtivamente cada minuto de seu tempo.

7. **Defina um plano diário de atividades.** Faça uma lista de tarefas a serem realizadas diariamente. No final do dia, analise os resultados.

2.7 OPTANDO PELO CRESCIMENTO NA EMPRESA

Para crescer na empresa em que você atua, é importante desenvolver a inteligência emocional e suas forças. Elas são, nos dias de hoje, o principal componente das avaliações de competência utilizadas pelas empresas para definirem em quais talentos elas investirão.

Para ser considerado um talento, o profissional deve, antes de tudo, ter um desempenho diferenciado, não só em termos de conhecimento e aplicação técnica, mas sobretudo em termos de habilidades e atitudes, utilizando todos os seus recursos para obter resultados valorizados pela empresa.

Os profissionais capazes de bater suas metas repetidas vezes não ficam esperando as coisas acontecerem. Eles sabem o que fazer para atingir o resultado e agem. Outras competências do colaborador considerado um talento englobam aceitar desafios, sair da rotina e trabalhar em projetos interdisciplinares.

Não há uma receita que defina o profissional denominado de "talento", pois as competências buscadas pelas empresas variam. Algumas características, no entanto, são sempre valorizadas, como motivação, visão do todo, capacidade de trabalhar em equipe, capacidade de realização, desempenho superior e iniciativa.

Podemos entender por motivação a capacidade e o desejo de crescer constantemente na empresa, demonstrando atitude proativa em relação a adversidades e diante dos desafios que se impõem.

A visão do todo é caracterizada por perceber a integração de sua área e de suas atividades com as outras da empresa,

Capítulo 2 Mudar de empresa ou crescer na mesma empresa? **47**

concebendo as conexões e as interfaces entre os diversos setores e entendendo as ações particulares como parte de um todo estratégico.

O profissional que atua em colaboração com os outros membros de sua equipe, sendo não só prestativo como levando o seu conhecimento a seus pares, demonstra que não é movido por um espírito individualista e que privilegia o sucesso do grupo e da organização.

Conseguir colocar todo o seu potencial em prática é uma qualidade de quem tem inteligência emocional bem desenvolvida. Saber qual é a meta, ter foco definido, apresentar habilidade para influenciar as pessoas certas, comunicar o que deve ser feito e de que maneira, pôr a mão na massa e fazer acontecer; essas são características do profissional que tem capacidade de realização.

Além dessas qualidades, o colaborador que também apresentar desempenho superior – seja trabalhando em projetos que deram certo, seja realizando correções de rota em busca de resultados sempre melhores – e atitude diferenciada – demonstrando assertividade, companheirismo, liderança participativa e situacional – será um profissional vencedor.

Em *Perfis & competências*, Luiz Carlos Daólio traz um retrato de quatro conjuntos de competências que podem, realmente, produzir uma performance superior e possibilitar o crescimento do profissional na empresa. Seu trabalho foi pautado por entrevistas com executivos, gerentes e técnicos de mais de 65 empresas. O Quadro 2.2 apresenta um resumo das táticas utilizadas e dos componentes de inteligência emocional – o que o autor chama de "bagagem" – apresentados pelos três grupos estudados por Daólio: técnicos, gerentes e diretores.[14]

---

[14] DAÓLIO, L. C. *Perfis & competências*: retrato dos executivos, gerentes e técnicos. São Paulo: Érica, 2004.

Quadro 2.2 Resumo das táticas utilizadas e dos componentes de inteligência emocional apresentados por técnicos, gerentes e diretores		
	Táticas	**Inteligência emocional**
Técnicos excelentes	Desenvolvimento (38%): preocupam-se em fornecer instruções e orientações	Persistência (75%) Autoconfiança (71%) Iniciativa (65%)
Gerentes excelentes	• Manipulação (66%): conhecem bem a cultura organizacional e as pessoas-chave • *Networking* (63%): utilizam mecanismos de aproximação de equipes para melhoria de relacionamento • Persuasão (62%): convencem as pessoas com dados e argumentos bem preparados	Persistência (75%) Autoconfiança (71%) Iniciativa (65%)
Diretores excelentes	• Manipulação (82%): conhecimento das forças internas da organização e dos jogos internos • Liderança (62%): conduzem suas equipes para a eficácia, por meio do envolvimento das pessoas	Autoconfiança (89%) Persistência (75%) Iniciativa (73%) Sensibilidade (60%)

Fonte: DAÓLIO, 2008.

Quais são, então, as competências valorizadas em cada uma dessas etapas de carreira? O Quadro 2.3 apresenta uma orientação prática das características positivas de cada etapa e o que é necessário desenvolver em sua autogestão de carreira.

Quadro 2.3 Principais características positivas e o que é necessário desenvolver na autogestão de carreira	
Técnicos excelentes	
Principais características positivas	• Grande conhecimento técnico • Iniciativa • Trabalho em equipe • Confiabilidade • Orientação para concretização de metas • Implementação • Identificação de prioridades • Combatividade e persistência
Para assumirem posições mais altas devem melhorar	• Desenvolvimento de pessoas e tarefas • Relacionamento interpessoal • Gerenciamento do tempo • Capacidade de delegar • Liderança • Tolerância e habilidade de ouvir • Adaptabilidade • Iniciativa para resolução de problemas técnicos e relacionais • Capacidade de definir claramente metas e objetivos

Capítulo 2 Mudar de empresa ou crescer na mesma empresa? **49**

Gerentes excelentes

Principais características positivas	<ul><li>Iniciativa</li><li>Desenvolvimento de pessoas e tarefas</li><li>Relacionamento interpessoal</li><li>Habilidade de influência e persuasão</li><li>*Networking*</li><li>Autoconfiança</li><li>Planejamento</li><li>Gerenciamento do tempo</li><li>Liderança incentivadora</li><li>Capacidade de delegar</li><li>Habilidade de controle</li><li>Gerenciamento efetivo de processos</li><li>Tolerância e habilidade de ouvir</li><li>Gerenciamento do estresse</li><li>Adaptabilidade</li><li>Capacidade de solução de problemas</li><li>Definição clara de metas e objetivos</li><li>Apresentação</li><li>Boa redação</li><li>Concretização de metas</li><li>Habilidade de contratação e avaliação de subordinados</li><li>Capacidade de adaptação a diversos públicos</li></ul>
Para assumirem posições mais altas devem melhorar	<ul><li>Visão estratégica de negócios</li><li>Negociação com altos pares e hierarquia</li><li>Visão de negócio na tomada de decisão</li><li>Planejamento com foco em metas</li><li>Abertura para "pensar fora da caixa"</li><li>Habilidade de pensamento racional aliado à intuição</li></ul>

Diretores excelentes

Principais características positivas	<ul><li>Visão estratégica de negócios</li><li>Negociação com altos pares e hierarquia</li><li>Habilidade de influência e persuasão</li><li>*Networking*</li><li>Autoconfiança</li><li>Visão de negócio na tomada de decisão</li><li>Planejamento com foco em metas</li><li>Gerenciamento do tempo</li><li>Liderança, delegação e controle</li><li>Abertura para "pensar fora da caixa"</li><li>Habilidade de pensamento racional aliado à intuição</li><li>Gerenciamento do estresse</li><li>Adaptabilidade</li><li>Apresentação</li><li>Boa redação</li><li>Habilidade de contratação e avaliação de subordinados</li><li>Capacidade de adaptação a diversos públicos</li></ul>
Para assumirem posições mais altas devem melhorar	<ul><li>Ampliar *networking* e rede de influência com pessoas de negócios</li><li>Desenvolver-se continuamente</li></ul>

Fonte: elaborado pela autora.

CASO REAL

O caso real deste capítulo aconteceu com Anabella (nome fictício), representante de vendas e especificadora técnica de uma renomada empresa de metais e louças.

Anabella atuou nessa empresa por quase cinco anos e acumulou diversas histórias de sucesso:

- tornou a marca conhecida na região de atuação e, com isso, alavancou as vendas em 100% ao ano, por quatro anos;
- organizou evento de demonstração que contou com a presença de 70 profissionais (a média anterior era de 20);
- implementou planejamento, cronograma de ações e consolidação de convites de forma pessoal, além de receber explicitamente o reconhecimento do presidente da empresa pelo amplo domínio técnico e carisma;
- construiu com ética e dedicação uma relação de trabalho de confiança, sendo reconhecida pela chefia e pelos colegas por seu comprometimento e seus resultados.

Passados os três primeiros anos, Anabella passou a esperar uma promoção para um cargo de coordenação, que todos sabiam que estava destinado a ela. Entretanto, essa promoção não chegava nunca. Então, ela começou a sentir-se insatisfeita por verificar que a possibilidade de se desenvolver estava sendo adiada.

Um dia, porém, Anabella foi convidada para participar de um processo seletivo para uma posição de liderança em uma multinacional. Ela participou e passou em todas as etapas. Finalmente, a proposta salarial trazia números superiores ao que ela recebia na empresa em que estava. Anabella trabalhou o desapego da empresa com a qual nutria uma relação de carinho e aceitou o novo cargo na nova empresa.

Anabella entrou na multinacional com muita vontade de contribuir com sua expertise e competência. Entretanto, logo no primeiro mês, a empresa entrou em processo de reformulação, com indefinição de estratégias. Anabella viu seu castelo ruir: seu chefe a tratava como uma profissional júnior, seu papel não estava bem definido e havia inexistência de metas. Esse cenário gerou um sentimento de arrependimento, incapacidade e frustração.

Quando começamos a trabalhar seu processo de *coaching*, Anabella pensava em retomar o contato com seu chefe anterior e solicitar um retorno à sua empresa. Como o *coach* respeita e não julga o que o *coachee* traz, entendendo que as pessoas têm realidades, crenças e valores diferentes, apliquei inicialmente perguntas que levantavam necessidades e questões de congruência, verificando as consequências da abordagem da volta à antiga empresa, os benefícios, os prejuízos, o efeito sobre si mesma, sobre colegas de trabalho e sobre sua família.

Em seguida, foram feitas perguntas referentes à avaliação do cenário pretendido, quanto havia de responsabilidade própria e quanto estava fora de suas possibilidades. Fizemos também um levantamento sobre valores, competências organizacionais e pontos a desenvolver.

Em todos esses momentos, os sentimentos e as emoções se fizeram presentes e foram ficando cada vez mais claros. Assim, quando apliquei a ferramenta de Swot Pessoal,[15] Anabella concluiu que o que realmente a estava abalando era a falta de reconhecimento da senioridade de que desfrutava anteriormente.

Os sentimentos negativos foram revertidos por meio do processo de *coaching*. Desenhamos um plano de ação para que ela se apoderasse das novas funções, mesmo no ambiente de reestruturação que se apresentava. Anabella enxergou com mais objetividade os pontos aos quais ela poderia se dedicar para recuperar a autoestima e fazer acontecer, sendo mais assertiva nos caminhos que deveria percorrer para construir na nova empresa o sucesso e o reconhecimento da empresa anterior.

Anabella passou a agir e os pequenos avanços fizeram-na voltar a acreditar em seu potencial. Ela então pôde utilizar os recursos técnicos, habilidades e atitudes aprendidas ao longo de sua trajetória para obter os resultados valorizados pela nova empresa. Resgatando sua motivação, ela voltou a ser um "talento", com visão do todo, capacidade de trabalhar em equipe, capacidade de realização, desempenho superior e atitude diferenciada.

Esta história ilustra a força das emoções positivas a que Shawn Archor se referiu no estudo sobre sucesso e felicidade, comprovando que "esperar a felicidade restringe o potencial do cérebro para o sucesso, ao passo que cultivar a positividade estimula a nossa motivação, eficiência, resiliência, criatividade e produtividade, o que, por sua vez, melhora o desempenho".[16]

---

[15] O Swot Pessoal é uma ferramenta de análise das forças, fraquezas, oportunidades e ameaças, aplicada para que a pessoa tenha maior clareza de suas possibilidades de atuação no cenário analisado.

[16] ACHOR, 2012, p. 14.

3

EMPREGABILIDADE, AUTONOMIA E EMPREENDEDORISMO

3.1 EMPREGABILIDADE: A PALAVRA DO MOMENTO

O termo empregabilidade foi criado em 1998 por José Augusto Minarelli, sócio proprietário da empresa que trouxe para o Brasil o programa conhecido nos Estados Unidos como *outplacement*. Ele, como especialista contratado por empresas para desenvolver programas individuais de recolocação de carreira para presidentes, diretores e altos gerentes, percebeu que o profissional, para ser considerado um executivo que agregasse valor às empresas, deveria ter algumas características distintas daquelas consideradas importantes nas décadas passadas.

Dessa forma, surgiu o termo **empregabilidade**, referente à capacidade do profissional de obter um emprego e, principalmente, ter a sua carreira protegida dos riscos inerentes ao mercado de trabalho.

Com o advento das novas tecnologias, globalização da produção, abertura das economias, internacionalização do capital e as constantes mudanças que vêm afetando o ambiente das organizações, surge a necessidade de adaptação a tais fatores por parte dos empresários e profissionais.

A empregabilidade baseia-se, então, na capacidade de adequação do profissional às novas necessidades e dinâmica dos novos mercados de trabalho.

Minarelli estabeleceu o que ele denominou de seis pilares da empregabilidade (Figura 3.1).

O mercado de trabalho está mudando e o profissional deve mudar também, ajustando-se às novas tendências e dando uma atenção especial a seu próprio desenvolvimento de carreira.

Figura 3.1 Os seis pilares da empregabilidade

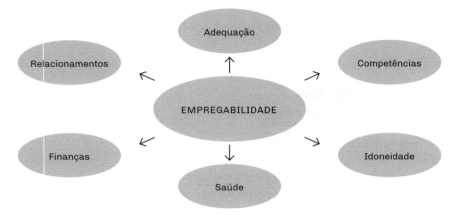

Fonte: elaborada pela autora.

As seis diretrizes são garantidoras da segurança profissional do indivíduo e têm os seguintes conceitos:

1. adequação da profissão à vocação e ao seu talento;
2. competências, que se referem ao preparo técnico e/ou de liderança, ou a quaisquer pré-requisitos de um bom desempenho profissional;
3. idoneidade e ética;
4. saúde física e mental, mantendo hábitos que diminuam o estresse e mantenham a autoestima e a capacidade de realizar projetos;
5. reserva financeira e fontes alternativas de aquisição de renda, para poder se defender de imprevistos; e
6. relacionamentos, pois quem interage com outras pessoas adquire informações relevantes, troca favores e garante futuras oportunidades de trabalho e de promoção.

A empregabilidade pode ser identificada como um conjunto de competências e habilidades para que o indivíduo conquiste e mantenha um emprego, destacando o quanto suas características profissionais e pessoais influem em seu bom desempenho.

Nos dias atuais, em que tanto se discute quais profissões ainda existirão em um futuro próximo, o termo empregabilidade não poderia ser mais apropriado.

FIQUE DE OLHO
Haverá muitas mudanças no mundo do trabalho nos próximos quatro anos, geradas por fatores socioeconômicos, geopolíticos e demográficos, bem como pela chamada **Quarta Revolução Industrial**: robótica e automação, inteligência artificial e aprendizagem automática.

Nesse cenário, os profissionais precisam estar preparados tanto do ponto de vista técnico como gerencial, humano e social para aumentar sua empregabilidade.

FIQUE DE OLHO
Pedro Waengertner, cofundador e CEO da ACE, afirma categoricamente que, no mundo de hoje, não é o conhecimento disponível que faz com que as pessoas tenham carreiras brilhantes, mas o que cada um faz com esse conhecimento: "A chave é estar sempre aprendendo, mas não é algo passivo, precisa casar o conhecimento com algo prático".[1]

O lado positivo das mudanças ocasionadas pela Quarta Revolução Industrial é que começou a surgir um novo modo de pensar e atuar, em que foram criadas novas oportunidades de trabalhar e de ser remunerado.

PAUSA PARA REFLEXÃO
As profissões atuais e as do futuro são determinadas por uma nova lógica. Os processos tendem a se tornar mais inteligentes e automatizados. Pensando assim, é possível prever que, quanto mais operacional e repetitivo for determinado cargo, mais ele tende a se extinguir ao longo dos anos. Já parou para pensar nisso?

Paulo Monteiro, ex-executivo e autor do livro *A reinvenção da empresa*, explica que também as empresas reinventaram sua concepção e formatação mecânica para sobreviver. Como as empresas estão inseridas em um contexto cada vez mais incerto

---

[1] FABRASILE, D. Tudo que você aprendeu não serve mais. *Época Negócios*, jun. 2017. Disponível em: <http://epocanegocios.globo.com/Carreira/noticia/2017/06/tudo-que-voce-aprendeu-nao-serve-mais.html>. Acesso em: 20 jul. 2018.

Se a automação e as máquinas pensantes já estão substituindo trabalhos, amplie sua percepção sobre o mundo e suas habilidades comportamentais para ser o profissional que as empresas estão procurando.

e mutante, Monteiro destaca a importância do conceito de **empresa viva** – aquela que gera sistemas que funcionam de forma mais espontânea e flexível, que são capazes de preservar seu propósito e também abrir-se ao novo, reinventando-se e adaptando-se aos novos tempos.

Nessa nova estrutura, mais circular e menos piramidal, a empregabilidade dependerá da tarefa e não de uma descrição rígida e imutável por área, nível etc. "Essa estrutura mais fluida também deverá destacar e reforçar a autonomia, a responsabilidade, a participação e a igualdade".[2]

Segundo Paulo Monteiro, haverá uma evolução do paradigma que permeia a estrutura organizacional, que se reorganizará conforme o Quadro 3.1. É nesse cenário que a empregabilidade deve ser pensada: como permissão de construção de diferentes caminhos.

Quadro 3.1 Reorganização da estrutura organizacional segundo Monteiro

De	Para
Cargos rígidos e hierárquicos	Funções
Chefe (o gestor que ainda se comporta como "capataz")	Coordenador-facilitador de atividades e projetos
Áreas fechadas, silos com frequência incomunicáveis	Ciclos de projetos
Hierarquia piramidal	"Holarquia", estrutura em rede, ecossistêmica

Fonte: MONTEIRO; PASSARELLA, 2017.

Na verdade, o conceito de empregabilidade – exigência do mundo contemporâneo – reforça a possibilidade de uma relação prazerosa com o trabalho. Vários autores contemporâneos destacam a satisfação como um dos fatores de excelência e produtividade. Ao analisar a relação entre trabalho e satisfação pessoal, executivos de recursos humanos e pesquisadores apontam que, ao utilizar suas forças e virtudes ao longo do dia, o trabalho ganha atrativos que vão muito além da compensação financeira.

---

[2] MONTEIRO, P.; PASSARELLA, W. *A reinvenção da empresa*. São Paulo: Évora, 2017. p. 186.

PAUSA PARA REFLEXÃO
Seligman afirma que "a vocação é a forma mais satisfatória de trabalho porque, gerando gratificação, é exercida pela atividade em si, não pelos benefícios materiais que acarreta".[3]
Você concorda?

Dee Hock, ex-presidente da Visa, descreve uma experiência vivida no período de fundação da empresa:

> Os líderes surgiam espontaneamente, ninguém no controle, mas todos em ordem. A engenhosidade explodiu. A individualidade e a diversidade floresceram. [...] As pessoas ficavam maravilhadas com os talentos ocultos que emergiam nos outros. A ideia de cargo perdeu o sentido. O poder sobre os outros perdeu o sentido. Cresceu o entusiasmo por estarmos fazendo o impossível e surgiu uma comunidade baseada em propósito, princípio e pessoas. [...] Floresceu a sensação de pertencer a alguma coisa maior [...], a alguma coisa além do ganho imediato e da gratificação monetária [...] Dinheiro era uma parte pequena do que estava acontecendo. O trabalho era movido por uma expansão espontânea da troca não monetária de valor – o que se fazia pelos outros não tinha medida nem retorno estabelecido – o coração e a alma da comunidade. As pessoas descobriram que receber decorre inexoravelmente de dar. [...] Ninguém registrou. Ninguém mediu. Mas todo mundo sentiu, compreendeu e amou.[4]

3.2 MOTIVAÇÃO PARA O TRABALHO: POR DOR OU POR PRAZER?

Há, ainda, mais um aspecto impactante para a empregabilidade: a motivação.

FIQUE DE OLHO
Motivação é tarefa de todos os dias!

Todo projeto de longo prazo terá momentos de grande ânimo, momentos normais, momentos de desânimo e vontade de desistir. Sabendo disso, procure se preparar para os dias de baixa: eles virão e você precisará aprender a lidar com eles.

---

[3] SELIGMAN, M. *Felicidade autêntica*. Rio de Janeiro: Objetiva, 2002. p. 246.
[4] HOCK, D. *Nascimento da era caórdica*. São Paulo: Cultrix, 2006. p. 192.

A motivação deve ser trabalhada diariamente. Todos os dias, você pode e deve lembrar os motivos que o fazem estudar, ter planos, persistir. A motivação deve ser redobrada nos momentos de crise, desânimo e cansaço. Ela será o pilar fundamental de quaisquer metas que se deseje alcançar.

Existem motivadores baseados na dor – como precisar pagar as contas da casa, a escola dos filhos, as prestações e a fatura do cartão de crédito – e os motivadores baseados no prazer. Esses últimos são muito mais poderosos e geram pensamentos de abundância e sucesso.

Seguem perguntas de *coaching* que funcionam como alavancas da motivação.

PERGUNTAS DE *COACHING*

1 Como poderá ser o cenário de sua vida daqui a três anos se você der os passos certos e o universo conspirar a seu favor?

2 Imaginando que a jornada para seu futuro comece agora, qual a emoção positiva que você experimenta?

3 Elabore uma frase em que essa emoção positiva se transforme em um pensamento impulsionador. Por exemplo, "a realização me inspira a olhar com gratidão e esperança todas as coisas que me acontecerem, porque tudo contribuirá para que tudo dê certo".

4 Você tem todos os recursos necessários para que o cenário futuro se realize? Faça uma lista de todos os recursos que você já tem para que o cenário futuro se concretize.

5 Liste todas as pessoas que você acha que concordam que você merece esse cenário futuro.

6 O que você pode melhorar para que você realmente conquiste o que deseja?

7 Descreva as três primeiras ações que você precisa fazer para que o futuro desejado aconteça. Estabeleça metas e prazos para essas três ações.

8 Agora pense: após a sua primeira ação ser concretizada, o que você pode se dar de presente? Escolha algo simples e que lhe traga alegria. Evite grandes comemorações, grupos e gastos: pode ser dar um passeio gostoso com uma pessoa querida, comprar-se uma flor, começar a fazer uma caminhada.

9 Continue a se dar pequenos agrados a cada nova ação realizada. Entre no ciclo de gratidão, esperança e positividade.

Devemos ressaltar que existe uma diferença entre querer alcançar o objetivo e comprometer-se a alcançá-lo. Não basta estabelecer uma meta, fazer um plano de ação e cumprir as etapas estabelecidas; o ponto fundamental é obter os resultados de cada etapa. É preciso estar comprometido com o objetivo que se deseja.

Você sabe que está comprometido quando estão presentes alguns fatores-chave. São eles:

- iniciativa para colocar em prática ideias que podem melhorar o resultado de suas ações;
- responsabilidade pelos resultados alcançados;
- busca de maior produtividade, deixando de adiar tarefas;
- consciência de que sempre se pode melhorar.

Ken Blanchard, um expert em liderança, explicou a diferença entre interesse e compromisso da seguinte maneira:

> Há uma diferença entre interesse e compromisso. Quando estamos interessados em algo, só o fazemos quando é conveniente, mas quando estamos comprometidos, persistimos, não importa o que haja, sem desculpas!
>
> Muitos estão interessados, mas não estão comprometidos. Falam de tentar realizar algo, em vez de realmente fazer. Fazem muito barulho, mas deixam de agir. Alguém interessado em fazer exercícios físicos acorda numa manhã chuvosa e diz: "Acho que vou fazer os exercícios amanhã". Uma pessoa comprometida em exercitar-se acorda numa manhã chuvosa e diz: "É melhor fazer meus exercícios aqui em casa mesmo".[5]

Vimos até aqui que alguns fatores favorecem a empregabilidade: estar aberto e receptivo a mudanças, procurar o autoconhecimento, ampliar competências e habilidades, e empregar as forças pessoais para aliar trabalho a bem-estar.

Além disso, podem ocorrer mudanças em função das experiências pelas quais passamos na vida. Por isso, outro elemento muito importante para a construção da empregabilidade são as âncoras de carreira.

---

[5]   BLANCHARD, K. *A alma do líder*. São Paulo: Garimpo, 2009. p. 65.

3.3 COMO SER O MELHOR COM O MELHOR DO SEU TALENTO

A consolidação profissional é uma tarefa de vida que requer o desenvolvimento de uma identidade social e o envolvimento em uma carreira.

Muitas pessoas escolhem uma profissão e, mais adiante, vivendo uma nova realidade e participando de outras experiências da vida, podem se descobrir insatisfeitas com as escolhas originais. Nos últimos dez anos, atendi muitas pessoas nessa situação. Alguns casos são muito ilustrativos da necessidade de encontrar a satisfação que a primeira escolha de carreira já não estava trazendo.

Um dos casos diz respeito a um profissional sênior, embora jovem, com cerca de 37 anos, em posição de gerência geral de uma grande empresa. Ele decidiu não continuar no mundo corporativo e abriu um espaço de alimentação que, em cinco anos, transformou-se em uma sólida rede, com várias unidades franqueadas.

Outro exemplo é também de um jovem profissional da área de tecnologia da informação que fez uma bela trajetória de carreira e atingiu o que mais almejava desde que entrou na faculdade: uma posição reconhecida em uma das multinacionais de referência na área. Depois de amadurecer muito sua decisão, ele voltou-se para a área esportiva. Isso ocorreu há quatro anos e ele está feliz e realizado com a nova escolha de carreira.

A escolha de carreira de cada indivíduo depende de diversos fatores, de acordo com diferentes particularidades e motivações:

- liberdade e autonomia;
- galgar postos de liderança, de modo a lidar com desafios mais complexos;
- maior ou menor necessidade de "ganhar a vida";
- sonho de segurança;
- desejo de produzir algo inédito;
- vontade de empreender, contribuir para o desenvolvimento científico.

No passado, o objetivo era ter emprego, trabalhar com um empregador responsável pelo seu plano de carreira e ter benefícios. No presente, com as mudanças no mercado, trabalhar significa desenvolver uma atividade contínua que possa proporcionar sempre novas oportunidades para si próprio. Observe a Figura 3.2.

Figura 3.2 Significado do trabalho: passado *versus* presente

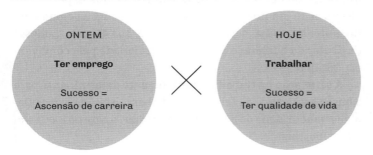

Fonte: elaborada pela autora.

A própria noção de sucesso se modificou. Sucesso já não significa apenas ser promovido a um cargo de direção e ganhar o adicional de gerência. É, sobretudo, sentir-se bem desempenhando suas funções, ter reconhecimento dos colegas e dos superiores, sentir-se feliz no ambiente de trabalho, viver de acordo com suas crenças e valores.

Ao refletirmos sobre as mudanças em relação ao sucesso profissional, podemos afirmar que a única opção segura é escolher um rumo de carreira de acordo com um projeto de vida que satisfaça você e seja coerente com seus valores.

Certa vez, atendi um profissional formado em engenharia que não se sentia realizado se lidasse apenas com processos e operações. O prazer dele em lidar com pessoas era tão grande que, logo após ingressar no mundo corporativo, aproximou-se da área de recursos humanos e usou sua habilidade em lidar com números para agregar novas métricas no desenvolvimento de pessoas. Embora ele reconhecesse mais tarde que não havia feito a escolha de formação universitária mais adequada (de acordo com suas crenças pessoais), conseguiu construir um rumo de carreira satisfatório e produtivo, tornando-se um reconhecido gestor de recursos humanos.

Em outro caso interessante, um profissional extremamente qualificado na área de projetos ambientais e coprocessamento de resíduos, que já tinha experiência em grupos de trabalhos internacionais, representando fábricas na Áustria, Alemanha, Polônia e outros países, percebeu que havia uma disjunção entre sua vida pessoal e a profissional. A cada projeto internacional desafiador e com ótima remuneração, suas relações familiares se desestruturavam, ora por conta da distância, ora pela dificuldade de adaptação a outras culturas.

Com isso, como sua vida profissional impactava diretamente sua vida familiar, ele não conseguia sentir-se plenamente realizado. Depois de muito refletir e de ter passado por um processo de *coaching*, beneficiou-se de sua expertise na abertura de um novo negócio implantado em sua cidade natal, junto à família, o que permitiu que, aos 45 anos, pudesse desfrutar da qualidade de vida proporcionada pela convivência familiar.

A satisfação no trabalho é um elemento determinante para a busca e o alcance da felicidade e do bem-estar. A carioca Danielle Dahoui, dona do bistrô Ruella em São Paulo e do Bar D'Hôtel no Rio, relata:[6]

> Ainda estudante, no Rio, gostava de cozinhar, mas meu sonho era fazer jornalismo. Em 1987, entrei em jornalismo na PUC e, logo depois, ganhei uma bolsa de estudos na Sorbonne, em Paris. Não cheguei a completar o primeiro ano do curso. Para pagar as despesas, fui ser ajudante de cozinha. Vi que era aquilo que queria fazer. Aprendi muito trabalhando em vários restaurantes na França durante quatro anos. Eu não tirava o olho do chef de cozinha. Estagiei em padaria para aprender a fazer pães e doces – hoje, uma das minhas especialidades. Em 1995, arrendei o horário do almoço em um restaurante em São Paulo. Foi um sucesso. Alguns investidores me procuraram e assim consegui abrir meu primeiro restaurante, o Ruella. Não fiz nenhum curso, mas, se pudesse voltar no tempo, eu teria cursado uma faculdade de gastronomia em Paris.

PAUSA PARA REFLEXÃO
Pesquisadores identificaram que os profissionais que apresentavam o mais alto desempenho eram aqueles que obtinham energia psicológica e satisfação derivadas da atividade que exerciam.

Somos únicos, mas sentimos satisfações de forma muito variada. Por sermos diferentes uns dos outros, obtemos diferentes prazeres. Alguns gostam de colocar ordem no caos, outros

---

[6] BONIFÁCIO, A. *Pense grande*. Caxias do Sul: Belas Letras, 2013. p. 99.

adoram ser anfitriões e receber bem as pessoas; outros, ainda, se deliciam com a limpeza. Algumas pessoas adoram discutir ideias. Há aqueles que obtêm satisfação em exceder seus colegas. Há aquelas que têm prazer em memorizar tudo, e assim por diante.

Os **padrões de satisfação no trabalho** das pessoas diferem de pessoa a pessoa. Verifique o que traz mais impacto ao seu envolvimento com a carreira e em que pontos específicos você deseja que haja uma melhora.

Para se destacar na carreira que escolheu e ser feliz no que faz, você precisa entender seus padrões de satisfação.

PERGUNTAS DE *COACHING*

1. Você olha o seu dia a dia profissional com lentes positivas?
2. Você consegue desfrutar de prazer estando entre seus colegas de trabalho mais próximos?
3. Você se vê daqui a cinco anos na mesma empresa ou negócios?
4. Você sente prazer ao desempenhar suas tarefas profissionais?
5. Você enxerga o futuro com otimismo?
6. Você se percebe desempenhando suas tarefas com foco e absorvido por elas de uma forma agradável?
7. Você se percebe ganhando impulso positivo no seu trabalho?
8. Você se sente confiante e produtivo em seu ambiente de trabalho?
9. Você se sente valorizado em seu ambiente de trabalho?
10. Você tem uma rede de relações positivas no trabalho?
11. Você se sente apoiado por pessoas que trabalham junto a você?
12. Você sente que há uma relação de confiança construída entre você, seus colegas e seu chefe?
13. Você se esforça por estar conectado com sua equipe de trabalho?
14. Você acha que sua vida é significativa?
15. Você compartilha suas vitórias com seus entes mais próximos?
16. O trabalho que você desenvolve está alinhado a seus valores e crenças pessoais?
17. Você sente que está usando suas forças e talentos para o bem?
18. Você costuma ter sensações de bem-estar pelo trabalho que você realiza?
19. Você tem objetivos explícitos de curto e médio prazo?
20. Você age no sentido de realizar suas metas?
21. Ao contemplar sua vida, você tem o sentimento de realização e sucesso?

3.4 DESCUBRA E UTILIZE SUAS ÂNCORAS DE CARREIRA

Âncoras de carreira são pontos de referência profissional. **Âncoras** ou **motivadores de carreira** são elementos indicadores de como o adulto profissional se sente mais realizado em função de seus valores, suas capacidades, suas necessidades e seu projeto de futuro.

Esse conceito é resultante de intensas pesquisas conduzidas pelo psicólogo Edgar Schein com profissionais dos mais diferentes setores e atividades. Ele chegou a oito pilares:

1. desafio puro;
2. desafio técnico;
3. gerência;
4. independência;
5. segurança;
6. empreendedorismo;
7. qualidade de vida;
8. causas.

Âncoras de carreira são pontos de referência profissional. Cada âncora de carreira conduz à preferência por determinadas situações.

O profissional que tem como âncora a independência, por exemplo, terá muita dificuldade em ajustar-se à rotina de um emprego público, pois haverá pouca propensão para seguir todas as regras e métodos estabelecidos.

Elaboramos um teste simplificado para que você, leitor, possa ter maior autoconhecimento de suas âncoras e fazer sua autogestão de carreira com mais precisão. Faça o teste e depois verifique seus resultados. Confira as explicações sobre cada âncora e verifique se você está no caminho certo.

3.4.1 TESTE SIMPLIFICADO DE MOTIVADORES DE CARREIRA

Seguem-se 24 itens para sua autoavaliação. Gradue de 1 a 4, em que 1 representa a afirmação que é menos importante para você e, gradativamente, 4 para a afirmação que mais se alinha ao que você pretende.

Afirmações	Grau
1. Procuro oportunidades de trabalho que desafiem fortemente minha capacidade de superar obstáculos.	
2. Procuro sempre situações que me propiciem trabalhar empregando meu conhecimento específico e me especializando nele.	
3. Sonho dirigir uma organização complexa e tomar decisões que envolvam muitas pessoas.	
4. Sinto-me mais realizado em meu trabalho quando tenho total liberdade para definir minhas próprias tarefas, horários e procedimentos.	
5. Sinto-me mais realizado em meu trabalho quando percebo que tenho total segurança financeira e estabilidade profissional.	
6. Fico motivado por ideias novas que possam servir para iniciar novos negócios.	
7. Sonho com uma carreira que me permita integrar minhas necessidades pessoais, familiares e de trabalho.	
8. Sinto-me muito mais realizado em minha carreira quando posso utilizar meus talentos a serviço dos outros.	
9. Sonho com uma carreira que me propicie solucionar problemas ou vencer situações desafiadoras.	
10. Meu desejo maior é ser tão competente na minha área que serei constantemente procurado pelos meus conhecimentos e habilidades especializadas.	
11. Sinto-me realizado em meu trabalho quando demonstro que sou capaz de integrar e gerenciar o esforço de outras pessoas.	
12. Sonho ter uma carreira que me dê liberdade de fazer o trabalho à minha maneira.	
13. O fundamental para mim é ter certeza de segurança e estabilidade para que eu realize meu trabalho.	
14. Sinto-me realizado em meu trabalho quando tenho oportunidade de construir algo que seja fruto de minhas ideias e esforços.	
15. Sinto-me bem-sucedido profissionalmente quando consigo fazer com que meu trabalho não afete minhas necessidades pessoais e minha família.	
16. Sonho ter uma carreira que me permita fazer uma real contribuição à sociedade e à humanidade.	
17. Sinto-me realizado em minha carreira apenas quando enfrento e supero situações extremamente difíceis.	
18. Sinto-me realizado em meu trabalho quando tenho oportunidade de me aprofundar tecnicamente.	
19. Procuro sempre seguir caminhos de carreira que possam levar-me a ascender nas organizações.	
20. Procuro sempre situações de trabalho que me propiciem o máximo possível de autonomia e liberdade.	
21. Prefiro trabalhar em organizações que me deem sentimento de segurança e estabilidade.	
22. Sonho iniciar meu próprio negócio, com minhas ideias e meu esforço pessoal.	
23. Sempre procurei situações de trabalho que interferissem o mínimo em meus assuntos pessoais e familiares.	
24. Sinto-me mais realizado em meu trabalho quando tenho certeza de que resultou em algo bom para as pessoas e para a humanidade.	

Fonte: adaptado de SCHEIN, E. H. *Identidade profissional*. São Paulo: Nobel, 1996.

3.4.1.1 Tabulação

Para conhecer sua pontuação nos motivadores de carreira, some os valores atribuídos aos itens. Depois, leia um breve resumo sobre cada um deles para entender melhor como o motivador interfere em sua carreira.

Desafio puro	1.		9.		17.		Total
Desafio técnico	2.		10.		18.		Total
Gerência	3.		11.		19.		Total
Independência	4.		12.		20.		Total
Segurança	5.		13.		21.		Total
Empreendedorismo	6.		14.		22.		Total
Qualidade de vida	7.		15.		23.		Total
Causas	8.		16.		24.		Total

Desafio puro

O grande prazer do motivado por desafio puro é encontrar a oportunidade de enfrentar situações difíceis. Abordar um problema que outros consideram impossível ou muito arriscado é um comportamento natural. A rotina ou o comum são fatores de frustração ou coisas das quais foge. Sente orgulho quando vê suas soluções reconhecidas como algo considerado anteriormente impossível ou excessivamente complexo para a maioria das pessoas.

Desafio técnico

Se o motivador é o desafio técnico, a tendência é de não abrir mão da aplicação das competências próprias da área de atuação. Exercitar suas habilidades em graus máximos de dificuldade torna-se prazeroso e, diante de um problema complexo, a pessoa motivada pelo desafio técnico esquece o tempo e pode trabalhar madrugada adentro. Notar que soluções as quais aplicou para solucionar ou prevenir problemas estão sendo utilizadas traz grande satisfação para quem é impulsionado por este motivador. A carreira gerencial só é atrante quando estreitamente ligada ao seu domínio técnico e desde que possa ter participação ativa nos trabalhos.

Gerência

Quando o motivador é a gerência, a pessoa está sempre atenta para capitalizar oportunidades de passar para um patamar mais alto ou com maior abrangência de responsabilidades. Almeja ser responsável por um resultado mais significativo e/ou que empregue um volume maior de recursos a serem administrados. Assume intensamente os compromissos de resultados. Sua procura de capacitação volta-se para o ecletismo e focos mais genéricos, de modo a ampliar seu conhecimento de vários assuntos e poder ter domínio de situações mais complexas. Uma profunda capacitação técnica não o interessa.

Independência

Quando o motivador de carreira é direcionado para a independência, a pessoa procura sempre fazer as coisas do seu próprio jeito. Se estiver trabalhando como empregado, é fundamental que tenha flexibilidade para estabelecer métodos, processos e cronogramas e, se for o caso, influenciar o máximo possível na definição do produto ou resultado. O convívio no qual regras e restrições são valores muito acentuados é motivo de desconforto.

Segurança

Quando o motivador de carreira centra-se em segurança, a pessoa não quer saber de surpresas. O certo e conhecido trazem um sentimento de conforto e tranquilidade. Segurança financeira, em especial em longo prazo (aposentadoria), e garantia de estar empregado são partes importantes nos objetivos de vida dessa pessoa. Ambiguidade, risco e incerteza são suas grandes preocupações.

Empreendedorismo

Um sonho comum para quem tem como motivador o desafio empreendedorismo é encontrar a oportunidade de criar sua própria empresa, projetada e desenvolvida segundo seu próprio modelo e com seu próprio esforço, assumindo os riscos e superando os obstáculos típicos de situações que começam do nada e se concretizam depois de muita luta. São pessoas que sentem orgulho de mostrar sua obra e de serem reconhecidas por tê-la realizado à custa de esforço pessoal. Construir seu negócio é uma questão existencial: é provar-se capaz e sentir o prazer de fazer nascer algo.

Qualidade de vida

Quando a pessoa é direcionada para a qualidade de vida, a tendência é que exija situações que lhe permitam preservar e integrar suas necessidades pessoais e familiares com as necessidades da sua carreira. Família, lazer, objetivos pessoais etc. devem constituir um todo harmônico e saudável. O sucesso é definido como algo além do que acontece internamente à carreira profissional. Está mais associado à vida como um todo.

Causas

Quando a pessoa é direcionada para causas, tende a buscar oportunidades de trabalho nas quais possa realizar algo útil para que as pessoas possam viver melhor. Há um amplo leque de opções que vão da medicina e psicologia à educação, passando por questões ambientais e até mesmo tecnologia da informação. Seu ideal é contribuir ou servir à sociedade, desenvolvendo pessoas e atuando em empresas ligadas à melhoria de vida.

Como se pode observar, as escolhas de carreira estão intimamente conectadas com o que o indivíduo valoriza e deseja para sua vida, tanto no curto quanto no médio e longo prazos.

PAUSA PARA REFLEXÃO

Quando você consegue ter sua base definida, suas motivações e tudo o mais, você consequentemente vai visualizar com mais clareza os seus objetivos.[7]

3.5 PROFISSIONAL AUTÔNOMO OU LIBERAL: PRINCIPAIS REFLEXÕES

Profissional autônomo e profissional liberal são as opções de carreira que mais crescem no Brasil.

O profissional liberal difere do autônomo. De acordo com a Confederação Nacional de Profissionais Liberais (CNPL), o **profissional liberal** é definido como aquele "que pode exercer com liberdade e autonomia a sua profissão, decorrente de formação técnica ou superior específica, legalmente reconhecida".

---

[7] ESTEVES, S.; MAGLIOCCA, R.; GALDINI, D. *Você está cuidando de sua carreira?* Rio de Janeiro: Elsevier, 2011. p. 29.

Já o **autônomo** é "toda pessoa que exerce uma atividade profissional de modo individual e sem vínculo empregatício, incluindo profissionais com nível técnico, tais como eletricistas e marceneiros".[8]

Se você pensa em se tornar um profissional independente, vale a pena pesquisar e conversar com algumas pessoas, porque se trata de uma opção de trabalho radicalmente diferente do emprego formal nas organizações. Quando se opta pela independência, prestando serviços de consultoria ou atuando por projetos, há uma série de indicadores positivos, mas há também os negativos.

Muitas pessoas preferem hoje em dia ser independentes – até por haver escassez de ofertas do mundo corporativo – sem ter a exata dimensão de suas variáveis. Uma das que causam mais impactos é a dificuldade de retorno ao mercado em função do formato de trabalho por projetos.

No desenvolvimento de trabalho por projetos, o ciclo início-meio-fim repete-se muitas vezes de maneira extremamente semelhante se você é um especialista. Como consequência, seu currículo pode ficar empobrecido. Nesse caso, anote sempre as ações que você realiza, atentando para as diferenças específicas de cada cliente. Assim, você terá meios de comprovar habilidades e competências diversificadas.

Pode-se imaginar que o profissional independente tenha maior qualidade de vida, pois a princípio ele não tem horário fixo para entrada e saída do expediente. Entretanto, essa não é a realidade vivida por profissionais que optam pela independência, uma vez que eles têm de assumir diferentes escopos de responsabilidade. É preciso prospectar e manter uma rede de clientes, cuidando de estar sempre em contato com pessoas, exercer visibilidade no mercado fazendo a divulgação de sua marca, e ainda realizar a entrega de seu trabalho propriamente dito.

---

[8] ADMINISTRADORES.COM. Profissional liberal ou autônomo? mar. 2014. Disponível em: <http://www.administradores.com.br/noticias/carreira/profissional-liberal-ou-autonomo/85622>. Acesso em: 20 jul. 2018.

FIQUE DE OLHO

A pessoa que faz essa opção de empregabilidade tem de estar consciente de que, se não for disciplinada, haverá grandes chances de dispersão e pouca produtividade.

Além disso, é fundamental planejar e estar atento às finanças, pois pode-se ganhar muito em três meses e ficar dois, três ou quatro meses sem contabilizar entradas.

3.6 EMPREENDEDORISMO: PRINCIPAIS REFLEXÕES

Quem pensa em ter seu próprio negócio não está sozinho. A "pesquisa GEM, do Sebrae/IBQP, mostra que passou de 50% para 57% a participação de pessoas entre 18 e 34 anos no total de empreendedores em fase inicial em 2017".[9]

A pesquisa do Instituto Data Popular, realizada em 140 cidades brasileiras, aponta que:

> entre as pessoas que manifestaram interesse em se tornar empreendedores, 78% já estão se preparando para abrir o próprio negócio, seja pesquisando a área de atuação, estudando ou guardando dinheiro para investir. Além disso, considerando todas as pessoas que querem ser donas do próprio negócio, 54% têm entre 18 e 35 anos, o que indica que os mais jovens continuam alimentando o sonho do empreendedorismo.[10]

Portanto, essas são pessoas que não querem ter patrão, pensam em ter maior liberdade profissional e imaginam que um empreendimento próprio seja uma boa oportunidade de ganhar dinheiro.

Na verdade, o empreendedorismo é considerado hoje um fenômeno global, crescendo não só no Brasil mas em todo o mundo. As mudanças de cenário e paradigmas que ocorreram nos últimos anos foram responsáveis pelo desenvolvimento de uma perspectiva economicista do espírito empreendedor, na

---

[9] PORTAL CONTABILIDADE NA TV. Cresce a presença de jovens que abrem negócios no Brasil. *Agência Sebrae de Notícias*, jun. 2018. Disponível em: <http://www.contabilidadenatv.com.br/2018/06/cresce-a-presenca-de-jovens-que-abrem-negocios-no-brasil>. Acesso em: 30 ago. 2018.

[10] DINO. Vale a pena ser empreendedor no Brasil? *Exame*, 5 jul. 2018. Disponível em: <https://exame.abril.com.br/negocios/dino/vale-a-pena-ser-um-empreendedor-no-brasil>. Acesso em: 30 ago. 2018.

qual se alia o desejo de obtenção de lucro à vontade de operar um empreendimento próprio.

> Segundo o estudo do GEM (Global Entrepreneurship Monitor), que é uma pesquisa que mede a evolução do empreendedorismo no Brasil em relação a outros países, existem dois tipos de empreendedorismo no Brasil. A primeira seria: O empreendedorismo de oportunidade, onde o empreendedor visionário sabe aonde quer chegar, cria uma empresa com planejamento prévio, tem em mente o crescimento que quer buscar para a empresa e visa a geração de lucros, empregos e riquezas. [...] E a segunda definição seria: O empreendedorismo de necessidade, em que o candidato a empreendedor se aventura na jornada empreendedora mais por falta de opção, por estar desempregado e não ter alternativas de trabalho.[11]

Mas o que é necessário para tornar o sonho uma realidade sustentável?

Trabalhar duro, com organização e disciplina, é imprescindível aos novos empresários.

Pessoas que têm como perfil a independência e a autonomia e desejam ser seus próprios patrões nem sempre terão sucesso ao abrir um negócio próprio, a menos que sejam indivíduos com grande disposição para o trabalho. Empreendedores são unânimes em afirmar que é necessário trabalhar cerca de 16 horas por dia para que o negócio tome corpo e não feche as portas antes de cinco anos de existência.

Outro aspecto destacado por vários especialistas é a necessidade de identificar com clareza o produto ou serviço a ser oferecido e o nicho de mercado a ser atingido.

FIQUE DE OLHO
Não é possível ter sucesso abrindo e conduzindo seu negócio na base da intuição: é preciso pesquisar informações de todos os aspectos sobre o seu produto ou serviço, analisar exaustivamente a concorrência e ter dados concretos sobre seus clientes.

Empreendedores que fazem sucesso planejam seu negócio com cuidado. Eles constroem um plano de negócio acurado, pensando em todos os detalhes, desde a concepção do produto ou serviço até o modelo de gestão. Um bom plano de negócios inclui aspectos mercadológicos, operacionais e financeiros.

---

[11] DORNELAS, J. C. A. *Empreendedorismo corporativo:* como ser empreendedor, inovar e se diferenciar na sua empresa. 2. ed. Rio de Janeiro: Elsevier, 2008. p. 28.

Vários livros e modelos ensinam e ilustram a construção de planos de negócio. Ler sobre os empreendedores que deram certo e o que eles fizeram é indispensável. Não é obrigatório seguir a mesma receita, mas é importante ampliar conhecimentos e conceitos sobre o assunto.

FIQUE DE OLHO
O risco de falência para quem se preparou por apenas cinco meses é 98% maior do que para quem gastou mais de um ano elaborando um plano de negócios, de acordo com estudo realizado pelo professor Fábio Mizumoto, do Departamento de Estratégias e Organizações do Instituto de Ensino e Pesquisa (Insper).[12]

Como bem alertam os estudiosos do assunto, o empreendedor bem-sucedido é aquele que, além de ter uma ideia na cabeça, aprende a gerir seu empreendimento. Além de definir seu negócio, deve conhecer o cliente e suas necessidades, estabelecer estratégias para o alcance de metas, construir equipes e motivá-las. É preciso planejar, organizar, dirigir e controlar as atividades, além de equilibrar paixão e racionalidade, emoção e análise de dados.

CASO REAL

Este caso real refere-se à trajetória de uma cliente que me procurou para um processo de *outplacement*, ou seja, recolocação no mercado. Vamos dar a ela o nome fictício de Thaís.

Thaís tinha 36 anos, era solteira e trabalhava no mundo corporativo havia bastante tempo, construindo uma bela carreira na área de marketing. Nos últimos oito anos, atuava como gerente de marketing de uma empresa de médio porte, com um bom salário e vínculo empregatício. Desfrutava de credibilidade na empresa em que trabalhava, tendo acesso direto à diretoria, com a qual mantinha bom relacionamento e boa troca de ideias.

Já havia adquirido certa independência financeira, mas não era rica. No entanto, uma insatisfação começou a se formar em sua vida

---

[12] CORRÊA. E. A luta pela sobrevivência. *Pequenas Empresas Grandes Negócios*, n. 270, p. 20, 2011.

e ela passou a se questionar se seria mais feliz em outro emprego ou em outra carreira.

Construímos um plano para refletir sobre as novas possibilidades de realização de carreira da Thaís.

Começamos por entender seu histórico e conquistas profissionais, suas forças e competências organizacionais e, a partir daí, iniciamos uma construção de cenários sobre os possíveis rumos dentro da atuação profissional já consolidada, ou seja, como gerente de marketing.

A primeira opção foi analisar as possibilidades de satisfação na posição de gerência em uma empresa maior, dando um *upgrade* na carreira com a respectiva ampliação salarial. Estudamos o mercado, as empresas-alvo dentro do mesmo segmento de atuação e as empresas com processos similares. Essa perspectiva mostrou-se atraente à Thaís.

Entretanto, o processo de *outplacement* que eu entendo como sustentável exige mais informações para que o cliente possa dar o passo seguinte com maior segurança.

Passamos a olhar os valores da Thaís e a verificar se os valores efetivamente praticados nas empresas-alvo estavam alinhados com os valores da cliente. Analisamos também o resultado do teste de Âncoras de Carreira, no qual a pontuação mais alta estava relacionada à qualidade de vida. Pesquisas, conversas, entrevistas e cafés foram necessários para a conclusão: não era a mudança para uma empresa de maior porte e uma posição corporativa de maior destaque que trariam a satisfação almejada por Thaís.

A opção seguinte sugerida pela cliente foi verificar a possibilidade de abertura de negócio próprio, em um segmento com o qual ela se identificava: o ramo de alimentação saudável. Após algumas pesquisas e análises, Thaís comprovou que, embora o segmento em si representasse um valor para ela e lhe agradasse, a gestão de um negócio próprio não estaria alinhada à expectativa de uma maior qualidade de vida.

Nesse momento, percebi que a demanda da cliente poderia ser outra. E se, no lugar de um *outplacement*, o que a cliente realmente desejasse fosse um novo rumo? Isso significaria um *coaching* de vida e carreira, no qual se trabalha uma visão mais clara das metas de vida na fase da vida adulta, com elaboração da sustentabilidade e clareza dos objetivos, superação dos obstáculos e compreensão maior do propósito.

Dentro dessa diretriz, a partir de lista de sonhos, questionários de valor e perguntas, surgiu uma informação fundamental: Thaís fizera balé durante muitos anos e agora praticava ioga, o que lhe era fundamental.

Thaís reconheceu, então, que aquilo que ela buscava estava fora do mundo empresarial e corporativo.

Essa ideia a princípio a assustou. Racionalmente, aquela perspectiva soava radical demais. Emocionalmente, a ideia a atraía. Então, combinamos que ela precisava traçar um plano com dois objetivos bem específicos: um, imergir em aulas e retiros diversos para perceber o quanto de fato se identificava com aquele outro universo; outro, preparar-se financeiramente para um outro tipo de vida.

Ela então iniciou sua pesquisa em diversas linhas de ioga e meditação, mantendo-se na empresa em que atuava. Agora, no entanto, ela não estava mais tão insatisfeita, pois tinha um propósito – um propósito que unia vida e carreira.

Após determinar sua direção, iniciou sua formação como professora de ioga na instituição que escolheu. Terminou sua formação em dois anos.

Ao mesmo tempo, cumpriu seus deveres profissionais com afinco e tornou-se bem mais resiliente, pois entendeu seu momento como transição para um novo ciclo de vida e carreira. Quando se sentiu preparada, conversou abertamente com o presidente da empresa, que entendeu e agradeceu a transparência e a lealdade com que ela se portou. Combinaram um prazo de permanência e um pacote de desligamento.

Hoje ela é professora de ioga, está casada, mora fora do centro urbano e se sente realizada. Em breve, terá seu primeiro filho.

Muitas pessoas, assim como Thaís, sentem-se irrealizadas em suas carreiras e buscam alternativas. Entretanto, é preciso entender que não há solução mágica. Como costumo dizer, o fato de adorar bichos não o habilita a ter um *pet shop*. Tudo deve ser pensado, refletido e, de preferência, orientado por um profissional experiente para que a realização pessoal e profissional possa ocorrer.

Muitas vezes, a insatisfação no trabalho decorre de uma relação desgastada com o chefe. Se o seu comportamento for o gerador desse desgaste, não adiantará trocar de empresa.

Algumas vezes, as pessoas se precipitam em trocar de emprego por receberem uma oferta tentadora e, após seis meses, descobrem que a nova empresa não está cumprindo o que foi prometido. Outras vezes, a ânsia de voltar ao mercado faz com que sejam enfrentadas situações éticas complexas.

Abrir um negócio também é uma opção que parece mais simples, mas a realidade de ser o próprio dono acaba se revelando extenuante ou frustrante.

Mudanças nunca são fáceis, mas são bem-vindas para trazer a felicidade. Por isso, é preciso levantar muitas informações e, principalmente, alinhar a nova direção de carreira com seus valores e propósitos de vida.

4

A IMPORTÂNCIA DAS COMPETÊNCIAS NA EVOLUÇÃO DA CARREIRA

4.1 AS GERAÇÕES E O DESAFIO DE INTERLOCUÇÃO NO MUNDO CORPORATIVO

Não se pode pensar em evolução na carreira sem refletir a respeito de como as diferentes gerações que coabitam o mundo do trabalho lidam com a necessidade de dialogar entre si.

Você com certeza já ouviu falar nas diferenças que cada geração carrega e nos seus diferentes comportamentos e valores. Antigamente, uma geração era definida a cada 25 anos; porém, com a velocidade das transformações que ocorrem nos dias de hoje, já não se espera mais um quarto de século para se instaurar uma nova classe genealógica.

FIQUE DE OLHO
Os especialistas apontam que, atualmente, uma nova geração surge a cada 10 anos apenas.

Obviamente, isso tem impacto considerável na convivência entre os profissionais e requer um ajuste periódico e constante das gerações mais antigas para construírem sua longevidade no mundo do trabalho.

No ambiente de trabalho, é comum encontrarmos na função de gestor uma pessoa da geração *baby boomer* ou X gerindo um coordenador da geração Y e um analista da geração Z.

O gestor está há anos na empresa e tem orgulho de sua trajetória. Ele já incorporou totalmente a visão e os valores do local e procura transmiti-los ao coordenador da geração Y, que aguarda o momento de sua promoção. Ambos lidam com o analista da geração Z, que fica ligado 24 horas por dia ao seu celular.

As discordâncias de ideias e ideais são um grande desafio para as empresas nos dias de hoje, pois afetam o clima corporativo e a produtividade. É preciso ter em mente que as diferenças são saudáveis e úteis quando bem administradas.

FIQUE DE OLHO

Uma pesquisa realizada pela consultoria norte-americana VitalSmarts com mais de 1.300 gestores concluiu que pelo menos cinco horas de trabalho por semana são desperdiçadas em razão das diferenças de pensamento que envolvem faixas etárias distintas. Esse tempo gasto representa uma perda de 12% no faturamento dos negócios.[1]

Considerando que as empresas estão imersas em um ambiente altamente mutável e dinâmico, com diferentes tipos de desafios, a existência de múltiplos perfis no ambiente de trabalho poderá ser valiosa por trazer diferentes capacidades de lidar com os variados tipos de desafios que se apresentam.

As gerações estão basicamente representadas no Quadro 4.1, segundo suas principais características.

Quadro 4.1 Principais características das diferentes gerações

	Baby boomer	Geração X	Geração Y	Geração Z
Nascimento	1946-1964	1965-1976	1977-1990	1991-2010
Gostam de	Emprego fixo e estável	Segurança	Inovação, quebra de paradigmas	Mundo virtual e têm dificuldade de comunicação verbal
Valores	Experiência profissional	Tradição	Individualidade, ascensão rápida	Não há fronteiras geográficas, globalização é fato
Valorizam	Música, arte	Tranquilidade, equilíbrio	Movimento, fazer tudo ao mesmo tempo	Conexões virtuais, informação fácil
Características	Viveram o movimento *hippie* e tendem ao humanismo	Ultrapassaram o movimento "paz e amor" e trabalham para juntar dinheiro	Nunca viram o mundo sem conexão global	São nativos digitais, por isso trabalham facilmente em *home office* Não têm muito interesse em fazer uma "carreira" tradicional

Fonte: elaborado pela autora.

---

[1] JACOMASSI JUNIOR, I. Conflitos de gerações no ambiente de trabalho. *Revista Melhor*, jul. 2017. Disponível em: <https://revistamelhor.com.br/conflitos-de-geracoes-no-ambiente-de-trabalho>. Acesso em: 30 jan. 2019.

A geração *baby boomer* – o termo refere-se ao fenômeno social ocorrido nos Estados Unidos no final da Segunda Guerra Mundial, quando os soldados voltaram para suas casas e conceberam filhos em uma mesma época – caracteriza-se por valorizar um emprego fixo e estável. No trabalho, seus valores estão fortemente embasados no tempo de serviço. Eles leem o jornal no papel impresso e não costumam checar o e-mail no celular.

Os pertencentes à geração *baby boomer*, em sua maioria, exercem funções em nível estratégico. Muitos se chocam com os hábitos da geração mais jovem e precisam ter bastante flexibilidade para utilizar o potencial das novas gerações e administrar positivamente os conflitos que possam surgir.

A **geração X**, surgida em meados da década de 1960 e estendendo-se até o final dos anos 1970, conheceu a TV em preto e branco e ficou animada com a novidade da TV em cores. Quando jovens, foram orientados a escolher uma carreira que se diferenciava, basicamente, entre engenharia, medicina e áreas humanas. Receberam intensamente a informação de que deviam se dedicar e se esforçar, pois, dessa forma, teriam sucesso.

Um bom exemplo da preocupação dos *baby boomers* com a carreira de seus filhos da geração X é relatada pelo diretor executivo da Votorantim Ventures e professor da Universidade de São Paulo e da Universidade Cornell, nos Estados Unidos, Fernando Reinach. Ele conta:

Como identificar essa geração?
A maioria da geração *baby boomer* ocupa cargos de diretoria nas empresas e tem grande orgulho de sua experiência e trajetória.

> tinha 16 anos quando me apaixonei pela biologia, depois de uma aula fascinante sobre a origem da vida. Decidi cursar biologia e ser geneticista. Meu pai, um engenheiro, me acusou de estar fugindo do vestibular de medicina. Acabei entrando nos dois cursos e tranquei medicina por dois anos antes de desistir. Fiz doutorado nos Estados Unidos e depois fui pesquisador em Cambrigde, Inglaterra. Voltei em 1986 para ser professor na USP. A grande preocupação de meu pai era como ia ganhar dinheiro. Em 1990, abri a primeira empresa de engenharia molecular no Brasil, a Biotec, e agora comando um fundo de investimento em biologia, a Votorantim Ventures. Quando um dos meus filhos me disse que ia fazer ciências sociais, eu respondi que achava ótimo.[2]

Muitos profissionais dessa geração, quando não estão mais ocupando seus cargos no meio empresarial, procuram

---

[2] VEJA. *Profissão*, jul. 2003. Disponível em: <http://veja.abril.com.br/especiais/jovens_2003/p_064.html>. Acesso em: 25 jun. 2011.

Como identificar essa geração?
No meio profissional, a geração X é caracterizada por certas resistências em relação a tudo que é novo, além de apresentar insegurança em perder o emprego para pessoas mais novas e com mais energia.

Como identificar essa geração?
A geração Y gosta de desafios, por isso é comum ver seus profissionais trocarem de emprego com facilidade, buscando sempre novas oportunidades de crescimento profissional.

se realizar de outra forma, seja fazendo o que gostam, como curso de fotografia, artes ou trabalho humanitário, seja abrindo algum negócio no qual acreditem.

Carla Amorim, designer de joias, atualmente com seis lojas no Brasil e duas no exterior, formou-se em letras e tornou-se funcionária pública, mas largou tudo para se dedicar ao que gostava.

> Sou apaixonada por moda e beleza desde criança, mas acabei cursando a faculdade de letras e me tornando funcionária pública. Nas horas livres, desenhava e montava brincos e colares, que eu mesma usava. Até que um dia caiu a ficha: por que não transformar o que eu mais gostava numa profissão? Comecei aos poucos. Fazia algumas peças e as vendia a colegas de trabalho. Finalmente tomei coragem, joguei o emprego para o alto e resolvi me dedicar inteiramente ao design de joias. Diziam que estava louca, que os brasileiros não tinham dinheiro para comprar joias... Fiz dois cursos, um de desenho e outro de ourivesaria. Meu pai foi compreensivo e me deu dinheiro para começar. O mais importante é que amo meu trabalho. Quando isso acontece, nada pode dar errado.[2]

A **geração Y**, que abrange aqueles que nasceram em fins dos anos 1970 até início dos 1990, desenvolveu-se em uma época de grandes avanços tecnológicos e prosperidade econômica. As crianças cresceram tendo o que muitos de seus pais não tiveram, como TV a cabo, videogames, computadores e muito mais. Se a geração X viu nascer a internet e a tecnologia, a geração Y presenciou seu desenvolvimento, internalizando-as desde pequenos.

Essa geração cresceu motivada por novidades, por isso apresenta um desejo constante por novas experiências. No trabalho, iniciam a carreira pensando em se tornar diretores em cinco anos. Não aceitam com facilidade a hierarquia da tomada de decisão, não gostam de tarefas subalternas e almejam ascensão rápida, promoções em períodos curtos e altos salários.

Por sua vez, os jovens nascidos a partir do final dos anos 1990 formam o conjunto da **geração Z**, contemporânea a uma realidade conectada à internet, em que os valores tradicionais de relacionamento perdem lugar para os contatos virtuais estabelecidos pela *web*.

Eles apresentam um perfil bem mais imediatista. Querem tudo para agora e não têm paciência com os mais velhos, principalmente quando estes precisam de ajuda com algum equipamento eletrônico ou algum novo recurso da informática. Para eles, tudo relacionado a esse mundo parece estar no DNA.

Como o trabalho no meio corporativo demanda espírito de equipe, respeito e tolerância, eles enfrentam uma dura realidade. E os que estão à sua volta, também.

Observamos que muitos líderes das gerações X estão se tornando cada vez mais Y, em virtude do crescimento exponencial do volume de informações que devem ser consumidas diária e instantaneamente. Embora a maioria dos executivos tenha tido sua formação e início de carreira em uma época diferente de hoje, eles começam a esboçar um novo perfil de comportamento diante de uma nova realidade: ou se envolvem, ou serão envolvidos.

O que vemos no mundo do trabalho é uma necessidade intensa de interlocução entre todas essas gerações, de maneira a propiciar a gestão de conhecimento, o entrosamento entre equipes e a produtividade.

FIQUE DE OLHO

Independentemente da geração a que o profissional pertença, o objetivo principal de uma empresa é obter lucro. Para essa finalidade não existe uma receita absoluta, porém, para se estabelecer, ela exige um requisito básico dos colaboradores envolvidos, que é a capacidade de trabalhar em equipe.[3]

PERGUNTAS DE *COACHING*

1. Você consegue identificar a geração a que pertencem os profissionais de sua equipe?
2. Com que geração você se comunica mais facilmente?
3. Com que geração sua comunicação apresenta maiores dificuldades?
4. Para se comunicar melhor com as pessoas de diferentes gerações, o que você deve priorizar: seu pensamento, suas emoções ou suas ações?
5. Quando é solicitada uma tarefa, o profissional de qual geração termina mais rápido?
6. Quando é solicitada uma tarefa, o profissional de qual geração produz o trabalho mais eficiente?
7. O que você pode desenvolver para interagir melhor com profissionais de outras gerações?

---

[3] CARVALHO, A. As gerações baby boomer, X, Y e Z. *Coisa&tal*, abr. 2012. Disponível em: <http://www.coisaetale.com.br/2012/04/as-geracoes-baby-boomer-x-y-e-z>. Acesso em: 23 jul. 2018.

4.2 COMPETÊNCIAS QUE FAVORECEM A EVOLUÇÃO DE CARREIRA

O conhecimento e as habilidades são os principais fatores não só para o desenvolvimento da economia, mas também para que os trabalhadores permaneçam competitivos no mercado de trabalho.

Quais seriam as competências desejadas para que o trabalhador se prepare para atuar profissionalmente até os 70 anos, em um mundo no qual a palavra-chave será empregabilidade?

O psicólogo David McCleland concebeu em 1973 o conceito de competência, dissociando-o do conceito de inteligência, para que um profissional pudesse ser precisamente avaliado em performance e desempenho. Para ele, como os testes de inteligência e aptidão eram falhos quando aplicados à vida corporativa, tornou-se necessário um novo conceito para fazer convergirem a educação escolar e a qualificação profissional.

Uma das definições de **competência** é o leque de conhecimentos de que dispomos somados às nossas habilidades para colocar a competência em prática com influência de nossa personalidade e jeito de ser (atitude). Esse conceito ficou registrado no mundo acadêmico e corporativo como a **regra do CHA** (conhecimento, habilidade e atitude).

Ao longo dos últimos anos, muitos estudos foram desenvolvidos para adequar e definir melhor várias competências, bem como encontrar as competências de maior importância para o sucesso profissional e para a conquista de resultados organizacionais.

De acordo com Tom Coelho, a mais difundida definição para competência foi formulada por Scott B. Parry, em sua obra *The quest for competencies*, de 1996, em que ele diz:

> Competências são um agrupamento de conhecimentos, habilidades e atitudes relacionados que afeta a maior parte de uma tarefa (papel ou responsabilidade), correlacionado à performance, que pode ser medido a partir de parâmetros bem-aceitos, e que pode ser melhorado através de treinamento e desenvolvimento.[4]

Como as empresas têm culturas e climas organizacionais distintos, você deve ajustar suas competências de acordo com o lugar em que atua.

---

[4] COELHO, T. Neocompetência: uma nova abordagem para o sucesso profissional. *TomCoelho.com*, maio 2011. Disponível em: <http://www.tomcoelho.com.br/index.aspx/s/Artigos_Exibir/160/Neocompetencia_-_Uma_nova_abordagem_para_o_sucesso_profissional>. Acesso em: 23 jul. 2018.

PAUSA PARA REFLEXÃO
O motor que faz funcionar qualquer ação humana é a **motivação**. A ela se sucede a ação propriamente dita: a realização, amparada pela atitude, adequada ao contexto e ao comportamento esperado e pela habilidade nesse fazer.

Coelho afirma que é preciso atualizar o saber constantemente, alertando que, em função das inovações do mundo contemporâneo, o conhecimento não pode ser estático. Disso decorre a importância da "atualização, o saber aprender, representando o desafio de ampliar o conhecimento de forma contínua, além da capacidade de discernir sobre o que deve ou não ser aprendido dentre tantas possibilidades".[6]

A partir da experiência de mercado, destacamos 25 competências que são consideradas relevantes na evolução de carreira, seja em processos internos ou em entrevistas de seleção (Quadro 4.2).

Quadro 4.2 Competências relevantes na evolução de carreira

1.	Liderança inspiradora	Capacidade de motivar profissionais e aumentar os níveis de produção e satisfação de colaboradores
2.	Gerenciamento de pessoas	Habilidade de utilizar métodos, técnicas e práticas de administrar os comportamentos internos e potencializar o capital humano nas organizações
3.	Desenvolvimento de pessoas	Orientação para a evolução das competências do profissional visando à evolução de carreira
4.	Relacionamento interpessoal	Habilidade de comunicação para se relacionar com diversos tipos de perfis
5.	Trabalho em equipe	Capacidade de interagir coletivamente para atingir metas e solucionar problemas
6.	Capacidade de delegar	Ser capaz de descentralizar e distribuir tarefas de forma clara e objetiva para obter os resultados desejados
7.	Habilidade de controle	Conduta equilibrada de acompanhar os resultados das tarefas delegadas
8.	*Feedback*	Verificar a compreensão de sua mensagem pelo receptor e trazer comentários, sejam negativos, sejam positivos, a outra pessoa, de maneira a gerar ou reforçar comportamentos adequados
9.	Habilidade de ouvir	Capacidade de entrar em sintonia com o que a outra pessoa está dizendo, sem se deixar levar por suas próprias interpretações

→

10. Capacidade de comunicação clara e objetiva	Saber transmitir informações claras dentro do critério de separação das ideias entre principais, secundárias e terciárias
11. Planejamento	Capacidade de organizar todas as etapas sequenciais e necessárias ao sucesso de um projeto ou meta
12. Definição de metas prioritárias	Habilidade de identificar o que deve ser feito prioritariamente para otimizar o tempo e obter resultados eficazes
13. Gerenciamento de processos	Saber mapear e acompanhar as rotinas operacionais corporativas, considerando a transversalidade de diversas áreas
14. Visão de negócio na tomada de decisão	Capacidade de considerar as melhores ações em função da competência da empresa ou de sua meta estratégica
15. Gestão do tempo	Capacidade de organizar as tarefas dentro de um cronograma, sem se deixar levar pelos "ladrões do tempo"
16. Contratação de subordinados	Saber entender o que é imprescindível e qual profissional pode contribuir melhor em curto e médio prazos
17. Combatividade e capacidade de solucionar problemas	Ter iniciativa para analisar a situação de forma ampla, persistir apesar das dificuldades e não se deixar desanimar por imprevistos
18. Flexibilidade e adaptabilidade	Habilidade de se ajustar a diversos perfis de comportamento, sem pré-julgamento e mantendo um foco positivo
19. Negociação entre pares	Capacidade de articulação e negociação em prol de objetivos corporativos
20. Gestão de conflitos	Habilidade de isentar-se de prejulgamentos e atuar com empatia, ultrapassando as implicações pessoais
21. Habilidades políticas	Habilidade de se conduzir de maneira estratégica, evitando desgastes desnecessários e propiciando a formação de sinergias em prol de objetivos corporativos
22. Inovação e criatividade	Capacidade de produzir soluções novas
23. Visão estratégica	Capacidade de olhar acima da situação apresentada, analisando diversos cenários e visualizando soluções amplas
24. *Networking*	Interação com diversas pessoas, semeando uma rede de contatos que gere trocas positivas
25. Gerenciamento do estresse	Ser capaz de identificar os gatilhos provocadores de estresse, criar nova perspectiva sobre a situação e manter uma atitude positiva

Fonte: elaborado pela autora.

Verifique agora quais competências são mais fortes em você fazendo a autoavaliação a seguir.

Trata-se de uma autoavaliação em duas etapas. Primeiro, assinale o grau que você acredita possuir em cada competência.

Depois, selecione as seis competências às quais você atribuiu o valor mais alto e justifique sua resposta descrevendo um caso real de sua vida profissional em que você colocou em prática essa competência.

Competências	Grau
1. Liderança inspiradora	1 2 3 4 5 6 7 8 9 10
2. Gerenciamento de pessoas	1 2 3 4 5 6 7 8 9 10
3. Desenvolvimento de pessoas	1 2 3 4 5 6 7 8 9 10
4. Relacionamento interpessoal	1 2 3 4 5 6 7 8 9 10
5. Trabalho em equipe	1 2 3 4 5 6 7 8 9 10
6. Capacidade de delegar	1 2 3 4 5 6 7 8 9 10
7. Habilidade de controle	1 2 3 4 5 6 7 8 9 10
8. *Feedback*	1 2 3 4 5 6 7 8 9 10
9. Habilidade de ouvir	1 2 3 4 5 6 7 8 9 10
10. Capacidade de comunicação clara e objetiva	1 2 3 4 5 6 7 8 9 10
11. Planejamento	1 2 3 4 5 6 7 8 9 10
12. Definição de metas prioritárias	1 2 3 4 5 6 7 8 9 10
13. Gerenciamento de processos	1 2 3 4 5 6 7 8 9 10
14. Visão de negócio na tomada de decisão	1 2 3 4 5 6 7 8 9 10
15. Gestão do tempo	1 2 3 4 5 6 7 8 9 10
16. Contratação de subordinados	1 2 3 4 5 6 7 8 9 10
17. Combatividade e capacidade de solucionar problemas	1 2 3 4 5 6 7 8 9 10
18. Flexibilidade e adaptabilidade	1 2 3 4 5 6 7 8 9 10
19. Negociação entre pares	1 2 3 4 5 6 7 8 9 10
20. Gestão de conflitos	1 2 3 4 5 6 7 8 9 10
21. Habilidades políticas	1 2 3 4 5 6 7 8 9 10
22. Inovação e criatividade	1 2 3 4 5 6 7 8 9 10
23. Visão estratégica	1 2 3 4 5 6 7 8 9 10
24. *Networking*	1 2 3 4 5 6 7 8 9 10
25. Gerenciamento do estresse	1 2 3 4 5 6 7 8 9 10

Hoje em dia, o profissional é o protagonista de sua carreira. Então, cabe a cada um verificar quais competências devem ser desenvolvidas e ampliadas para que as metas profissionais sejam atingidas.

PERGUNTAS DE *COACHING*

1 Com base no seu dia a dia profissional, quais competências você acredita que deve desenvolver mais?

2 Essas competências são percepções suas ou já foram mencionadas em situações de *feedback*?

3 Quais recursos você já tem para desenvolver as competências que faltam?

4 Quem pode apoiar você no desenvolvimento dessas competências?

5 Por que é importante para você desenvolver essas competências?

6 Que oportunidades existem para você aproveitar essas competências e alcançar seus objetivos?

7 Que atitudes você vai tomar semana que vem para realmente obter o que deseja?

8 Como vai organizar sua agenda para atingir seus objetivos?

Se você é um profissional que está em busca de pilares estratégicos para tomar decisões de carreira e alcançar patamares mais altos no mercado de trabalho, veja no exercício quais foram as competências nas quais você se deu uma avaliação baixa. Essas são as competências que deverão ser desenvolvidas, por meio de treinamentos ou *coaching*, para que você alcance suas metas de crescimento profissional.

Faça seu Plano de Desenvolvimento de Competências seguindo o modelo a seguir.

Competência a ser desenvolvida	Resultados esperados	Ações	Prazo	Forças pessoais que podem ajudar

88   Parte I Cenário atual do mundo do trabalho

Exemplo:

Competência a ser desenvolvida	Resultados esperados	Ações	Prazo	Forças pessoais que podem ajudar
Negociação entre os pares	• Melhorar a resiliência para não demonstrar o desagrado • Ampliar a visão estratégica do negócio para entender a perspectiva dos pares • Trabalhar a empatia, exercitando colocar-se no lugar do outro • Ampliar a habilidade de comunicação e de negociação por meio de argumentos	Contratar um *coach* e comprometer-se com o processo, estando motivado a superar crenças e paradigmas	De hoje a três meses	• Disciplina • Motivação pela perspectiva do futuro • Foco nos objetivos, tarefas e resultados • Gostar de desafios

As Partes II e III deste livro apresentarão em detalhes diversas competências que são **indicadoras de movimento de sucesso** no mundo do trabalho.

4.3 COMPETÊNCIAS DO PROFISSIONAL 4.0

O que se tem certeza atualmente é que, por conta da tecnologia, muitas vagas serão extintas.

FIQUE DE OLHO
Estudos estimam em 7 milhões as substituições de seres humanos por máquinas nos próximos 5 anos; outros apontam que cerca de 30% das vagas serão assumidas por robôs.

A consultoria americana DaVinci Institute, que presta serviços para organizações como Nasa e IBM, vai mais longe, projetando o desaparecimento de 2 bilhões de postos até 2030.

O grande desafio será desenvolver novas habilidades para continuar competitivo no mercado de trabalho.

PAUSA PARA REFLEXÃO
Em um cenário no qual máquinas desempenham atividades braçais, devem manter seu trabalho aqueles que atuam com resolução de problemas, criatividade, imaginação, interação interpessoal e pensamento crítico. Nesse sentido, como você se autoavalia?

Segundo relatório do Fórum Econômico Mundial ocorrido em 2016, as competências do profissional 4.0 estão relacionadas a ações que não podem ser tomadas por máquinas ou robôs.[5]

De acordo com o relatório, os setores considerados mais afetados pela indústria 4.0 são os de mídia e entretenimento, consumo, saúde e energia. Também deverão sofrer transformações mais profundas nos próximos anos as áreas de finanças, infraestrutura e mobilidade.

O Quadro 4.3 apresenta as competências que o profissional precisará dominar até 2020, segundo o Fórum Econômico Mundial.

Quadro 4.3 Competências do profissional 4.0

1.	Resolução de problemas complexos	A habilidade de solução de problemas complexos envolve a complexidade e a imprevisibilidade dos fatos
2.	Pensamento crítico	O profissional deverá usar a lógica, a razão, fazer as perguntas certas e analisar um problema sob diferentes perspectivas
3.	Criatividade	Serão valorizadas técnicas e metodologias como o *design thinking* para a busca de soluções oriundas de diferentes visões de mundo, visando à adequação rápida a mudanças
4.	Gestão de pessoas	Desenvolver pessoas, motivar, identificar e reter talentos podem fazer a diferença na gestão do conhecimento e no clima organizacional, gerando maior produtividade
5.	Coordenação	Colaboração, trabalho em equipe e facilitação de processos são qualidades essenciais
6.	Inteligência emocional	A gestão das emoções e o autocontrole são fundamentais para que o profissional possa exercer uma escuta atenta, ter empatia e poder colaborar com o micro e com o macro
7.	Capacidade de julgamento e de tomada de decisão	Profissionais hábeis em analisar dados e tomar decisões se destacam no mercado. Um bom líder é aquele que saberá tomar as decisões certas no mundo VUCA

→

---

[5] PATI, C. 10 competências que todo profissional vai precisar até 2020. *Você S/A*, 21 jan 2016. Disponível em: <https://exame.abril.com.br/carreira/10-competencias-que-todo-professional-vai-precisar-ate-2020>. Acesso em: 30 jan. 2019.

8. Orientação para servir	Colaboração é uma competência fundamental para a construção de soluções inovadoras e eficazes
9. Negociação	A habilidade de negociação será importante para todos os profissionais
10. Flexibilidade cognitiva	Capacidade de desenvolver ou usar diferentes conjuntos de regras para combinar as coisas de diferentes maneiras

Fonte: PATI, 2016.

Você está preparado para o futuro? Quais competências você já tem e quais precisará desenvolver?

PERGUNTAS DE *COACHING*

1. Qual dessas competências você considera mais importante desenvolver? Por quê?
2. Quem você conhece que é um expert nessa competência?
3. Que benefícios o desenvolvimento dessa competência pode trazer para a sua vida?
4. Que ameaças existem se você não desenvolver essa competência?
5. Dentre todas essas competências, qual pode gerar uma melhor qualidade de vida para você?
6. Do que você vai precisar para entrar em ação e desenvolver essa competência?

Você pode fazer seu Plano de Desenvolvimento de Competências seguindo o mesmo modelo utilizado para as competências de evolução de carreira.

Competência a ser desenvolvida	Resultados esperados	Ações	Prazo	Forças pessoais que podem ajudar

No Quadro 4.4, para sua orientação, segue uma lista de dez sugestões para desenvolver as competências que serão exigidas no futuro próximo.

> **Quadro 4.4** Dez sugestões para desenvolvimento de competências exigidas no futuro
>
> 1. Conhecer a metodologia do *design thinking*.
> 2. Consultar a mídia visual e impressa sobre sustentabilidade do planeta.
> 3. Desenvolver o conhecimento sobre tecnologia.
> 4. Desenvolver a criatividade.
> 5. Aprofundar os conhecimentos sobre o funcionamento da mente e das emoções humanas.
> 6. Fazer um processo de *coaching* para quebrar paradigmas, superar sabotadores e ampliar perspectiva.
> 7. Fazer um curso sobre arte com foco em artistas que estiveram à frente de seu tempo.
> 8. Fazer um curso de filosofia.
> 9. Ler pelo menos três livros por semestre sobre assuntos novos.
> 10. Desenvolver a capacidade de interpretação, exposição e síntese.

4.4 ÁREAS E PROFISSÕES DO FUTURO PRÓXIMO

Vem surgindo uma série de novas profissões como uma crescente demanda no mercado de trabalho. De modo geral, são profissões ligadas principalmente à tecnologia – como as de webmaster, webdesigner, gestores de mídias sociais –, à interseção entre tecnologia e biologia – desenvolvendo pesquisas em indústrias farmacêuticas – e ao meio ambiente.

FIQUE DE OLHO

Novos horizontes surgem na medida em que a economia se moderniza, a tecnologia abre novas portas e as concepções de carreira se modificam.

Em pesquisa de 2016, com especialistas em recrutamento para identificar quais são as áreas e profissões do futuro, o portal Exame verificou que as seguintes áreas serão as que terão maior demanda:[6]

- sustentabilidade;
- infraestrutura;
- saúde e qualidade de vida;
- recursos humanos;

Aprenda a desenvolver sua proatividade para agir no momento certo e sua adaptabilidade para conseguir se ajustar a diferentes modelos de trabalho e culturas.

---

[6] GUIA DA CARREIRA. *Descubra quais são as profissões do futuro*. Disponível em: <http://www.guiadacarreira.com.br/profissao/profissoes-do-futuro>. Acesso em: 23 jul. 2018.

- marketing e vendas;
- tecnologia da informação;
- direito.

De acordo com o *Guia da carreira*, as profissões que estarão em alta serão:[8]

- gestor de ecorrelações;
- gestor de mídias sociais;
- bioinformacionista;
- *chief technical officer* (CTO);
- técnico em telemedicina;
- especialista em *mobile marketing*;
- gestor de marketing para *e-commerce*;
- gestor de comunidade;
- gerontologista;
- analista de *search engine optimization* (SEO).

São surpreendentes as projeções para as novas profissões. Em reportagem publicada em 23 de julho de 2017, a revista *Exame* traz algumas previsões sobre cinco áreas com cargos inusitados que poderão existir no futuro.[7]

4.4.1 SAÚDE

Uma das áreas em que a tecnologia está a todo vapor, a medicina deve passar por uma revolução. De acordo com futurólogos, os próximos anos serão de nanorrobôs (ingeridos pelos pacientes) e equipamentos vestíveis para monitorar a saúde. Dispositivos darão às pessoas o poder de rastrear o que acontece dentro de seu corpo e extinguirão a necessidade de diagnósticos clínicos e exames.

FIQUE DE OLHO
Acredita-se que esse tipo de medicina preventiva derrubará a venda de remédios, gerando demissões na indústria farmacêutica, e aumentará a procura por geneticistas.

---

[7] AMARO, M. Saiba quais serão as profissões do futuro. *Exame*, jul. 2017. Disponível em: <http://exame.abril.com.br/carreira/saiba-quais-sao-as-profissoes-do-futuro>. Acesso em: 23 jul 2018.

Além disso, transformará os departamentos de RH, com profissionais especializados em mensurar a saúde de funcionários e em reduzir gastos com as pessoas nas empresas.

- **Gerente de vida profissional:** responsável por analisar e prever quais serão os problemas de saúde enfrentados por determinada pessoa – ele conseguirá calcular, inclusive, a data de morte do paciente.
- **Cirurgião de memória:** responsável por retirar memórias ruins e ajudar na superação de traumas por meio de cirurgias computadorizadas no cérebro.

4.4.2 SEGURANÇA

Segundo o banco americano Morgan Stanley, a internet das coisas conectará 75 bilhões de aparelhos até 2020 (cada pessoa terá, em média, nove aparelhos de uso pessoal ligados à rede). Isso aumentará muito a já enorme possibilidade de invasões cibernéticas e roubo de dados.

Não apenas o celular poderá ser *hackeado*, mas o carro, a geladeira, o controle da TV.

FIQUE DE OLHO
Profissionais capazes de criar sistemas de segurança ou até auxiliar no resgate em caso de sequestro de dados serão cada vez mais valorizados.

- **Especialista em negociação de sequestro de dados:** assim como a polícia conta hoje com profissionais aptos a negociar em crimes físicos, será preciso ter policiais capazes de lidar com ladrões cibernéticos e *hackers* perigosos. O cargo será necessário tanto na iniciativa privada quanto no setor público.
- **Gerente de privacidade:** cada vez mais empresas, governos e *hackers* têm acesso a dados pessoais dos cidadãos. Como manter a vida virtual em segurança? Esse profissional será responsável por ajudar as pessoas a proteger suas informações no ambiente digital.
- **Auditor de estilo de vida:** especializado em descobrir fraudes praticadas por cidadãos comuns. Esse funcionário deve ganhar força porque, com acesso a ferramentas digitais

sofisticadas, as pessoas conseguirão burlar os sistemas mais facilmente, falsificando documentos e adulterando declarações como as de imposto de renda, por exemplo.

4.4.3 TECNOLOGIA

O grande desafio da área será lidar com a enorme quantidade de informações disponíveis que serão armazenadas numa unidade digital. Desta forma, os profissionais de tecnologia terão como desafio eliminar informações que ocupam espaço mas não são relevantes. Com esse volume gigante de dados à disposição, os profissionais capazes de enxergar padrões serão ainda mais demandados do que já são hoje. Seu trabalho, no entanto, será um pouco diferente: eles terão de destruir informações que não servem para nada.

Outro aspecto que impactará muito o setor é a realidade aumentada. Essa tecnologia rapidamente deixará o domínio dos *games*, como o famoso Pokémon Go, para assumir funções importantes em celulares, aparelhos domésticos e equipamentos usados no dia a dia das empresas.

FIQUE DE OLHO

Especialistas acreditam que, no futuro, todas as nossas atividades rotineiras, como cozinhar, fazer compras e trabalhar, serão transformadas pela realidade aumentada.

- **Arquiteto de realidade aumentada:** a tecnologia não servirá apenas para testar cores nas paredes de casa. Engenheiros e arquitetos terão de projetar ambientes para que os clientes os vivenciem antes de construí-los.
- **Analista de qualidade da informação:** estocar dados custa dinheiro. Profissionais que garantam a qualidade dos dados armazenados, eliminando redundâncias e evitando cópias desnecessárias, serão bastante valorizados pelo mercado.
- **Desenvolvedor de dispositivos inteligentes:** óculos, lentes de contato, relógios inteligentes, tudo será conectado. Quem souber programar esses equipamentos terá grande destaque nos departamentos de tecnologia.

4.4.4 SERVIÇOS

Ao passo que o número de nascimentos cai, a expectativa de vida aumenta. Portanto, é seguro afirmar que a população caminha para o envelhecimento. O número de pessoas precisando de auxílio especial será muito maior. Essa tendência vai mexer com o setor de serviços, que passará a empregar cada vez mais profissionais especializados no tratamento e no acompanhamento de idosos.

Já quem trabalha no varejo terá a função modificada.

FIQUE DE OLHO
Vendedores estoquistas e operadores de caixa serão substituídos por sistemas informatizados.

A onipresença de máquinas e redes sociais, no entanto, fará com que outros tipos de especialistas sejam necessários para operá-las.

- **Gerente de herança:** haverá, no futuro, muita gente sem filhos e, portanto, sem herdeiros. Esse profissional surgirá para garantir que os bens sejam aplicados naquilo que o dono do dinheiro desejava.
- **Especialista em *networking* social:** trabalhará como uma espécie de analista ou psicólogo para ajudar pessoas que se sentem marginalizadas em um ambiente cada vez mais conectado. Dentro de empresas, esse funcionário cuidará do posicionamento da marca no ambiente digital.
- **Designer de personalidade automática:** com o serviço de atendimento em lojas, clínicas, supermercados e agências de viagens automatizado, as companhias investirão em profissionais capazes de desenvolver traços de personalidade nas máquinas, aumentando a credibilidade e o engajamento dos clientes na hora desses contatos.

4.4.5 MEIO AMBIENTE

FIQUE DE OLHO

Sabemos que a água é o bem mais importante e escasso do planeta. Nos próximos anos, especialistas afirmam que indivíduos que conseguirem desenvolver novas formas de extração e purificação de água, como a da atmosfera, serão estrelas.

Outra tendência nesse segmento será a necessidade de antecipar e tomar ações preventivas para evitar desastres naturais ou reduzir seu impacto. Jatos para mudar a posição do vento e canhões sonoros para destruir nuvens perigosas são alguns dos recursos estudados por pesquisadores.

- **Purificador de água:** responsável pelo desenvolvimento de sistemas para retirada e purificação de água da atmosfera.
- **Revivedor de animais extintos:** geneticista ou biólogo cuja função será, basicamente, trazer de volta à vida animais que entraram em extinção e que poderiam beneficiar o planeta de alguma maneira.
- **Geoengenheiro:** controlador de clima capacitado para interferir em fenômenos da natureza, evitando desastres, por exemplo.

4.5 LONGEVIDADE: COMO USAR O ENVELHECIMENTO NO MERCADO DE TRABALHO

Precisamos falar mais sobre longevidade e verificar possibilidades no mercado de trabalho.

Nos últimos 50 anos, o conceito de longevidade e envelhecimento mudou completamente tanto no Brasil quanto no mundo. Há cerca de meio século, a expectativa de vida para os brasileiros era em torno de 50 anos. Hoje, as pessoas com essa idade são consideradas ainda jovens e com perspectivas cada vez maiores de chegar perto dos 100 anos. Com efeito, a expectativa de vida do brasileiro nascido em 2018 passou a ser de 76 anos.[8]

---

[8] IBGE. Em 2017, a expectativa de vida era de 76 anos. *Agência IBGE Notícias*, nov. 2018. Disponível em: <https://agenciadenoticias.ibge.gov.br/agencia-sala-de-imprensa/2013-agencia-de-noticias/releases/23200-em-2017-expectativa-de-vida-era-de-76-anos>. Acesso em: 11 fev. 2019.

FIQUE DE OLHO
As projeções para o ano de 2050 apontam que a expectativa de vida atingirá 81 anos.

Essa possibilidade de longevidade é, sem dúvida, algo para ser celebrado, principalmente se vier acompanhada de qualidade de vida e produtividade. No entanto, cabe aqui um alerta para uma série de medidas que o governo, as empresas, as universidades e os próprios cidadãos terão de tomar para viver melhor esse período de acréscimo de vida, uma vez que será preciso criar condições para que o envelhecimento seja atendido mercadologicamente e inserido em um contexto social saudável.

Vale ressaltar também que vivemos mudanças no núcleo da família contemporânea. Há uma diferente articulação das trajetórias individuais, em que os indivíduos buscam maior realização pessoal e profissional, além de um propósito maior na relação com o trabalho.

Aquele idoso representado no símbolo das vagas de estacionamento, curvado e com bengala, com certeza tem mais de 70 anos, e não é ele que sonha estar ativo e dentro do mercado de trabalho.

Diante disso, a vida adulta pode conter escolhas profissionais que contemplem não só o ciclo de início, evolução e saída do mercado de trabalho, como também transições dentro da carreira ou ainda uma nova escolha diversa da opção original.

Uma pessoa mais velha encaixa-se perfeitamente na função de mentor ou consultor, justamente por possuir maior experiência e ter aprendido muito não só sobre sua área específica, mas também sobre o comportamento humano.

Buscar atuar em algo novo, recuperando talentos anteriormente deixados de lado, é também fonte de muita satisfação e pode tornar-se fonte de receita. É possível dar uma guinada na vida e ganhar dinheiro fazendo algo diferente, algo que a pessoa sempre quis e nunca pôde.

O Quadro 4.5 apresenta algumas competências das pessoas mais velhas que se tornam diferenciais competitivos.

Serviços independentes de assessoria são uma excelente maneira de permanecer no mercado de trabalho.

Quadro 4.5 Diferenciais competitivos das pessoas com mais de 50 anos

1	Experiência	Gestão do conhecimento e transmissão da experiência ampliam a produtividade
2	Habilidade de comunicação com diferentes públicos e faixas etárias	Essa habilidade ajuda a negociar com clientes em potencial e favorece o diálogo na organização
3	Maior maturidade	Pessoas que já passaram por várias experiências na vida têm maior resiliência e são mais positivas

> **PAUSA PARA REFLEXÃO**
> Ao contrário da sabedoria popular, transição de carreira não é um caminho reto em direção a uma identidade predeterminada, mas uma viagem ao longo do que procuramos em uma série de "eus possíveis" que podemos nos tornar.[9]

O Brasil ainda está engatinhando nas abordagens de inserção de pessoas com mais de 60 anos no mercado de trabalho. Recentemente, no México, a Starbucks anunciou a abertura de sua primeira loja no país operada inteiramente por funcionários entre 60 e 65 anos.[10]

Na Noruega, campanhas governamentais conscientizam a população acerca de questões que envolvem a terceira idade, como saúde pública, longevidade e qualidade de vida. Cerca de 70% dos seniores entre 55 e 64 anos estão empregados em empresas, quando não são empreendedores e tocam seus próprios negócios. Há também um grande número de organizações voltadas para ações que visam a uma longevidade tranquila e de alta qualidade. Lá, 96% dos idosos se sentem livres e 86% se sentem seguros o bastante para caminhar pelas ruas à noite.[11]

Assim como algumas portas se fecham, muitas outras se abrem. É para essas que precisamos olhar e trazer o foco.

---

[9] IBARRA, H. *Working identity*: unconventional strategies for reinventing your career. Boston: Harvard Business School Press, 2003.
[10] ALVES, W. Um café operado somente por pessoas acima de 60 anos: o Starbucks tem. *Blog MaturiJobs*, set. 2018. Disponível em: <https://www.maturijobs.com/cases/cafe-operado-somente-por-pessoas-acima-de-60-anos-starbucks>. Acesso em: 1º fev. 2019.
[11] FIFTIES MAIS. O que o país mais feliz do mundo faz pelos maiores de 50 anos? *Blog MaturiJobs*, fev. 2018. Disponível em: <https://www.maturijobs.com/cases/o-que-o-pas-mais-feliz-do-mundo-faz-pelos-maiores-de-50-anos>. Acesso em: 1º fev. 2019.

CASO REAL

O mundo corporativo não é um universo distinto das situações culturais da sociedade. Pelo contrário, é um subconjunto de todas as complexas questões e desafios que envolvem o meio ambiente no qual as empresas estão inseridas. Por isso, o caso real deste capítulo abordará uma triste situação vivenciada por uma cliente minha que foi desligada de sua empresa.

Ela, vamos chamá-la de Maria, era uma jovem de 38 anos, o que a insere na faixa da geração Y. Vinha de uma trajetória profissional ascendente, assumindo desafios crescentes na área financeira: possuía larga experiência em finanças, contabilidade, auditoria, *reporting* e controles internos em multinacionais de grande porte.

Quando me procurou para apoiá-la em seu processo de *outplacement,* havia sido desligada da empresa em que estava havia quase dois anos.

Para que o processo de *outplacement* seja eficaz e realmente prepare o profissional para sua recolocação/empregabilidade sustentável no mercado de trabalho, crio condições para uma reflexão criteriosa sobre os objetivos de carreira e proponho ao profissional diversos *assessments*, levantamento de realizações e resultados, competências e pontos a desenvolver, assim como seu mercado-alvo. Todo esse processo inicial gera o autoconhecimento e a estratégia perfeita para o sucesso tanto no *networking* quanto nas entrevistas de emprego.

Dessa forma, logo nas primeiras reuniões, Maria contou o que havia ocorrido na empresa e gerado o seu desligamento. Ela era uma profissional de altíssima competência técnica e logo assumiu uma área nova, a tesouraria. Nessa área, precisou reestruturar alguns procedimentos. Os jovens profissionais (geração Z), todos do sexo masculino, iniciaram então uma brincadeira infeliz não totalmente desconhecida de muitas mulheres: começaram a relacionar a assertividade de Maria e seu foco no resultado à falta de um marido ou namorado. Infelizmente, esse *bullying* é bastante comum no relato de mulheres executivas que ocupam uma posição hierárquica mais alta nas empresas.

Maria lidou com o desafio aplicando várias de suas competências: gerenciamento das pessoas, trabalho em equipe, delegação e controle, definição de metas e habilidade de comunicação clara, com flexibilidade e empatia. Conquistou a maioria da equipe.

Passaram-se dois meses relativamente tranquilos até que a mãe de Maria teve um grave problema de saúde e precisou ser internada. Nesse momento, todas as emoções que estavam sob controle afloraram e Maria sentiu o estresse. Em uma reunião com a equipe da tesouraria, sentiu-se acolhida e relatou chorando a internação de sua mãe.

Infelizmente, esse episódio foi cruelmente aproveitado pelo líder do *bullying*, que levou à chefia superior a fragilidade de Maria. Ela foi chamada para conversar com sua gerente sênior, da geração X. Nesse momento, faltou a Maria, acredito que por estar submetida a um forte processo de estresse, habilidade de se conduzir de maneira estratégica, evitando desgastes desnecessários. Ela não só relatou os episódios de *bullying* como solicitou uma licença de duas semanas.

Ao voltar ao trabalho, a gerente sênior já havia convidado uma pessoa, sua conhecida, para ocupar a função de Maria na tesouraria. Para preservar o que ela entendeu ser a harmonia da área, optou por não deixar claros os papéis e o processo de subordinação. Evidentemente, essa estratégia não deu certo. Houve vários conflitos de poder e, finalmente, a gestora sênior viu-se obrigada a uma escolha. Maria foi desligada.

Que aprendizados podemos tirar desse caso real? Veja o Quadro 4.6.

Quadro 4.6 Competências que poderiam ter sido utilizadas

Liderança inspiradora	Gerenciamento de pessoas	Desenvolvimento de pessoas	Relacionamento interpessoal
Feedback	Capacidade de delegar	Habilidade de controle	Trabalho em equipe
Negociação entre pares	Capacidade de comunicação clara e objetiva	Habilidade de ouvir	Planejamento
Gestão de conflitos	Definição de metas prioritárias	Gerenciamento de processos	Visão de negócio na tomada de decisão
Habilidades políticas	Gestão do tempo	Contratação de subordinados	Flexibilidade e adaptabilidade
Gerenciamento do estresse	Inovação e criatividade	Capacidade de solucionar problemas	*Networking*

Fonte: elaborado pela autora.

No meu entender, as competências que poderiam ter sido utilizadas estão listadas na primeira coluna e teriam a seguinte ordem prioritária:

1. Gerenciamento do estresse.
2. Habilidades políticas.
3. Gestão de conflitos.
4. *Feedback*.
5. Negociação entre pares.
6. Liderança inspiradora.

Gostaria ainda de ressaltar e explorar dois pontos importantes:

1. Existem valores internalizados e muitas vezes inconscientes em cada geração. No dia a dia profissional, é necessário atentar e saber interagir adequadamente. No caso de Maria, assim que ela soube do que se dizia dela, ela, como chefe da equipe, deveria ter realizado ações de *feedback* para interromper rapidamente o *bullying*, instruindo e alertando os membros da equipe sobre o comportamento adequado no ambiente de trabalho.
2. A sensação de exaustão e angústia para ir trabalhar tem nome: *burnout*, termo que indica esgotamento e está associado a um estado de estresse crônico elevado. Todo profissional deve ficar extremamente atento a esse mal, pois ele chega silenciosamente e, no estado de exaustão mental, o profissional perde a capacidade de utilizar suas competências. No Brasil, a Associação Internacional de Gestão de Estresse estima que 32% dos profissionais sofrem com esse esgotamento no ambiente de trabalho.[12] Recomenda-se cada vez mais neste mundo VUCA a prática de atividades físicas, a meditação e determinadas terapias que atuam no resgate de uma vida com mais significado e maior satisfação.

---

[12] ASSOCIAÇÃO NACIONAL DE MEDICINA DO TRABALHO (ANAMT). O que é síndrome de burnout. E quais as estratégias para enfrentá-la. *Nexo Jornal*, maio 2018. Disponível em: https://www.anamt.org.br/portal/2018/05/30/o-que-e-sindrome-de-burnout-e-quais-as-estrategias-para-enfrenta-la. Acesso em: 1º fev. 2019.

PARTE II

Autoconhecimento: o salto qualitativo

5 AUTOCONHECIMENTO: VALORES, FORÇAS E TALENTOS

5.1 AUTOCONHECIMENTO: PARA QUE SERVE?

Você já teve, alguma vez na sua vida profissional, vontade de não ir trabalhar? Dificilmente alguém dirá que não. Todos nós já tivemos um dia em que acordamos com preguiça, com falta de vontade ou até mesmo com um certo receio de que o dia não fosse acontecer da melhor forma. Como identificar a razão dessa desmotivação?

Esse é o ponto principal do autoconhecimento. Nós, seres humanos, somos definidos como seres racionais; entretanto, todos temos sentimentos e emoções que, muitas vezes, comandam nosso corpo, e temos de fazer um grande esforço para organizar racionalmente aquilo que nos está afetando.

FIQUE DE OLHO
A distorcida visão científica de uma vida mental emocionalmente vazia – que orientou os últimos 80 anos de pesquisa sobre a inteligência – está mudando aos poucos, à medida que a psicologia começa a reconhecer o papel essencial do sentimento no pensamento.[1]

Embora saibamos, na maioria das vezes, o que sentimos e quais emoções estamos vivendo, há momentos de neblina, em que não temos certeza sobre o que realmente estamos vivenciando.

Acontecimentos desagradáveis – como congestionamentos, atraso na reunião agendada por seu chefe, conflitos na equipe de trabalho, sua empresa foi comprada e haverá demissões – ocorrem na vida de qualquer pessoa.

O que fará a diferença será a forma como cada um escolherá reagir. Se estiver preso em um engarrafamento, atrasado para uma reunião importante, você poderá escolher entre ficar muito nervoso ou aproveitar o tempo para pensar nos pontos

---

[1] GOLEMAN, D. *Inteligência emocional*. Rio de Janeiro: Objetiva, 1995. p. 65.

Cada vez que ampliamos nosso autoconhecimento, temos a oportunidade de construir para nós mesmos uma vida mais plena e harmoniosa.

importantes que serão tratados na reunião e no que você dirá se, ao chegar, todos já estiverem reunidos.

Da mesma forma, a escolha de como você vai reagir ao precisar de informações de outras áreas para fechar um relatório importante pode determinar se você vai gerar conflito ou propiciar parcerias.

Quando você possui autoconhecimento e conhece suas emoções, você entende melhor seu estresse, suas irritações, sua insegurança, sua agressividade e suas reações.

PAUSA PARA REFLEXÃO
Ter autocontrole e saber escolher como reagir aos acontecimentos é consequência direta do autoconhecimento emocional. Como você tem reagido?

Conhecer os sentimentos que experimentamos a cada momento é fundamental para termos uma vida equilibrada e harmônica. O autoconhecimento é uma forma de não deixar que as emoções sabotem nossas intenções e resultados. Quanto mais você se conhecer, enfrentando descobertas às vezes não muito agradáveis, mais você será capaz de se gerenciar. Ao descobrir situações que fazem com que você reaja de maneira que preferia não ter reagido, você se torna mais sábio na administração de suas emoções.

PERGUNTAS DE *COACHING*

1. Cite quatro traços que compõem sua autoimagem positiva.
2. Que traços você gostaria de acrescentar a sua autoimagem e que podem contribuir para seus próximos objetivos de carreira?
3. Qual característica sua auxilia no controle de suas emoções negativas?
4. Você já se sentiu sabotado por alguma emoção ou reação inesperada?
5. O que pode fazer com que você seja mais sábio na administração de suas emoções?

5.2 OS DOIS SISTEMAS: RAZÃO E EMOÇÃO

O ser humano é formado por uma mente consciente, que é capaz de compreender, raciocinar e ponderar, e por um outro sistema, mais impulsivo, que passou a ser denominado de mente emocional. Os dois sistemas costumam operar em sintonia, com sentimentos e pensamentos entrosando-se em harmonia.

Entretanto, em decorrência de algumas situações que nem sempre são claras para quem as está vivendo, o equilíbrio razão-emoção às vezes se desfaz e a mente emocional assume o comando, em questão de segundos. O pensamento e a racionalidade se evaporam como que por encanto.

A região onde se localiza o centro das emoções foi descoberta por Joseph LeDoux, neurocientista do Centro de Ciências da Universidade de Nova York: a **amígdala cortical**. A pesquisa de LeDoux explica como essa amígdala pode assumir o controle sobre o que fazemos quando o cérebro pensante, o neocórtex, ainda está em vias de tomar uma decisão.[2]

Neurocientistas e pesquisadores são unânimes em afirmar que essa ação que ocorre com a amígdala assemelha-se a um sequestro-relâmpago. Em segundos, a pessoa passa a ser refém de uma emoção intensa e geralmente de origem desconhecida.

O sequestro ocorre em um instante, disparando essa reação crucial momentos antes de o neocórtex, o cérebro pensante, ter a oportunidade de ver tudo que está acontecendo e sem ter o tempo necessário para decidir se é uma boa ideia. A marca característica desse sequestro neural é que, assim que passa o momento, o cérebro "possuído" não tem a menor noção do que deu nele.[3]

Em outras palavras, a mente emocional reage de maneira muito mais rápida que a racional, sem que haja tempo de reflexão. Alguns cientistas levantam a hipótese de que essa rapidez possa ser explicada como uma necessidade, dentro da evolução da espécie, de defender-se do perigo e preservar a vida.

A recomendação de Sócrates – "Conhece-te a ti mesmo" – é a pedra de toque da inteligência emocional: a consciência de nossos sentimentos no exato momento em que ocorrem.[4]

FIQUE DE OLHO
Quanto mais a pessoa desenvolver sua consciência autorreflexiva, em que a mente observa e investiga as emoções que estão sendo vivenciadas, maior autocontrole a pessoa atingirá.

---

[2] GOLEMAN, 1995.
[3] GOLEMAN, 1995, p. 40.

A auto-observação do fluxo de emoções e de quando ocorre algum sentimento mais arrebatado ou turbulento permite que a pessoa desenvolva maior conhecimento sobre si mesma.

PERGUNTAS DE *COACHING*

1. Se você pudesse mudar algum comportamento seu, qual seria?
2. Que oportunidades esse novo comportamento lhe traria?
3. Você tem por vezes emoções fortes que vêm à tona sem que você saiba o que as desencadeou?
4. Você é capaz de identificar as emoções que provocaram reações fortes e intensas?
5. Que comportamentos você pode passar a adotar para lidar com suas emoções de forma mais positiva?

5.3 A IMPORTÂNCIA DOS VALORES EM NOSSO COMPORTAMENTO

De acordo com minha vivência como *coach*, a identificação dos valores que regem nossos comportamentos tem sido de grande auxílio no autoconhecimento emocional, uma vez que eles direcionam, muitas vezes de forma inconsciente, as escolhas efetuadas, as tomadas de decisão e também nossa capacidade de adaptação e aceitação do ambiente que nos cerca.

Os valores pessoais refletem os desejos, as necessidades e as coisas mais importantes na vida de cada pessoa. São ótimas forças de coesão para nossas identidades e podem ser vistos como nossas diretrizes para a tomada de decisões, ajudando a fazer com que nos conectemos a nossos "eus" verdadeiros.

A escolha dos valores que regem a vida de cada indivíduo é determinada na mais tenra infância. Esses valores são diferentes de uma pessoa para outra, inclusive com atribuição de delimitações e significados distintos à mesma palavra. A liberdade, por exemplo, é percebida por uns como a possibilidade de viver de forma autônoma, sem hierarquia e regras, enquanto por outros pode ser entendida como a consolidação de um patrimônio que possibilite a realização de diversos sonhos ou projetos.

Os valores pessoais podem servir como lembretes daquilo que se valoriza em situações complicadas nas quais se pode sofrer pressão para agir de acordo com outros padrões.

---
[4] GOLEMAN, 1995, p. 70.

Os valores são nossa infraestrutura, a partir da qual desenvolvemos vários conceitos e entendimentos sobre a vida e os outros seres humanos.

No Quadro 5.1 você poderá testar seu autoconhecimento com relação a seus valores. Leia atentamente todas as palavras e, caso você queira acrescentar mais algumas, fique à vontade. Na segunda leitura, assinale com um X os valores que são importantes para você. Em seguida, dê notas de 7 a 10 a todos os valores que você assinalou com um X, sendo 10 um valor realmente muito importante e fundamental para você e abaixando as notas até 7, para aqueles valores que são importantes mas não tão fundamentais.

Para que possamos desenvolver o respeito e a empatia, precisamos, muitas vezes, ampliar o leque de significações das palavras representativas de nossos valores, analisando os preconceitos que se tornaram comportamentos defensivos ou atitudes sabotadoras.

Quadro 5.1 Teste de autoconhecimento em relação aos seus valores

Divertimento	Ajudar os outros	Interagir com as pessoas
Poder	Família	Lealdade
Honestidade	Amizade	Igualdade
Justiça	Realização pessoal	Conforto
Status	Caridade	Criatividade
Dinheiro	Aprendizagem	Competência
Integridade	Ambição	Flexibilidade
Resiliência	Respeito à diferença	Humildade
Entusiasmo	Desfrutar a vida	Prazer
Liberdade	Família	Segurança
Independência	Alegria	Solidariedade
Obediência	Audácia	Coragem
Reconhecimento	Risco	Fraternidade
Tradição	Realização	Coletividade
Presença	Empatia	Prudência
Organização	Ponderação	Ser conscioncioso
Otimismo	Espontaneidade	Realismo
Sutileza	Perspicácia	

Fonte: elaborado pela autora.

Conhecer os próprios valores gera autoconhecimento e compreensão, pois passamos a entender que as pessoas são diferentes entre si, regidas por valores e princípios pessoais distintos. Quando entendemos profundamente esse conceito, ampliamos nossa empatia e respeito pelos outros indivíduos.

Capítulo 5 Autoconhecimento: valores, forças e talentos **111**

PERGUNTAS DE *COACHING*

1. Você consegue identificar seus cinco maiores valores?
2. Seus valores estão alinhados com a realidade que você vive?
3. Que hierarquia você dá a seus valores? Coloque seus cinco valores em ordem de importância.
4. Se você pudesse flexibilizar algum valor para que sua vida fosse mais satisfatória, qual seria?

5.4 AS FORÇAS PESSOAIS, O BEM-ESTAR E O DESEMPENHO

Para se destacar na área que você escolheu e encontrar satisfação duradoura no que faz, você vai precisar entender seus **padrões específicos**.[5] Isso parece óbvio, mas não é tão simples assim.

As empresas – que necessitam manter-se competitivas neste mundo VUCA – têm apostado fortemente nas forças e talentos de seus colaboradores e em uma liderança capaz de gerar a energia necessária para alavancar resultados e garantir sua longevidade futura.

Estudiosos de diversas universidades consagradas realizaram pesquisas, iniciadas por volta da década de 1990, acerca da importância a ser dada às forças pessoais para que a pessoa encontre sua maior realização e obtenha maior felicidade pessoal e profissional.

Qual a grande diferença desse enfoque?

Os estudos sobre os aspectos psicológicos do ser humano se iniciaram no século XX e tiveram sua fonte principal nas teorias de dois grandes mestres, Sigmund Freud e Carl Jung, que examinaram e procuraram entender o sofrimento humano. A busca de entendimento da alma humana, tanto por Freud quanto por Jung, por seus seguidores e pelas várias correntes de estudos que se seguiram, concentraram-se nos sentimentos, impulsos, sonhos e experiências dos indivíduos que relatavam seu desconforto com o "estar no mundo".

Desenvolver o autoconhecimento e potencializar o próprio crescimento profissional é tarefa imprescindível aos profissionais do século XXI.

---

[5] BUCKINGHAM, M.; CLIFTON, D. *Descubra seus pontos fortes*. Rio de Janeiro: Sextante, 2008. p. 11.

Em consequência, os diversos estudiosos e expoentes da psicologia abordavam o que ficou caracterizado como doenças da alma: sofrimento, depressão, neuroses, infelicidade, entre outras, ou seja, a psicologia ficou focada no tratamento das doenças mentais.

Na década de 1990, no apagar das luzes do século XX, começou a ocorrer uma significativa mudança de foco na psicologia, liderada por Martin Seligman. Em conjunto com Christopher Peterson, Seligman desenvolveu pesquisas quantitativas visando à promoção de uma mudança no foco atual da psicologia. Em lugar de focar o que deu errado, Seligman e Peterson começam a analisar o lado positivo dos indivíduos, ou seja, aquilo que os leva ao bem-estar e à felicidade. A partir de 1997, quando Seligman ocupou a presidência da American Psychological Association (APA), esses estudos começaram a ser divulgados em todas as partes do mundo, recebendo apoio de importantes agências de fomento para a realização de mais pesquisas.

A precisão nas análises e uma técnica meticulosa construíram o que hoje se denomina **psicologia positiva**. A prática da psicologia positiva está voltada à identificação de valores, forças e virtudes humanas, tendo como proposta colaborar para que a vida das pessoas se torne mais feliz e prazerosa.

Diferentemente dos estudos precedentes sobre a alma humana, a preocupação da psicologia positiva é fortalecer as competências dos indivíduos e suas potencialidades, deixando de lado suas fraquezas e deficiências para fortalecer o que há de melhor no ser humano.

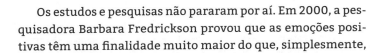

PAUSA PARA REFLEXÃO
As experiências que induzem emoções positivas fazem as emoções negativas se dissiparem rapidamente. As forças e virtudes funcionam como um para-choque contra a infelicidade e as desordens psicológicas, e podem ser a chave da resistência.[6] Você já parou para pensar como isso funciona com você?

Os estudos e pesquisas não pararam por aí. Em 2000, a pesquisadora Barbara Fredrickson provou que as emoções positivas têm uma finalidade muito maior do que, simplesmente,

---

[6] SELIGMAN, M. *Felicidade autêntica*. Rio de Janeiro: Objetiva, 2002. p. 15.

promover o bem-estar. As emoções positivas ampliam nossa capacidade cognitiva e de comportamento, expandindo o número de possibilidades que processamos e fazendo com que sejamos mais ponderados, criativos e abertos a novas ideias.[7]

Hoje em dia, sabemos que existe um efeito químico da sensação de felicidade e bem-estar, através da **dopamina** e da **serotonina**, substâncias que não só nos fazem sentir bem como sintonizam os centros de aprendizado do cérebro em um patamar mais elevado.

A dopamina e a serotonina nos ajudam a organizar informações novas, mantêm essas informações por mais tempo no cérebro e as acessam com mais rapidez no futuro. Além disso, permitem-nos criar e sustentar mais conexões neurais, o que, por sua vez, nos possibilita pensar com mais rapidez e criatividade, ser mais hábeis em análises complexas e na resolução de problemas e enxergar e inventar novas maneiras de fazer as coisas.[8]

Entretanto, as pessoas não são máquinas de experiências nas quais injetamos sentimentos positivos e, a partir disso, sua vida melhora em um passe de mágica. É importante ressaltar que as emoções positivas que produzem efeitos duradouros estão intimamente relacionadas aos valores individuais. Seligman é veemente em afirmar que a emoção positiva desligada do exercício do caráter leva ao vazio, à inverdade, à depressão.[9]

PAUSA PARA REFLEXÃO

A crença de que existem maneiras rápidas de alcançar felicidade, alegria, entusiasmo, conforto e encantamento, em vez de conquistar esses sentimentos pelo exercício de forças e virtudes pessoais, cria legiões de pessoas que, em meio à grande riqueza, definham espiritualmente.[10] Pense a respeito!

---

[7] FREDRICKSON, B. L.; BRANIGAN, C. Positive emotions broaden the scope off attention and thought-action repertoires. *Cognition and Emotion*, v. 19, p. 313-332, 2005 apud ACHOR, S. *O jeito Harvard de ser feliz*. São Paulo: Saraiva, 2012. p. 55.
[8] ACHOR, 2012, p. 56.
[9] SELIGMAN, 2002, p. 26.
[10] SELIGMAN, 2002, p. 26.

FIQUE DE OLHO

É facilmente observável o quanto nos sentimos bem e o nosso desempenho melhora quando estamos utilizando nossas forças pessoais. Elas nos trazem o **senso de autenticidade** (quando pensamos "isso tem tudo a ver comigo"), de satisfação, facilitam nosso aprendizado (entendemos mais facilmente novas ideias e conceitos) e fazem com que atuemos naturalmente e sem esforço, deixando-nos renovados, em vez de exaustos.

5.5 AS 24 FORÇAS: QUAIS AS GERADORAS DE SUA IDENTIDADE?

A partir de estudos de diversas religiões e tradições filosóficas – incluindo Aristóteles, Platão, Santo Tomás de Aquino e Santo Agostinho, o Velho Testamento, o Talmude, o Alcorão, Buda e os Upanishads –, os cientistas Martin Seligman e Christopher Peterson verificaram a universalidade de seis virtudes, constantemente presentes em todas as tradições:[11]

1. saber e conhecimento;
2. coragem;
3. amor e humanidade;
4. justiça;
5. moderação;
6. espiritualidade e transcendência.

FIQUE DE OLHO

Por meio de amplo levantamento do que era tido como saudável em diversas culturas, foram classificadas as qualidades conhecidas como Forças Pessoais, e, a partir desse levantamento, foi mapeado o que se repetia na maioria delas.[12]

Tais virtudes podem ser atingidas por meio de 24 pilares, as denominadas **forças de caráter** (Quadro 5.2).

---

[11] PETERSON, C.; SELIGMAN, M. *Character strengths and virtues*: a handbook and classification. Oxford University Press, 2004.
[12] PORTELLA, M.; SÁ, R.; MOTTA, V. *Psicologia positiva*: como descobrir e desenvolver qualidades humanas. v. 2. Rio de Janeiro: Instituto Internacional de Psicologia Positiva, 2013. p. 19.

O que é uma força? Uma força se distingue por:

- ser uma característica psicológica que se repete em diversas ocasiões;
- ter um valor em si mesma para a pessoa, independentemente de produzir benefícios ou resultados desejáveis;
- ser um traço marcante para uma determinada pessoa sem que isso implique prejuízos ou desmerecimento de outros;
- produzir sentimentos de satisfação, realização, orgulho e harmonia em quem a exerce.

Vamos ilustrar como as forças pessoais atuam por meio de uma situação cada vez mais comum nas empresas: a diretoria solicita aos líderes que diminuam suas equipes, pois é preciso otimizar os custos e a empresa terá de desligar funcionários. Se você olha para sua equipe verificando quem tem maior capacidade de aprendizagem, assimilando habilidades novas, sua força reside na criatividade e curiosidade, e é por essa perspectiva que você tomará sua decisão. Se o seu olhar é direcionado ao caráter dos participantes da equipe e ao valor de agregação e harmonia, sua força está na humanidade e na justiça, e você buscará uma decisão justa e humana.

Faça gratuitamente este teste em português e receba ao final um relatório com suas cinco forças principais:

Observe no Quadro 5.2 como estão subdivididas e conceituadas as forças de caráter.

Quadro 5.2	Virtudes e forças de caráter
Virtudes	**Forças**
Saber e conhecimento	1. Curiosidade/interesse pelo mundo: ser receptivo a novas experiências, tendo flexibilidade em relação a questões que não se enquadram em conceitos preexistentes
	2. Gosto pela aprendizagem: gostar de aprender coisas novas, sentir-se mobilizado para toda e qualquer oportunidade de aprendizado
	3. Pensamento crítico/lucidez: habilidade de combinar as informações, examinando-as de diversos ângulos e incorporando a realidade, não confundindo os próprios desejos com os dados da realidade
	4. Inteligência prática/esperteza/criatividade: capacidade de encontrar uma maneira diferente e adequada de obter o que deseja
	5. Inteligência social/emocional: ter uma adequada percepção de si e dos outros, reparando nas diferenças e conhecendo o modo de funcionamento das pessoas e seus motivos, de maneira a responder adequadamente
	6. Perspectiva: maneira peculiar de enxergar o que é mais importante e complicado em cada situação de vida, conseguindo ter um panorama geral

→

Coragem	7. Bravura e valentia: ser capaz de enfrentar o medo da adversidade, assumindo posturas intelectuais, morais ou emocionais e até mesmo perigosas
	8. Perseverança: assumir projetos difíceis e ter a capacidade de levá-los até o fim
	9. Integridade/honestidade: habilidade de apresentar-se aos outros de maneira autêntica, traduzindo seus compromissos e intenções de forma sincera
Humanidade e amor	10. Bondade e generosidade: reconhecer o valor da outra pessoa, voltando-se para os melhores interesses do outro e prestando ajudas voluntárias
	11. Amar e aceitar ser amado: valorização de relacionamentos próximos e íntimos
Justiça	12. Cidadania/lealdade: atuar como participante de um grupo, respeitando metas, regras e autoridade em prol de um propósito maior
	13. Imparcialidade/equidade: capacidade de não deixar que os sentimentos pessoais interfiram nas decisões a serem tomadas, tratando a todos de maneira similar
	14. Liderança: habilidade de agir com humanidade, mas também com organização e eficiência, fazendo com que os participantes mantenham boas relações. Reconhece a responsabilidade pelo próprio erro e é pacífico
Moderação	15. Autocontrole: ser capaz de conter as emoções, os desejos e impulsos até o momento mais adequado de expressar ou agir, não prejudicando a si nem aos outros
	16. Prudência/discrição: esperar por ter todas as informações e não se precipitar falando ou fazendo algo de que possa se arrepender posteriormente
	17. Humildade e modéstia: deixar que as realizações falem por si, ser despretensioso e não se considerar tão especial
Transcendência	18. Apreciação da beleza e da excelência: apreciar a excelência e a habilidade em todos os setores (na natureza, na ciência, na arte, no esporte, na bondade etc.)
	19. Gratidão: valorização pelas coisas boas que acontecem, ser grato ao caráter das pessoas e também às dádivas de algo maior, como Deus ou a natureza
	20. Esperança/otimismo: esperar o melhor do futuro, planejar e trabalhar para que seja assim
	21. Espiritualidade/senso de propósito: crer que existe um propósito maior no universo e sentir um conforto em relação a essa crença
	22. Perdão: ser orientado pela benevolência, tendo capacidade de dar uma segunda chance a quem o ofendeu ou magoou
	23. Bom humor: conseguir ver o lado mais alegre da vida, gostando de rir e de fazer os outros rirem
	24. Animação e entusiasmo: acordar de manhã com disposição para dedicar-se às suas atividades, atirando-se de corpo e alma nas atividades que assume

Fonte: adaptado de PORTELLA; SÁ; MOTTA, 2016.

Como você pode obter benefícios das forças? Selecione, dentre as forças descritas no Quadro 5.2, as seis forças que você considera *muito fortes* para você. Responda, então, às perguntas de *coaching* a seguir, refletindo profundamente sobre as respostas e sendo sincero com você mesmo.

PERGUNTAS DE *COACHING*

1 Como essas seis forças impactam positivamente sua vida e sua carreira? Lembre-se de momentos em que elas foram muito importantes e escreva sobre isso.

2 Em algum momento uma ou mais dessas forças atrapalharam sua vida e/ou sua carreira? Você identifica por que isso aconteceu?

3 Pensando em um futuro próximo, quais outras forças, dentre as forças restantes, ou seja, dentre as 18 que você não selecionou, você precisa desenvolver para ter mais sucesso em suas metas de curto prazo?

4 Que atitudes você pode tomar para desenvolver essas forças que ainda não estão tão fortes, mas que são importantes para que você atinja suas metas de curto prazo?

Agora que você já tem conhecimento de suas forças, de acordo com o paradigma da psicologia positiva, você pode também descobrir seus talentos.

5.6 O PODER DOS TALENTOS PESSOAIS NO DESENVOLVIMENTO DA ALTA PERFORMANCE

Buckingham e Clifton definem talento como "um desempenho estável e quase perfeito em determinada atividade"[13] e dão algumas dicas de como as pessoas podem começar a descobrir seus talentos.

Uma delas é verificar suas **reações imediatas**. Suponhamos que você esteja em uma reunião com outros gerentes, que são seus pares no ambiente de trabalho. Todos estão apresentando suas ideias sobre o que acham importante acontecer na festa de comemoração de 20 anos da empresa. Há várias ideias sendo apresentadas, muitas delas interessantes e que são endossadas por vários colegas. Em determinado momento, você pergunta quem já conversou com o presidente, com os acionistas ou com diretores de outras áreas para verificar o que eles estariam pensando. Todos reagem com espanto, pois ninguém havia trazido essa perspectiva. Isso demonstra que você tem um

---

[13] BUCKINGHAM; CLIFTON, 2008, p. 30.

talento natural a olhar a organização em termos estratégicos ou hierárquicos.

Outra dica que Buckingham e Clifton sugerem é verificar os **desejos que se manifestam cedo**. Por exemplo, você, quando criança, gostava mais de esportes ou de ler? É natural que sejamos atraídos por determinadas atividades, enquanto outras não nos interessam.

> **PAUSA PARA REFLEXÃO**
> Desejos revelam a presença de um talento, principalmente quando se manifestam cedo. Aos 10 anos de idade, os atores Matt Damon e Ben Affleck, já grandes amigos, procuravam um canto sossegado na cantina da escola e debatiam seus mais recentes "projetos" de atuação no teatro. Aos 13, Picasso já estava matriculado em uma escola de arte frequentada por adultos.[14]

É necessário, entretanto, ficar atento a pressões que podem dificultar o despertar de um talento, como questões financeiras, familiares ou sociais. Um exemplo famoso é o do pintor Henri Matisse, cuja obra é considerada uma das expressões mais significativas da arte modernista e cujas telas alcançam cifras de milhões de dólares quando postas à venda. Matisse era filho de um próspero comerciante francês que achava que os artistas eram boêmios sem nenhum valor. Ele insistiu para que o filho entrasse na faculdade de direito, em Paris. Matisse se formou como advogado e exercia a advocacia sem brilhantismo. Segundo alguns biógrafos, vivia deprimido e sem gosto pela vida. Por ocasião de uma cirurgia de apêndice, sua mãe o presenteou com telas e um estojo de pintura. Seu pai cortou-lhe a mesada para que ele desistisse. No entanto, em 1901, ele conseguiu expor em um importante salão parisiense; em 1905, expôs uma obra que foi logo comprada; e, em 1911, seu trabalho já era consagrado.

A terceira dica que pode fornecer uma pista de seu talento, conforme Buckingham e Clifton, é o **aprendizado rápido**. Quando seu cérebro se ilumina e você percebe que o conhecimento que está adquirindo faz muito sentido, pode ter certeza de que ali está algo que se relaciona com seu talento.

---

[14] BUCKINGHAM; CLIFTON, 2008, p. 77.

Os talentos podem ser de diferentes categorias, como oratória, capacidade de análise, produção de eventos, empreendedorismo, mecânica ou futebol.

A história do jogador de futebol Lionel Messi é extremamente ilustrativa. O prodígio de 10 anos despontava no Newell's Old Boys, fintando meninos com o dobro do seu tamanho e marcando gol atrás de gol. Ele já era um talento. Aprendia com facilidade como ter a bola a seus pés e fazê-la obedecer a seus comandos.

Entretanto, aos 13 anos, ele media apenas um metro e dez centímetros, em razão de uma patologia hormonal. Na Argentina, na Rosário natal, os prognósticos médicos eram arrasadores: sem tratamento eficaz contra o nanismo, Lionel chegaria à idade adulta com um metro e meio, no máximo. O tratamento era caríssimo e a família não tinha condições de pagar. O clube também não aceitou arcar com os custos. O River Plate também não quis fazer esse investimento. Isso poderia acarretar o fim desse talento. No entanto, a persistência de seu pai foi mais forte que as dificuldades.

Por intermédio de uma tia que morava na Espanha, o pai de Messi o levou para fazer testes no Barcelona, e lá o pequeno jogador encantou os treinadores. Quando o diretor do clube propôs o contrato, o pai do craque não titubeou: o Barça só tinha de lhe pagar os tratamentos que os médicos argentinos sugeriam. Hoje, Messi é um dos jogadores mais bem pagos do mundo, que de menino pobre do bairro tornou-se multimilionário, recebendo em torno de 33 milhões de euros anuais em salários e publicidade, além de ser detentor de diversos títulos.[15]

5.7 DESCOBRINDO SEUS PADRÕES DE TALENTOS

No livro *Descubra seus pontos fortes*, Marcus Buckingham e Donald Clifton afirmam que há 34 padrões de talentos.[16] O livro foi escrito a partir de uma pesquisa conduzida pelo Instituto Gallup e realizada com 2 milhões de pessoas, dentre as quais os melhores professores do mundo, os melhores médicos, advogados, corretores da Bolsa, atletas, líderes de diversos setores

---

[15] WIKIPÉDIA. *Lionel Messi*. Disponível em: <https://pt.wikipedia.org/wiki/Lionel_Messi#In%C3%ADcio_como_profissional>. Acesso em: 6 mar. 2019.

[16] BUCKINGHAM; CLIFTON, 2008.

e presidentes de empresas. Nas entrevistas foram realizadas perguntas abertas e, após determinado tempo, os autores do livro começaram a identificar padrões. Logo na introdução, os autores afirmam que escreveram o livro para iniciar uma revolução: "a revolução dos pontos fortes".[17]

Estão listados a seguir os 34 padrões e um brevíssimo resumo sobre cada um deles.

1. **Adaptabilidade.** Ao contrário de algumas pessoas, aquele que tem esse padrão não se incomoda com imprevistos e tem facilidade de se desviar de seus planos, pois acredita que o futuro é construído a partir de cada momento.
2. **Analítico.** O indivíduo com esse padrão tende a exigir demonstrações que comprovem o que é dito, buscando informações objetivas e consistentes, por meio de pensamento lógico e criterioso.
3. **Ativação.** Pessoas cujo ponto forte é esse padrão são impacientes e buscam ação, dando menor valor à argumentação e ao debate. A ação é que confere vigor ao pensamento. É o meio de manter o pensamento em exercício.
4. **Autoafirmação.** A pessoa sabe que é capaz de assumir riscos, afirmar seus direitos e enfrentar novos desafios. Será sempre ela mesma que formulará conclusões, e não se deixará abalar facilmente pelos argumentos dos outros.
5. **Carisma.** Pessoas carismáticas gostam do desafio de conhecer novas pessoas e fazê-las gostar delas. Consideram fundamental conquistar a simpatia dos outros e não se intimidam em conversar e arrumar assunto.
6. **Comando.** Assim que a opinião está formada, essa pessoa se sente compelida a expor os fatos e tem necessidade de que as coisas fiquem claras e as pessoas sejam francas umas com as outras.
7. **Competição.** Pessoas com esse padrão estão sempre conscientes do desempenho das outras e este será seu paradigma. Elas só atingirão seu objetivo se superarem seus pares: entram na competição para ganhar.
8. **Comunicação.** A pessoa gosta de explicar, falar em público, receber pessoas, transformar ideias estáticas em

> Para se destacar nas áreas que escolheu e encontrar satisfação duradoura no que faz, você vai precisar entender seus padrões específicos. Precisará se tornar um perito em localizar, descrever, ajustar, praticar e refinar seus pontos fortes.[18]

---

[17] BUCKINGHAM; CLIFTON, 2008, p. 12.
[18] BUCKINGHAM; CLIFTON, 2008, p. 11.

energia, dando-lhes vida com imagens, exemplos e metáforas. Busca a frase perfeita, as expressões vibrantes, faz com que as pessoas gostem de ouvi-la.

9. **Conexão.** A pessoa com esse padrão tem certeza de que tudo acontece por alguma razão; sabe que todos nós estamos conectados. Se existe esse quadro de conexão mais ampla, não devemos ferir os outros, não devemos explorar, devemos agir com responsabilidades e segundo um sistema íntegro de valores.

10. **Contexto.** Os indivíduos analisam suas raízes para compreender seu presente. Essa compreensão traz confiança e orientação, tornando-os parceiros melhores quando conseguem entender as histórias e intenções iniciais.

11. **Crença.** O portador desse padrão tem valores essenciais duradouros, é dotado de responsabilidade e ética elevadas, o que o torna digno de confiança. Sucesso é mais que dinheiro ou prestígio; é agir de acordo com normas que trazem significado e satisfação à vida.

12. **Desenvolvimento.** Segundo esse padrão, nenhum indivíduo está plenamente formado, pois ele pode perceber um potencial a ser trabalhado. Por isso, a meta é ajudá-lo a alcançar o sucesso, a crescer.

13. **Disciplina.** De acordo com esse padrão, o mundo precisa ser previsível, ordenado e planejado, com prazos e horários a serem cumpridos. Precisa haver a sensação de que se está no controle. Há aversão a surpresas e impaciência com erros.

14. **Empatia.** Pessoas empáticas costumam sentir as emoções das outras pessoas à sua volta. São capazes de ver o mundo através dos olhos dos outros, perceber necessidades e expressar-se com as palavras adequadas e o tom certo. Com isso auxiliam as pessoas a encontrar as frases certas para expressar seus pensamentos.

15. **Estudioso.** A pessoa desse padrão adora aprender e é extremamente motivada pelo processo de passar da ignorância ao conhecimento. Ambientes corporativos dinâmicos, em que haja necessidade de aprendizados diversos e variados, são cenários ideais. Ressalte-se que a pessoa não é movida necessariamente por tornar-se um perito.

16. **Excelência.** Transformar o que já é bom em soberbo é altamente motivador. Pontos fortes, os próprios ou os de outra

pessoa, são motivos de fascínio. A pessoa com esse padrão tem prazer em passar o tempo com quem também cultiva seus pontos fortes.

17. **Foco.** Pessoas orientadas por "foco" estabelecem metas para cada dia, cada semana, cada ano. Essas metas funcionam como bússola e ajudam a fixar prioridades e realizar correções de rumo, caso necessário. A contrapartida é que isso torna a pessoa impaciente com atrasos, desvios e obstáculos.

18. **Futurista.** A pessoa com esse padrão tem forte poder de influenciar a si própria e aos outros sobre o que o futuro pode lhes apresentar. São sonhadoras que têm visões de como o futuro poderia ser e tratam essas visões com carinho. A visão do futuro é o que as fascina e as move.

19. **Harmonia.** Essa pessoa acredita que todos seríamos mais produtivos se deixássemos nossas convicções entre parênteses para operar a partir do consenso e da harmonia. Desse ponto de vista, há pouco a ganhar com o conflito e o atrito; por isso, procura limitá-los ao máximo e encontrar um terreno comum.

20. **Ideativo.** O indivíduo com esse padrão é fascinado pelas ideias e tem enorme prazer quando descobre, por trás da complexidade aparente, um conceito que explica as coisas tais como são. Esse novo conceito tanto pode ser bizarro como criativo, original ou uma nova perspectiva.

21. **Imparcialidade.** Pessoas com esse ponto forte sentem-se responsáveis por tratar todos de forma igualitária, evitando o individualismo e o egoísmo. Acreditam que o mundo funciona melhor em um ambiente em que haja regras claras e aplicadas igualmente a todos.

22. **Inclusão.** Pessoas cujo ponto forte é a inclusão não gostam de grupos que excluam os outros e buscam atrair esses excluídos para que eles se sintam beneficiados pelo apoio grupal. Não fazem qualquer tipo de distinção e acreditam que somos todos igualmente importantes.

23. **Individualização.** A pessoa se impacienta com generalizações porque valoriza o que é individual e inconfundível de cada um. Tem prazer em observar os estilos individuais, suas histórias, suas motivações.

24. *Input.* São indivíduos curiosos e gostam de colecionar – informações, fatos, livros, citações, objetos. Sua mente entende

que o mundo se torna interessante em virtude da extrema variedade e complexidade.

25. **Intelecção.** Pessoas com esse padrão gostam da atividade mental, exercitando os "músculos" do cérebro em todas as direções possíveis. São introspectivas, fazendo a si mesmas perguntas para verificar as possíveis respostas.

26. **Organização**. Pessoas desse tipo são "malabaristas"; gostam de se envolver em situações complexas e administrar todas as variáveis, alinhando-as e realinhando-as até atingir a melhor configuração. Elas rendem o máximo em situações dinâmicas e complexas.

27. **Pensamento estratégico.** Pessoas com pontos fortes em pensamento estratégico têm um modo diferenciado de pensar, com uma perspectiva especial que as capacita a reconhecer padrões onde outros veem complexidade. Com esses padrões em mente, seu pensamento se organiza para responder às múltiplas possibilidades de cenário.

28. **Positivo.** São indivíduos generosos com os elogios, rápidos para sorrir e estão sempre à procura do lado positivo de uma situação. Seu entusiasmo contagia outras pessoas, porque são plenos de energia e otimismo. Injetam emoção em cada projeto.

29. **Prudência.** A pessoa com esse padrão é reservada, pois pressente que, sob as aparências, há riscos imprevisíveis. Ela busca identificá-los para poder reduzi-los. Raramente formula elogios e não se importa de ser impopular.

30. **Realização.** Indivíduos com esse padrão, ao fim do dia, precisam ter realizado algo tangível para se sentirem bem consigo mesmos. Pessoas com o padrão da realização são impelidas a fazer mais e mais e, quando uma meta é alcançada, rapidamente surge outra que as lança em novas tarefas e novos desafios.

31. **Relacionamento.** Para a pessoa com esse padrão, há uma grande dose de prazer e energia na convivência e no cultivo da amizade com pessoas próximas. Aprofundar a compreensão dos sentimentos e objetivos do outro gera uma intimidade e um afeto que alimentam sua vida.

32. **Responsabilidade.** O portador desse padrão se envolve inteiramente com tudo que o cerca, seja um projeto grande ou pequeno. Sente-se emocionalmente obrigado a acompanhar a situação até seu desfecho e, se isso não acontece,

a sensação de incompetência leva a justificativas e explicações. Com o tempo, a tendência é sempre recorrer a essa pessoa para que uma missão seja cumprida.

33. **Restauração.** Essas pessoas adoram resolver problemas, identificando os sintomas e o que está errado e providenciando a solução. A sensação é de triunfo quando sua intervenção resulta em sucesso.

34. **Significância.** A pessoa com esse ponto forte necessita da demonstração de relevância aos olhos dos outros; assim, quer ser ouvida, notada, conhecida e apreciada. Espírito independente, quer que seu trabalho seja mais um meio de vida do que um emprego e, no trabalho, quer rédeas soltas, sentindo-se livre para fazer as coisas do seu jeito.

Desenvolver talentos é mais trabalhoso e desgastante do que potencializar os seus.

Pense bem e veja quais são os seus talentos mais fortes. Analise como você os utiliza em sua vida pessoal e em sua vida profissional. Procure estar ciente do modo como você se vê e do modo como é visto por seus amigos e colegas de trabalho. Por fim, veja quais talentos você precisa desenvolver para ser mais feliz em cada situação de sua vida, sabendo que o treino produz resultados maravilhosos.

PERGUNTAS DE *COACHING*

1. Escolha 6 talentos dentre os 34, somente aqueles que você julgue serem os mais fortes em sua vida. Esses 6 talentos estão sendo aplicados em sua vida e/ou carreira para trazerem resultados positivos? Exemplifique.

2. Existe algum talento, entre os 6 que você escolheu, que esteja tão forte a ponto de impactar negativamente o alcance de suas metas?

3. Identifique um talento que você não tem, mas gostaria de ter, que impactaria positivamente sua vida e/ou carreira.

4. O que você vai fazer para desenvolver esse talento, que trará uma diferença significativa na sua vida?

5.8 COMO SE PROTEGER DO EFEITO SOMBRA DO TALENTO

É preciso muito cuidado para que seu ponto forte não se torne seu calcanhar de Aquiles, ou seja, seu ponto fraco. A "sombra" é um dos ensinamentos de Carl Jung e refere-se a uma força oculta que age sem nos darmos conta ou podermos controlá-la. "Ela é a oponente dentro de nós que expõe falhas e aguça habilidades", afirma Debbie Ford, na introdução do livro *O efeito sombra*.[19]

Ainda segundo Debbie,

> o conflito entre quem somos e quem queremos ser encontra-se no âmago da luta humana. A dualidade, na verdade, está no centro da experiência humana. A vida e a morte, o bem e o mal, a esperança e a resignação coexistem em todas as pessoas e manifestam sua força em todas as facetas da vida [...] Somente ao abraçar a nossa dualidade é que nos libertamos dos comportamentos que poderão potencialmente nos levar para baixo.[20]

FIQUE DE OLHO
É fundamental a quem deseja construir seu desenvolvimento de carreira de forma sustentável entrar em contato com as sombras que permeiam suas vidas.

Para fins práticos, vamos abordar alguns pontos fortes apresentados anteriormente e analisá-los sob o enfoque do "efeito sombra".

Tomemos como primeiro exemplo o ponto forte "analítico", em que a pessoa busca sempre comprovar as informações fornecidas por meio de informações objetivas, reais e consistentes. A despeito da racionalidade e do pensamento criterioso, o efeito sombra pode aparecer no atraso da remessa das informações, provocado exatamente pela busca exaustiva de sua consistência.

Já no ponto forte "carisma", citado por Buckingham e Clifton, no qual há uma alta capacidade de fazer-se simpático, conhecer pessoas novas, conquistar simpatias e participar de

---

[19] CHOPRA, D.; FORD, D.; WILLIAMSON, M. *O efeito sombra*: encontre o poder escondido na sua verdade. São Paulo: Lua de Papel, 2010.
[20] CHOPRA; FORD; WILLIAMSON, 2010, p. 7, 9.

vários grupos de conversa, a pessoa dotada desse caráter pode mostrar-se pouco consistente e deixar de dar uma opinião mais assertiva justamente pelo fato de necessitar ser simpática a vários grupos.

O que dizer daqueles que têm a "excelência" como ponto forte? Por estarem sempre motivados a mostrarem-se excelentes e orgulharem-se disso, a soberba que pode apoderar-se dessas pessoas as distancia da sensibilidade nos relacionamentos interpessoais, trazendo algumas consequências negativas ao desenvolvimento de suas carreiras.

Como quarto exemplo, tomemos o "futurista", que tem forte visão do futuro, ainda que não esteja calcado em dados da realidade imediata. Embora esse indivíduo seja altamente motivador para alguns, ele pode entrar em rota de conflito com pessoas muito pragmáticas, pois embora visualize possibilidades futuras, ele tem grande dificuldade de construir o passo a passo das ações a serem operacionalizadas para que se chegue lá.

Outro exemplo interessante diz respeito ao ponto forte "imparcialidade". Como as pessoas com elevado grau dessa característica tendem a tratar todos de forma igualitária, o que é percebido de forma altamente positiva em situações genéricas, muitas vezes elas "esquecem" de oferecer *feedback* positivo e elogiar ações e comportamentos fora da média, o que acaba gerando frustração e desconforto.

O profissional que deseja sucesso deve sempre ficar atento ao foco da organização: ela privilegia os talentos fortes ou o desenvolvimento dos pontos fracos?

5.9 O PODER DA PRÁTICA: TALENTOS E TREINAMENTOS

O que Mozart, Venus Williams e Michelangelo têm em comum? Essa pergunta faz parte da orelha de um livro muito interessante, chamado *Salto*, de Matthew Syed.[21] Matthew recebeu o prêmio de Jornalista do Ano (2011) pela Imprensa Britânica, é comentarista da BBC e foi três vezes campeão de tênis de mesa. Em seu livro, estuda a lógica escondida do sucesso e revela o que está por trás do mito do talento.

Sempre que se fala sobre sucesso, contam-se histórias de pessoas que se tornaram excelentes em determinadas áreas, ultrapassando obstáculos e constituindo-se em referência, seja

---

[21] SYED, M. *Salto*: a ciência explica Mozart, Federer, Picasso, Beckham entre outros sucessos. Rio de Janeiro: Alta Books, 2012.

como desportistas, músicos, empreendedores, médicos, pesquisadores ou qualquer outra atividade. O que se debate é se essas pessoas já estavam predestinadas ao sucesso ou se foi sua força de vontade que as elevou a tal patamar.

O **talento** é definido como aquilo que a pessoa faz muito bem e normalmente é relacionado com a ideia de que existe uma habilidade natural para realizar tal atividade. Por habilidade natural entenda-se pouco ou nenhum esforço.

No entanto, a crença de que o talento é um **dom natural** vem sendo colocada em xeque, por meio de estudos mais recentes feitos com celebridades das artes, dos esportes e dos negócios.

A tese fundamental de Syed, que lhe valeu premiação pela extensiva pesquisa que realizou, é que "são a qualidade e a quantidade da prática, e não os genes, que direcionam o progresso".[22] Ele prova que as **crianças prodígios** são assim denominadas e alcançaram sucesso por concentrarem uma quantidade astronômica de prática em curto período, entre o nascimento e a adolescência.

Quando conhecemos resultados extraordinários, tendemos a observar o efeito final de um extenso processo e desconsideramos todo o trabalho executado ao longo de anos, com exercícios que desenvolveram e aprimoraram determinada característica e resultaram no produto final de excelência que chegou a nosso conhecimento.

Syed conta que

> dois anos antes de Venus Williams nascer, seu pai Richard estava zapeando nos canais de TV, quando viu que o campeão de uma partida de tênis recebeu um cheque de $ 40 mil. Impressionado com o dinheiro que os grandes jogadores poderiam ganhar, ele e sua nova esposa, Oracene, decidiram criar uma campeã de tênis.[23]

O ponto-chave do sucesso, para Syed, é a prática. David Beckham concorda. "Meu segredo é a prática", ele disse. "Sempre acreditei que se você quiser conquistar alguma coisa especial na vida, você precisa trabalhar, trabalhar e trabalhar ainda mais".[24]

---

[22] SYED, 2012, p. 15.
[23] SYED, 2012, p. 60.
[24] SYED, 2012, p. 62.

FIQUE DE OLHO

O mito do talento, como vimos, está assentado na ideia de que a habilidade inata, em vez da prática, é o que realmente determina se temos dentro de nós o necessário para alcançar a excelência. Vimos também que essa é uma ideia corrosiva, roubando dos indivíduos o incentivo de transformarem-se por meio do esforço: por que gastar tempo e energia buscando melhorar se o sucesso está disponível somente para pessoas com os genes certos?[25]

Neste momento, é importante ressaltar uma articulação do autor, extremamente importante: fazer as coisas no **piloto automático** não confere a especialização e o talento necessário para se chegar ao sucesso porque o pensamento e a atenção não estão concentrados no processo. A prática necessita ser motivada, propositada, atenta.

Um dos exemplos citados é o pintor Pablo Picasso. Um psicólogo da Temple University, Robert Weisberg, descobriu que Picasso, desde muito cedo, desenhava, meticulosa e cuidadosamente, os olhos e o corpo humano, em poses raras e difíceis, e o fazia por horas e horas, dias e dias, aprendendo e estudando as formas e seus efeitos.

Até mesmo as descobertas e inovações são decorrentes da prática insistente, atenta e continuada.

> Um estudo cuidadoso mostrou que a inovação criativa segue um padrão muito preciso: como a própria excelência, ela emerge dos rigores da prática propositada [...] Foi somente tentando – e fracassando com frequência – que Picasso foi capaz de construir o conhecimento necessário para a erupção de criatividade. Precisamente, a mesma teoria pode ser usada quando analisamos Mozart, cujos primeiros trabalhos eram imitações e cujas obras-primas surgiram apenas depois de 18 anos de prática.[26]

Qualquer pessoa pode tornar-se um talento se buscar aprimorar-se continuamente.

Evidentemente, as oportunidades que a vida oferece a cada pessoa são distintas e facilitam ou dificultam um aprimoramento; no entanto, todos são, em princípio, capazes de buscar melhorar seu desempenho, seja por meio de cursos de aperfeiçoamento profissional ou por processos de desenvolvimento de competências pessoais e comportamentais.

---

[25] SYED, 2012.
[26] SYED, 2012, p. 97-98.

> **PAUSA PARA REFLEXÃO**
> Você já se perguntou o que está fazendo para estimular seu sucesso? Muitos de nós entramos no mercado de trabalho e nos acomodamos a ele, dando aquele percentual mínimo de esforço para a rotina diária.

Fazer um aprimoramento em língua estrangeira, ampliar seu escopo profissional, melhorar continuamente suas ferramentas de relacionamento interpessoal, entre outras opções, são mecanismos fundamentais a uma evolução de carreira.

A não ser que haja segurança de emprego, é necessário sempre doar-se um pouco mais para contribuir para seu próprio crescimento e engendrar maior satisfação à sua vida.

5.10 CAPITAL HUMANO E PERFORMANCE NAS ORGANIZAÇÕES

Cada pessoa possui características e personalidade únicas. Lidar com essas diferenças no ambiente de trabalho pode ser um desafio.

Para ampliar o autoconhecimento e, sobretudo, capacitar a pessoa a ampliar sua perspectiva sobre os outros e sobre as situações, recomendamos alguns testes e, principalmente, a orientação de um consultor na devolutiva das informações.

Tomemos por exemplo um dos testes mais utilizados mundialmente, o de Myers-Briggs (MBTI), do qual já falamos no Capítulo 2.

Fundamentado na psicologia de Carl Gustav Jung, psiquiatra suíço que criou a teoria dos tipos psicológicos, o MBTI é composto por um questionário cujos resultados apontam as diferenças existentes entre as pessoas e seus relatórios apontam para as principais forças de cada indivíduo, além de oferecerem informações sobre como lidar com os pontos fracos.

FIQUE DE OLHO
A principal função do MBTI é gerar conhecimento sobre a diversidade dos tipos psicológicos, de maneira a auxiliar as pessoas a se entenderem melhor.

O MTBI estabelece 16 combinações para demonstrar as preferências de cada indivíduo, a partir de quatro eixos:

1. **extroversão (E)/introversão (I):** o modo como a pessoa se comporta;

2. **sensação (S)/intuição (N):** o modo como a pessoa obtém informações;
3. **pensamento (T)/sentimento (F):** o modo como a pessoa toma decisões;
4. **julgamento (J)/percepção (P):** o modo como a pessoa se orienta em relação ao mundo exterior.

Somam-se, assim, 16 tipos de perfis.

1	INFJ
2	INFP
3	ENFP
4	ENFJ
5	ISTJ
6	ISFJ
7	ESTJ
8	ESFJ

9	INTJ
10	INTP
11	ENTP
12	ENTJ
13	ISTP
14	ISFP
15	ESTP
16	ESFP

Vamos imaginar que uma determinada pessoa tenha seu perfil identificado como INFJ. Ela tende a ser discreta, aplicada a seu trabalho, prefere trabalhar em um ambiente tranquilo, acredita em suas ideias, pode ser criativa e original, dá muito valor a suas intuições e aos sentimentos envolvidos no relacionamento e tende a ser crítica e severa consigo mesma e com os outros.

Vamos também imaginar que essa pessoa precise interagir com um membro de sua equipe que tenha um perfil ESTJ. Esse indivíduo tende a ser expansivo, gosta de se comunicar e trocar informações sobre seu trabalho com os outros, baseia-se em dados concretos e desconfia das pessoas que fogem dos fatos e se perdem nas ideias.

O que fazer nesse caso?

Saber que há pessoas diferentes, com histórias diferentes, perfis diferentes e objetivos diferentes é fundamental para um ambiente de trabalho tranquilo e harmonioso. Entender que cada um tem características únicas, pelas quais deve ser reconhecido e respeitado, é essencial no respeito à diversidade humana.

No ambiente de trabalho, ter a perspectiva de que existem diferentes perfis psicológicos é jogar a favor da produtividade e do objetivo maior da organização. Não conseguirá progredir na carreira a pessoa que não se mostrar receptiva a aceitar a diversidade humana, com suas diferentes forças e fraquezas.

Para fazer um teste gratuito de um minuto do MBTI acesse:

Capítulo 5 Autoconhecimento: valores, forças e talentos **131**

Para testes mais consistentes, a instituição responsável no Brasil pela ferramenta MBTI é a Fellipelli Consultoria, a qual conta com consultores especializados para a devolutiva.

Outro levantamento muito utilizado é o DISC, uma metodologia que possibilita a análise comportamental das pessoas a partir de quatro fatores:

1. dominância (D);
2. influência (I);
3. estabilidade (S);
4. conformidade (C).

Para saber mais sobre o DISC, visite:

Em geral, os relatórios do DISC exploram duas áreas distintas: comportamentos e motivadores. Entender quais são as forças e oportunidades de melhoria nessas duas áreas pode promover o desenvolvimento pessoal e profissional, bem como melhorar o nível de satisfação.

De acordo com a **teoria DISC**, todas as pessoas têm potencial para o sucesso, mas cada uma terá mais chances de alcançá-lo em atividades que sejam adequadas ao seu perfil comportamental. Portanto, parte-se do princípio de que nenhum perfil é melhor ou pior. O DISC detecta as características comportamentais das pessoas, como forças, motivações, forma de gerenciar e de se comunicar, pontos que são fortes e aqueles que ainda precisam ser mais ajustados à realidade e situação vivida.

Os relatórios DISC contêm gráficos do perfil pessoal e mapas ilustrativos indicando forças e competências, como o Dodecaedro e a Roda de Forças.

FIQUE DE OLHO

Muitos profissionais desprezam o autoconhecimento e focam em suas habilidades técnicas. Justamente esses profissionais serão aqueles que não conseguirão atingir suas metas de alavancar a carreira.

O Quadro 5.3 apresenta um breve teste de seu estilo e comportamento no trabalho. Depois, aumente seu autoconhecimento com a interpretação das respostas.

Quadro 5.3 Teste de seu estilo e comportamento no trabalho

	Afirmativas	Opção A	Opção B
1	Seu estilo de trabalhar:	Você é entusiasmado e expressivo	Você é cuidadoso e discreto
2	Seu estilo de liderança:	Faz as coisas acontecerem focando nos problemas imediatos	Facilita as interações positivas entre as pessoas
3	Seu ambiente de trabalho preferido:	Animado e direcionado à ação	Enfatiza a harmonia, amizades e apreciação
4	Você prefere:	Usar meios padronizados e já testados para resolver problemas	Usar sua própria capacidade de observação e análise dos fatos para resolver problemas
5	Você desenvolve ideias:	Discutindo-as com os outros	Analisando-as cuidadosamente e só depois as expressando
6	Você prefere:	Ter flexibilidade no seu trabalho	Analisar cuidadosamente as opções e seguir orientações
7	Você tende a:	Considerar bastante a subjetividade e os valores das pessoas	Enfatizar a organização e o cumprimento dos processos
8	Sua comunicação tende a:	Ser concisa e direta	Ser detalhada e prolixa
9	Você tende a:	Iniciar sua comunicação com sua opinião	Ter uma comunicação precisa e diplomática
10	Você prefere:	Ser animado, falar utilizando histórias, metáforas, ser estiloso	Falar em volume baixo, escutar, ser tolerante e se vestir casualmente

Fonte: elaborado pela autora.

Capítulo 5 Autoconhecimento: valores, forças e talentos **133**

Interpretação das respostas:

	Opção A	Opção B
1	É extrovertido. Desafio: respeitar que algumas pessoas precisam de silêncio e concentração para darem o seu melhor.	É introvertido. Desafio: entender que os extrovertidos pensam enquanto interagem com os outros.
2	É executor. Desafio: Dominar a ansiedade e procurar ter uma visão mais global da situação para poder ser um excelente líder.	É facilitador. Desafio: Procurar não se envolver tanto nas emoções para poder executar as tarefas de forma eficaz e no prazo estipulado.
3	É extrovertido. Desafio: respeitar que algumas pessoas precisam de silêncio e concentração para darem o seu melhor.	É introvertido. Desafio: entender que os extrovertidos pensam enquanto interagem com os outros.
4	Privilegia fatos e dados objetivos para evitar riscos e atingir o melhor resultado. Desafio: Acreditar mais em sua experiência e intuição, usando o lado direito do cérebro.	Acredita na sua experiência de vida e em sua intuição para atingir o melhor resultado. Desafio: Seguir procedimentos mais estruturados pois eles já foram testados por outros.
5	É espontâneo. Desafio: Deve cuidar para não ser impulsivo e/ou parecer um sonhador. Acredite que muitas ideias precisam ser amadurecidas para que sejam interessantes à percepção do outro.	É analítico. Desafio: Deve acreditar mais em sua criatividade e capacidade de inovação, sendo um pouco mais ousado e menos crítico consigo mesmo.
6	Tem preferência pela autonomia. Desafio: Desenvolver maior cooperação, ouvindo e considerando opções da equipe.	Ter preferência pela segurança. Desafio: Estar aberto a mudanças e novas experiências.
7	É mais emocional. Desafio: Continuar respeitando os valores das pessoas sem se deixar levar por eles, de forma a incluir a racionalização e poder tomar decisões sábias.	É mais racional. Desafio: Abrir espaço tanto para seus sentimentos como para as emoções dos outros, considerando aspectos humanos nas tomadas de decisão.
8	É bastante clara. Desafio: Cuidar para que suas mensagens não sejam rudes, pois a comunicação muito objetiva tende a ser confundida com a falta de sensibilidade.	Tende à complexidade. Desafio: Fazer uma reflexão antes de expor suas ideias destacando o que considera serem as ideias principais a serem transmitidas e evitando criticamente o excesso de ideias.
9	Tem tendência a ter um tom autoritário e de controle. Desafio: Aprender a ter e demonstrar mais empatia com os outros, relaxar, elogiar os outros e ser mais acessível, com maior interação social.	Tem foco em tarefas e prefere ser reservado. Desafio: Minimizar seu marketing pessoal, aprender a lidar com ambiguidades, pedir ajuda e aceitar mais as ideias dos outros.
10	É emocionalmente aberto, caloroso e gosta de ser popular. Desafio: Dar ênfase a resultados claros, aprimorando o senso de urgência e uma análise mais criteriosa dos dados.	É calmo, cooperativo e gosta de manter as coisas como estão. Desafio: Ser mais ousado e aberto a mudanças, fazer maior marketing pessoal e definir prioridades para ter mais foco e atender prazos.

PERGUNTAS DE *COACHING*

Teste seu autoconhecimento no ambiente de trabalho.

1 Considerando que uma pessoa I tende a ser discreta e prefere trabalhar em um ambiente tranquilo e que uma pessoa E tende a ser expansiva e gosta de trocar informações sobre seu trabalho com os outros, como você se caracterizaria? Como você percebe os seus pares ou sua equipe?

2 Seu relacionamento com seus colegas é bom ou poderia ser melhor?

3 Com relação a seu chefe, você considera sua relação com ele plenamente satisfatória ou pouco satisfatória? O que falta para melhorar (e o que está dentro do seu controle realizar)?

4 Com relação a seus pares, você se sente à vontade ou sente que há um mal-estar? Qual seria a razão do mal-estar, caso ele exista?

5 Com relação a sua comunicação em situações de conflito, você toma cuidado com as palavras e tem total controle sobre o estresse ou toma cuidado com as palavras mas às vezes o estresse assume o controle?

6 Sua tolerância e capacidade de ouvir ideias, sugestões e contribuições da equipe ou dos pares é boa ou pode melhorar? Em função do que você aprendeu neste capítulo, quais pontos você deve desenvolver para melhorar sua tolerância e capacidade de escutar os outros?

CASO REAL

Como uma pessoa que trabalhou no mundo corporativo por 15 anos pode decidir ser um empreendedor de sucesso?

Este caso aconteceu com um gerente de marketing de uma grande multinacional. Após formar-se, ele atuou na Wella (empresa de cosméticos) e depois desenvolveu uma carreira ascendente em outra multinacional, chegando a gerente regional de marketing, responsável pelas regiões Norte e Nordeste do Brasil. Ele conhecia bem seu perfil: um tanto introvertido, com foco em tarefas e resultados. As extensas e recorrentes reuniões o incomodavam muito, pois ele considerava que havia muita perda de tempo.

Ao resolver sair e negociar um pacote de desligamento, no final de 2012, já tinha um rumo preestabelecido: montar seu negócio, utilizando um talento específico que o fascinava desde a infância, relacionado à operação manual de máquinas aquáticas e aéreas.

Como vimos, os talentos são habilidades, inatas ou adquiridas com muito treino, que as pessoas fazem muito bem. Mauro (nome fictício) era um expert em utilizar o controle remoto nas engenhocas e isso dava a ele extremo prazer.

Outro ponto que se destacava na personalidade de Mauro era a responsabilidade. Na multinacional, ele era um verdadeiro ponto de referência, acompanhando as operações de marketing desde a concepção até o desfecho, certificando-se do sucesso da missão e trazendo excelentes resultados para sua equipe e a empresa.

Mauro tinha também como traços marcantes o pensamento crítico – habilidade de examinar as informações, observando-as de diversos ângulos – e a integridade – apresentação autêntica de suas intenções –, características que, além de lhe proporcionarem sentimentos de satisfação, realização e harmonia, tornaram-no um profissional que agregou valores positivos à empresa.

Por outro lado, faltava-lhe o gosto por um relacionamento mais extrovertido. Sua personalidade pautava-se pela introversão e, a despeito de ter empatia e compreensão dos sentimentos alheios, carecia de carisma, aquela capacidade de gostar de conhecer pessoas novas, ter assunto com todos e ser o centro de atenções.

Por ter esse autoconhecimento, Mauro não se surpreendeu quando foi chamado para conversar e receber esse *feedback*. Ele sabia que não tinha muita paciência com aquelas reuniões intermináveis, em que o foco se perdia nos comentários paralelos e, por mais que se controlasse, percebia que determinada impaciência o arrebatava.

Quanto mais ele se sentia distante de seu talento e se via obrigado a desenvolver características que não lhe pertenciam, mais ele se tornava infeliz.

Assim, quando surgiu a oportunidade de se desligar da empresa, rapidamente reuniu-se com mais dois amigos com perfis complementares e eles montaram seu negócio. Em um ano, já eram referência no mercado em que atuavam.

Em nossas últimas conversas, Mauro relatou sua felicidade, sua realização e o quanto o desligamento trouxe um novo ânimo à sua vida.

É muito importante estar feliz no desempenho das funções profissionais!

6

O SER HUMANO COMO CAPITAL POSITIVO

6.1 CAPITAL PSICOLÓGICO POSITIVO: O QUE É E SUA IMPORTÂNCIA

Você já se sentiu desanimado diante de obstáculos profissionais? Você percebe que alguns colegas seus não têm vontade nem força para enfrentar desafios?

O mundo corporativo estabelece metas, reduz prazos, cobra resultados e envolve o profissional em uma série de situações estressantes. Isso tudo gera alterações de humor, insônia, irritabilidade, falta de concentração, desânimo e outros problemas.

Essas e outras situações comprometem a eficiência, a produtividade do mundo corporativo, a saúde e a qualidade de vida. Por isso, surge um novo modelo de intervenção focado na utilização de fatores positivos na promoção de saúde e bem-estar de indivíduos, instituições e comunidades.

O paradigma de abordagem dos comportamentos humanos começou a ser alterado no início do século XXI, por meio do que se chamou de "capital psicológico positivo".

Conforme vimos no Capítulo 5, Seligman começou a estudar o impacto do que havia de positivo no indivíduo, centrando os estudos nas forças, nas virtudes e nos aspectos mais positivos da vida, com vista ao desenvolvimento da autorrealização e do significado de vida das pessoas já saudáveis e felizes. Surgiu assim uma nova fonte de pesquisa científica relacionada ao ser humano, a chamada **psicologia positiva**.

> **PAUSA PARA REFLEXÃO**
>
> Você já reparou que algumas pessoas conseguem nutrir um sentimento de bem-estar e otimismo mesmo encarando fortes reveses? Segundo pesquisas, elas se diferenciam por um círculo de amizades duradouras, uma vida familiar com vínculos positivos, espiritualidade e uma rede de contatos de qualidade.

Posteriormente, em conjunto com Csikszentmihalyi, Seligman desenvolveu e aprofundou o conceito de capital psicológico positivo, ampliando os conceitos referentes à psicologia e dando um passo além dos estudos da psicologia tradicional, basicamente preocupada com acontecimentos traumáticos da vida das pessoas e com os sentimentos de tristeza e irrealização.

Seligman estabeleceu indicadores que formam o acrônimo Perma+. As letras da palavra correspondem a emoções positivas (*positive emotions*), engajamento (*engagement*), relacionamentos (*relationships*), significado (*meaning*) e realizações (*accomplishment*). O sinal + indica o acréscimo necessário de atividade física, alimentação adequada, sono e otimismo.

Teste agora seu índice Perma+ respondendo com sinceridade, reflexão e emoção às perguntas a seguir.

PERGUNTAS DE *COACHING*

1 Que grau, de 0 (mínimo) a 5 (máximo), você dá para seu engajamento em ações cotidianas que trazem emoções positivas em sua vida hoje?

2 De 0 a 5, como você avalia o sentimento de satisfação que seus relacionamentos mais próximos geram em você?

3 Em uma gradação de 0 a 5, quanto você avalia que suas ações cotidianas trazem de significado (importância/plenitude/realização/cidadania) a sua vida?

4 Que grau, de 0 a 5, você confere a ações que geram realização (pessoal/profissional) a sua vida hoje?

5 Você faz atividade física de no mínimo 20 minutos quantas vezes por semana?

6 Você toma cuidado com a ingestão de gorduras e açúcares em sua alimentação diária? Dê 0 se você não se preocupa com isso e aumente o grau até 5 caso você seja cuidadoso com seu tipo de alimentação.

7 Você se sente bem quando acorda ou precisa de mais horas de sono?

8 Você considera que tem dormido excessivamente?

9 De 0 a 5, quanto você se sente otimista em relação à sua vida?

A expressão **capital psicológico** é muito recente. Data de 2004, após Fred Luthans – matemático com PhD em gestão e psicologia social – observar que muitas consultorias efetuavam trabalhos de gestão do comportamento organizacional com base em muita inspiração e pouca consistência teórica e científica.

Essa situação, segundo Luthans, ganhou amplo espaço no mundo corporativo no final do século XX, em função de um mercado globalizado e extremamente competitivo, que buscou soluções para que seus colaboradores se mantivessem motivados e as empresas ganhassem em produtividade, sobrevivendo em um cenário bem mais complexo.

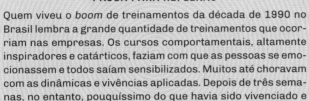

PAUSA PARA REFLEXÃO

Quem viveu o *boom* de treinamentos da década de 1990 no Brasil lembra a grande quantidade de treinamentos que ocorriam nas empresas. Os cursos comportamentais, altamente inspiradores e catárticos, faziam com que as pessoas se emocionassem e todos saíam sensibilizados. Muitos até choravam com as dinâmicas e vivências aplicadas. Depois de três semanas, no entanto, pouquíssimo do que havia sido vivenciado e trabalhado no treinamento era colocado em prática.

Luthans foi além dessa catarse comportamental. Ele foi um dos primeiros estudiosos de gestão a aplicar a ciência comportamental para compreender e efetivamente gerenciar o comportamento humano nas organizações. Suas principais reflexões abordaram as seguintes perguntas: O que os gerentes realmente fazem nas atividades do dia a dia? O que os gerentes de sucesso (aqueles que ascendem rapidamente em suas organizações) realmente fazem?

Suas pesquisas e publicações legitimaram a importância do comportamento organizacional positivo. Luthans provou, com testes e medições científicas, que a grande mudança comportamental esperada era alcançada por meio de uma reestruturação emocional baseada em quatro componentes:

1. esperança;
2. otimismo;
3. autoeficácia;
4. resiliência.

Provou, ainda, que esses quatro componentes, formadores do denominado *PsyCap*, podem ser desenvolvidos em pouco tempo pelas pessoas.

Os estudos que comprovaram o aumento de produtividade nas organizações, aliados à evolução dos estudos da psicologia positiva desenvolvidos por Seligman, Csikszentmihalyi e Luthans sobre o bem-estar das pessoas nos ambientes de trabalho, elevou a importância do ser humano nos ambientes empresariais e gerou o conceito de capital psicológico positivo.

FIQUE DE OLHO

Atenção: a psicologia positiva não condena o restante da psicologia; ao contrário, o seu objetivo não é negar o que é ruim, o que vai mal, o que está doente ou o que é desagradável na vida. A psicologia positiva reconhece a existência do sofrimento humano, situações de risco e patologias, no entanto, não está restrita apenas a reparar o que há de errado ou o que é ruim, mas (re)construir qualidades positivas.[1]

Vale observar que a expressão *capital psicológico* já havia sido referida em outros campos de conhecimento, como economia, educação e sociologia, embora ainda sem a consistência científica defendida por Seligman e Csikszentmihalyi.

Na economia, há o termo **capital econômico tradicional**. Ele é formado pelos elementos financeiros e materiais, como bens tangíveis – imóveis, equipamentos, patentes e outros elementos de valor – e foi, por muito tempo, o foco das organizações com relação à métrica de resultado e de posicionamento de mercado.

Há também o que muitos autores denominaram **capital humano**. Os elementos de educação, experiência e conhecimento dos gestores e colaboradores de uma empresa constituem o capital humano, ou seja, "quem somos" no que tange à prática profissional e à colaboração individual que fornecemos à organização na qual trabalhamos. Trata-se do talento de cada indivíduo, de toda a bagagem e vivência, seja por meio de formação acadêmica ou não, que o indivíduo tenha acumulado durante a vida. Desse amplo conteúdo surgem as ações profissionais e também as ideias inovadoras.

Já o **capital social** refere-se a quem o indivíduo conhece, seus relacionamentos, *networking* ou rede de contatos: é a sua rede social. O capital social tem muito valor, seja para as organizações, seja para os indivíduos. As primeiras podem estabelecer, por meio de *networking*, novas estratégias de mercado,

---

[1] PORTELLA, M.; SÁ, R.; MOTTA, V. *Psicologia positiva*: como descobrir e desenvolver qualidades humanas. v. 2. Rio de Janeiro: Psi+, 2016. p. 30.

e muitas vezes surgem da rede de relacionamentos soluções inovadoras para os desafios. Os indivíduos, por sua vez, têm nas redes sociais um ativo muito valioso para seu crescimento pessoal e profissional.

Nos dias de hoje, em que vivemos a sociedade do conhecimento depois de vivenciarmos a era industrial, a importância do capital humano e do capital social ampliou-se consideravelmente. As organizações passaram a cuidar desses elementos tanto ou mais que do capital financeiro, de modo que esses ativos intangíveis se constituíram em valor e diferencial competitivo para a permanência no mercado.

PAUSA PARA REFLEXÃO
Seguramente, as organizações jamais existirão sem pessoas que lhe deem vida, dinâmica, impulso, criatividade, racionalidade.

É irrefutável que as organizações dependem direta e indiretamente das pessoas. Independentemente da tecnologia, seja para operar, atender clientes ou traçar estratégias, é o ser humano que pensa e faz acontecer nas organizações. São eles que estruturam as operações e procedimentos para o alcance de objetivos.

Chegamos então à definição do termo **capital psicológico positivo**. Luthans o conceitua como o estudo e a aplicação de pontos fortes, recursos humanos e capacidades psicológicas positivamente orientadas de modo que possam ser medidas, desenvolvidas e geridas de forma eficaz para a melhoria do desempenho.[2]

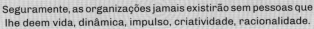

FIQUE DE OLHO
O que chamamos de capital psicológico positivo ou de *PsyCap* refere-se ao desenvolvimento humano e ao que temos de melhor.

A psicologia positiva deu origem a estudos no mundo corporativo, como o *positive organizational behavior* (POB). O POB trata do estudo e da aplicação de recursos humanos positivamente orientados, como forças e capacidades lógicas, que podem ser

---

[2] LUTHANS, F. The need for and meaning of positive organizational behavior. *Journal of Organizational Behavior*, v. 23, n. 6, p. 695-706, 2002.

medidas, desenvolvidas e efetivamente administradas para o aumento do desempenho no atual ambiente de trabalho. É nesse campo de estudo que se inclui o *PsyCap*.

FIQUE DE OLHO

Cada vez mais as organizações valorizam o *PsyCap* por sua capacidade de utilizar o comportamento organizacional positivo nos cenários complexos que ocorrem no mundo e impactam as organizações. Atuar sobre os comportamentos é essencial para o desenvolvimento e a gestão de talentos, uma vez que o capital humano é um ativo vivo e valioso nas organizações.

Embora exista uma tendência a associar o nome psicologia positiva a uma espécie de ajuda para que as pessoas fiquem mais felizes e satisfeitas com suas vidas (abordagem direta), a conduta mais adequada consiste em conseguir encontrar, por meio de pesquisas científicas, as condições geradoras de otimismo e satisfação.

A seguir, veja as cinco sugestões para superar obstáculos e aumentar seu índice de bem-estar e realização no trabalho:

1. **Metas:** se forem estabelecidas metas que você considere impossíveis de serem alcançadas, apresente evidências e bons argumentos para o seu gestor, em uma conversa amigável e buscando uma solução ganha-ganha.
2. **Falta de gestão:** muitos profissionais são promovidos a gestores sem receber preparação para a nova função. Assim, não julgue precipitadamente seu chefe pela desorientação. Procure fazer perguntas e aguardar sem ansiedade, lembrando-se sempre de que o diálogo é a melhor solução.
3. **Falta de clareza sobre as tarefas:** muitos gestores têm realmente dificuldade de estabelecer uma comunicação clara e objetiva. Se isso estiver acontecendo, o pior caminho é entender como algo pessoal. Procure traçar você mesmo uma diretriz para suas ações e conferir, por meio de *feedback*, se está na direção certa.
4. **Antecipação de prazos de entrega:** de fato, essa é uma situação muito desgastante, e a melhor forma de lidar com ela é não ceder ao estresse e exercitar a sua adaptabilidade a cada dia, reavaliando sua gestão do tempo e eliminando os desperdiçadores.

5. **Imprevisibilidade:** conseguir ter resiliência às mudanças que ocorrem em nosso tempo é uma habilidade muito valiosa. Lembre-se de que, na maioria das vezes, a imprevisibilidade não decorre de culpa ou ineficiência das pessoas, mas advém da própria complexidade das situações. Não entre em pânico. Tenha empatia e determinação para se adaptar.

6.2 OS QUATRO ATRIBUTOS HERO: BASE DE LIDERANÇAS POSITIVAS

O capital psicológico positivo é considerado, hoje, a base para o desenvolvimento de talento e de lideranças positivas. Mônica Portella, pioneira em psicologia positiva no Brasil, diz o seguinte:

> À primeira vista, quando nos deparamos com uma rocha que contém em seu interior pedras preciosas, parece que estamos diante de uma simples pedra. Porém, quando aberta, o que parecia uma mera pedra, possui em seu interior formações minerais multicoloridas, denominadas pedras preciosas. Essas são extraídas da terra, polidas, lapidadas, trabalhadas, e, transformadas em joias de inestimável beleza e valor.
>
> Algo semelhante à descoberta, lapidação e transformação desses minerais em joias acontece com as pessoas que são tocadas pela Psicologia Positiva. À primeira vista, essas se parecem com seres humanos comuns (simples rochas), porém em seu interior há um manancial de significado e potencial não revelado.[3]

PAUSA PARA REFLEXÃO

O bem-estar não pode existir apenas na sua cabeça: ele é uma combinação de sentir-se bem e efetivamente ter sentido, bons relacionamentos e realização. O modo como escolhemos nossa trajetória de vida é maximizando todos esses quatro elementos.[4]

O capital psicológico positivo caracteriza-se por quatro atributos da personalidade humana representados pelo acrônimo HERO (herói, em inglês):

1. *hope*: esperança;
2. *efficacy/self-efficacy*: eficácia/autoeficácia;

---

[3] PORTELLA, M. *Psicologia positiva*: como descobrir e desenvolver qualidades humanas. v. 1. Rio de Janeiro: Psi+, 2015.
[4] SELIGMAN, M. *Florescer*. Rio de Janeiro: Objetiva, 2011. p. 36.

Promover um *PsyCap* maior possibilita que nos tornemos diferenciados como profissionais e seres humanos.

3. *resilience*: resiliência;
4. *optimism*: otimismo.

Cada um desses atributos tem impacto sobre o desempenho do indivíduo. A boa notícia é que eles podem ser desenvolvidos.

É importante ressaltar que essas quatro capacidades não foram escolhidas aleatoriamente. Elas são embasadas por pesquisas científicas que identificaram os atributos mais associados a resultados no trabalho e à positividade na vida pessoal. A combinação de esperança, autoeficácia, resiliência e otimismo forma o constructo do capital psicológico positivo e atua em sinergia para construir a positividade dos indivíduos.

6.3 O ATRIBUTO ESPERANÇA E A CONQUISTA DOS OBJETIVOS

Esse atributo tem como característica o olhar com perseverança em busca de objetivos e a atuação em novos caminhos na direção desejada.

Esperança é descrita como um estado cognitivo ou de pensamento no qual um indivíduo é capaz de estabelecer expectativas e objetivos estimulantes, mas realistas, procurando atingi-los por meio da autodeterminação, energia e percepção de controle interno.

> **PAUSA PARA REFLEXÃO**
> A desculpa e o perdão permitem que os indivíduos se desconectem das experiências negativas do passado e possam se conectar à esperança e às possibilidades do futuro.

Quem melhor desenvolveu os pressupostos sobre a esperança foi Charles Richard Snyder. Ele recebeu 31 prêmios por suas pesquisas e 27 premiações relativas a trabalhos com estudantes universitários. A teoria de Snyder sobre a esperança é a mais abrangente e empiricamente sustentada em psicologia.

De acordo com Snyder, o atributo esperança possui três componentes.

- O primeiro envolve ter objetivos/metas específicos.
- O segundo consiste nos pensamentos sobre os caminhos para alcançar o objetivo e remete à reflexão sobre como chegar à

meta, ou seja, à disposição cognitiva para conceber planos ou caminhos viáveis para a realização da desejada meta.
- O terceiro consiste no que a pessoa acredita sobre si própria em termos da capacidade para alcançar o objetivo. É a motivação, a afirmação interna de que "eu consigo".

Ter esperança é confiar que é possível instituir objetivos, descobrir um modo de conseguir atingi-los e motivar-se a si próprio para alcançá-los.

Pensamentos de esperança refletem a crença de que podemos encontrar caminhos para a realização de nossas metas, seja na superação de desafios ou na conquista de resultados desejados. Essas crenças e pensamentos aumentam a motivação para agir na direção do resultado desejado.

O indivíduo em estado de baixa esperança apresenta configurações emocionais negativas, vazio emocional, paralisia, pensamentos negativos ruminantes, não enxerga alternativas e sucumbe diante de obstáculos.

A esperança, então, nada mais é que um atributo de determinação que mantém e estimula as energias necessárias para chegar aos objetivos, bem como para distinguir as ações específicas necessárias para o alcance das metas.

É importante também ressaltar que a esperança é um requisito importante na conquista de felicidade e bem-estar, uma vez que fornece uma visão otimista e encorajadora perante a vida.

De acordo com Luthans, o atributo da esperança possibilita motivação e disposição, e certamente se reflete no desempenho do indivíduo e na realização das atividades organizacionais.

Dessa forma, claramente podemos identificar esse atributo como desejável para colaboradores em todos os níveis da organização. Por isso, ele faz parte do capital psicológico positivo.

PERGUNTAS DE *COACHING*

1. Quais são os seus cinco desejos mais fortes para os próximos seis meses?
2. Em quais das seguintes categorias e subcategorias eles se enquadram?
Categorias: pessoal (PE), profissional (PR), relacionamento (RE), qualidade de vida (QV).
Subcategorias: saúde, intelectual, emocional, realização, finanças, contribuição, família, amor, social, lazer, espiritual. O que você ganha se realizar esses desejos?
3. Por que realizá-los é importante para você?
4. Quais são as suas características (forças, talentos e competências) que fazem com que você possa alcançar esses sonhos no prazo pretendido?
5. O que pode atrapalhar?
6. Dentre seus cinco desejos, qual o mais importante?
7. Que ações você deve realizar para atingir esse desejo mais importante?

6.4 AUTOEFICÁCIA E AUTOCONFIANÇA

Outro atributo da personalidade humana que apresenta impacto no desempenho do indivíduo e que caracteriza um profissional diferenciado é a eficácia, ou **autoeficácia**, que se refere ao quanto conseguimos nos mobilizar para ir em direção aos estímulos. Trata-se da confiança para assumir desafios e exercer o esforço necessário para vencê-los.

PAUSA PARA REFLEXÃO

Todo ser humano tem uma elevada necessidade de sucesso e, à medida que esse sucesso não é alcançado, a tendência ao desânimo pode tornar-se uma ameaça que o impossibilite de levar adiante seus objetivos de vida.

A autoeficácia foi bem conceituada por Albert Bandura, psicólogo canadense e professor de psicologia social da Universidade de Stanford. De acordo com ele, autoeficácia significa a capacidade de localizar a melhor forma que o indivíduo pode utilizar para lidar com situações esperadas, visando alcançar suas metas e objetivos.[5]

A autoeficácia refere-se, como o próprio termo indica, a uma avaliação ou percepção individual quanto à própria capacidade de executar as ações necessárias para atingir uma meta. Dito de outra maneira, autoeficácia diz respeito às crenças que se referem ao próprio *self*, independentemente de a pessoa possuir ou não essa capacidade na realidade observável.

De acordo com a teoria de Bandura, os julgamentos de autoeficácia de uma pessoa determinam seu nível de motivação da seguinte forma: é em função desses julgamentos que essa pessoa tem um incentivo para agir e imprime uma determinada direção a suas ações pelo fato de antecipar mentalmente o que pode realizar para obter resultados.

---

[5] BANDURA, A. Self-efficacy mechanism in human agency. *American Psychologist*, v. 37, n. 2, 1982. Disponível em: <https://www.uky.edu/~eushe2/Bandura/Bandura1982AP.pdf>. Acesso em: 25 jul. 2018.

FIQUE DE OLHO

As crenças de autoeficácia influenciam as escolhas de cursos de ação, o estabelecimento de metas, a quantidade de esforço e a perseverança em busca dos objetivos.[6]

A autoeficácia é a crença na capacidade de o indivíduo produzir os efeitos desejados por meio da ação.

Toda crença é a cristalização de uma suposição ou ideia. As pessoas podem ter crenças negativas ou positivas sobre si. Se a pessoa acredita que a vida sempre lhe traz dificuldades e que tudo lhe é difícil, a vida assim o será. Se a pessoa crê que ela tem sucesso naquilo a que se propõe, ela tem uma crença positiva alinhada à autoeficácia.

Você lerá mais sobre crenças adiante.

Alguns autores definem a autoeficácia como a confiança de acreditar na própria capacidade de mobilizar recursos cognitivos para obter recursos específicos.

De uma forma ou de outra, percebe-se que esse atributo faz referência à relação positiva entre desempenho e motivação. Isso significa dizer que quem possui esse atributo está aberto e disposto a enfrentar desafios para alcançar os resultados desejados.

Quando levamos essas características para o mundo organizacional, podemos ver que se trata de um diferencial para líderes e gestores. Muitos desses profissionais apresentam uma autoconfiança muito grande, unida à característica de autoeficácia: uma crença própria em seu potencial e na capacidade de assumir posições hierárquicas altas, arcando com o risco e caminhando em direção às próprias metas.

O Quadro 6.1 apresenta a técnica denominada ensaio mental, que pode ser usada para aumentar o seu poder de autoeficácia.

Acreditar na capacidade de usar seus recursos para atingir as metas tende a afetar positivamente o indivíduo antes mesmo que ele escolha suas opções e seus esforços. A autoeficácia oferece benefícios aos indivíduos, como coragem para enfrentar desafios e força de vontade em despender esforços buscando um resultado de sucesso.

---

[6] BZUNECK, J. A. As crenças de autoeficácia e o seu papel na motivação do aluno. In: BORUCHOVITCH, E.; BZUNECK, J. A. (Org.) *A motivação do aluno*: contribuições da psicologia contemporânea. Petrópolis: Vozes, 2009. Disponível em: <http://www.uky.edu/~eushe2/Pajares/Bzuneck2.pdf>. Acesso em: 25 jul. 2018.

> **Quadro 6.1** Ensaio mental
>
> Como você faria diferente da próxima vez?
>
> **Passo 1: Visualize o que você quer mudar ou melhorar (como é hoje).**
> Imagine que você é um diretor de cinema e vai revisar uma cena para melhorá-la: veja-se em uma grande tela mental fazendo o que você quer mudar ou melhorar, lembrando a última vez em que você teve o comportamento a ser melhorado.
>
> **Passo 2: Decida o que você quer mudar ou melhorar.**
> Após a visualização de si mesmo, identifique e decida o que você quer mudar ou melhorar. Se necessário, busque modelos externos: o que alguém que você admira muito faria em seu lugar?
>
> **Passo 3: Edite o filme alterando tudo que você decidiu.**
> Veja-se novamente no filme fazendo diferente desta vez. Crie as suas falas mentalmente, vendo-se na tela o tempo todo.
>
> **Passo 4: Entre no filme e se transforme nessa pessoa.**
> Entre no filme mental como se o fato estivesse acontecendo agora e veja tudo que você veria através dos seus olhos, ouça tudo que tiver de ouvir e, principalmente, sinta dentro de você todas as sensações que você quer sentir quando estiver fazendo de forma diferente o que deseja.
>
> **Passo 5: Crie uma conexão com o futuro.**
> Pense no seu futuro próximo quando você quer ter esse novo comportamento ou atitude e imagine esse momento.
>
> Fonte: elaborado pela autora.

PAUSA PARA REFLEXÃO

Com uma crença forte de autoeficácia, o esforço será recompensado desde o início e ao longo de todo o processo, de maneira persistente, mesmo que sobrevenham dificuldades e reveses.[7]

6.5 OS MECANISMOS DO ATRIBUTO RESILIÊNCIA

Thomas Young, no século XIX, criou o conceito de resiliência (do latim *resiliens*, saltar para trás, voltar, ser impelido, recuar, encolher-se, romper, e do inglês *resilient*, que remete à ideia de elasticidade e capacidade rápida de recuperação) como a propriedade física de certos materiais resistirem a tensões e retornarem ao seu estado original.

No mundo corporativo, o termo resiliência foi introduzido na literatura gerencial por Daryl Conner, em seu livro

---

[7] BZUNECK, 2009.

Gerenciando na velocidade da mudança, de 1974. O termo foi utilizado para nominar aquele indivíduo que é capaz de resistir à pressão, de preferência sem reclamar.

O conceito evoluiu e, hoje em dia, entende-se resiliência como uma capacidade transformacional, relacionada à real necessidade de adaptação dos indivíduos ao cenário de mudanças constantes, em um ambiente que se modifica a cada dia, intensa e freneticamente. Resiliência descreve a capacidade de um indivíduo de se construir ou se reconstruir positivamente diante das adversidades.

A resiliência é uma característica das pessoas fortes que, ao entrarem em contato com situações conflitantes e adversas da vida, as superam. As pessoas resilientes são aquelas que desenvolveram certos mecanismos adaptativos e são capazes de improvisar ações e reações rápidas e adequadas ante situações inesperadas.

FIQUE DE OLHO
Segundo Luthans, a resiliência é justamente a característica que permite a um indivíduo se recuperar perante situações conflitantes, mantendo equilíbrio e responsabilidade, buscando a recuperação e a superação das adversidades, incertezas, falhas e mudanças.

Como o mundo corporativo atual é composto por fusões, aquisições, avanços tecnológicos e muitas vezes *downsizing*,[8] eliminando hierarquias, há necessidade de profissionais que sejam rápidos em se adaptar às mudanças, flexíveis na administração de suas identidades profissionais e capazes de ajustar suas funções e ressignificar sua carreira.

Nesse cenário, são valorizados os profissionais que demonstram habilidade de lidar com problemas e dificuldades de maneira assertiva e retornar rapidamente ao equilíbrio.

Havendo indivíduos e líderes mais resilientes nessa nova fronteira da transformação, mais resilientes também serão as empresas, com capacidade de evoluírem e se tornarem sustentáveis, potencializando a capacidade de transmutação da nossa sociedade.

Resiliência tem a ver com a qualidade de resistência e de perseverança do ser humano em face das dificuldades da vida.

---

[8] *Downsizing* é a diminuição de níveis hierárquicos dentro de uma empresa, de forma a diminuir as hierarquias existentes e, sobretudo, reduzir custos.

Diane Coutu, especialista em desenvolvimento organizacional e liderança, afirma que existem cada vez mais evidências de que a resiliência pode ser aprendida. Segundo ela, as pessoas resilientes apresentam três aspectos principais.[9]

1. **Aceitação da realidade.** Pessoas resilientes não são conformistas nem acomodadas, mas possuem um profundo senso de realidade. Podem ser otimistas, mas sempre com os pés no chão.
2. **Crença inabalável no sentido da vida.** Uma característica fundamental da resiliência é acreditar no sentido da vida, mesmo diante de situações que podem levar a maioria das pessoas a questionar isso.
3. **Uma incrível capacidade de improvisar.** Indivíduos resilientes são mestres na improvisação. Eles têm a habilidade de tirar o máximo proveito dos recursos disponíveis e de responder com rapidez e criatividade a todo tipo de desafio.

PAUSA PARA REFLEXÃO

Encontrar um sentido de vida em meio à adversidade é um dos temas subjacentes a histórias como a do pianista León Fleischer, que, no auge de uma carreira de sucesso, perdeu a motricidade fina dos dedos da mão direita. O fato, que inicialmente representou uma catástrofe pessoal e profissional, levou Fleischer a uma profunda depressão, ocasionando questionamentos sobre o sentido de sua vida. Ele compreendeu, então, que seu vínculo com a vida transcendia sua carreira de pianista e que o elo entre vida e carreira se dava por meio da música. Essa descoberta alterou os rumos de sua vida, fazendo com que se tornasse maestro e professor de piano.[10]

Três orientações poderosas aumentam a resiliência. Sua prática diária pode trazer resultados em menos de um mês.

1. Nas relações interpessoais, desenvolva o senso de pertencimento, mesmo diante de diferenças de opinião e comportamentos que não se choquem de forma radical com seus

---

[9] COUTU, D. How resilience works. *Harvard Business Review*, v. 80, n. 5, p. 46-54, 2002. Disponível em: <https://hbr.org/2002/05/how-resilience-works>. Acesso em: 25 jul. 2018.

[10] VANISTENDAEL, S.; LECOMTE, J. Resiliencia y sentido de vida. In: MELILLO, A.; OJEDA, E.; RODRÍGUEZ, D. (eds.). *Resiliencia y subjetividad*: los ciclos de la vida. Buenos Aires: Paidós, 2004.

valores. Seja mais tolerante com pessoas diferentes. Não as julgue. Pense que elas devem ter tido motivos não muito agradáveis em suas vidas para terem comportamentos diferentes dos que você entende como aceitáveis. Lembre-se de que a empatia é uma forma de não acirrar conflitos e de facilitar o entendimento e a aceitação.

2. Nas adversidades e frustrações (que são inevitáveis na vida), entenda que elas fazem parte do ciclo e de um provável aprendizado e que o crescimento confere positividade e, consequentemente, resiliência. Procure transformar os acontecimentos negativos em oportunidades. Mesmo sendo difícil, faça um esforço por ser grato pelo que está acontecendo e causando frustração: acredite que poderia ser pior e que essa é uma forma de você aprender e ter uma vida muito mais plena e gratificante daqui para frente.

3. Nas crises, conseguirão ser mais felizes aqueles que não se deixarem levar por emoções negativas e considerarem os desafios como administráveis. Seja grato. Pratique a gratidão diariamente, em cada turno: de manhã, à tarde e à noite. Faça do agradecimento um hábito. Você verá que as emoções negativas se enfraquecerão aos poucos.

PERGUNTAS DE *COACHING*

1 Você acredita no seu potencial profissional?

2 Diante de uma divergência de opiniões com o seu chefe, o que você pensa?

3 Perante uma divergência de opiniões com o seu chefe, o que você fala?

4 Em caso de divergência de opiniões com o seu chefe, como você age com sua equipe?

5 Como você se sente quando recebe uma bronca? O que você pensa para não se deixar levar por emoções negativas?

6 Tendo em vista os últimos três anos, você identifica uma situação na qual poderia ser mais resiliente? Se sim, como você poderia ter reagido?

7 O que você fará para aumentar a sua resiliência?

8 Que pensamentos, sentimentos ou lembranças podem lembrá-lo de exercer a resiliência em momentos difíceis no futuro?

6.6 O ATRIBUTO OTIMISMO NA VISÃO DA CIÊNCIA

O **otimismo** é conceituado como a capacidade de atribuir positividade a eventos cotidianos, tanto àqueles que ocorrem no presente quanto aos que ocorreram no passado, assim como à própria capacidade individual de lidar com tais eventos.

PAUSA PARA REFLEXÃO

Indivíduos com essa característica percebem os acontecimentos sempre pelo lado mais favorável – não no sentido de serem alienados ou tolos, mas como algo que pode sempre contribuir para mais aprendizado em suas vidas. Eles tendem a ver as adversidades e dificuldades não como falhas, mas como uma ocasião oportuna para melhorar seu desempenho e aumentar o aprendizado.

Os indivíduos otimistas estão mais receptivos ao presente e olham para o futuro de maneira positiva.

Um exemplo interessante de otimismo: o ano de 2012 não foi nada animador no cenário mundial; crise econômica, desempenho dos países da comunidade europeia decaindo, o calendário maia afirmando que esse seria o ano do fim da humanidade e crescimento brasileiro bem menor que nos anos anteriores. Apesar disso, 60% dos entrevistados pelo Barômetro Global do Otimismo acreditavam que os próximos 12 meses seriam de prosperidade econômica.

Embora afastada da realidade, essa crença prova um recurso de nosso cérebro que nos incentiva a seguir adiante em nossos planos e em nossa vida.

"Otimismo é crer que as situações ruins são temporárias", define Daniela Barbieri, presidente da Associação de Psicologia Positiva da América Latina (APPAL). "É possível aprender a ter essa reação por meio da identificação e do monitoramento do pensamento negativo", esclarece. A fórmula é simples. Antes de decretar que não vai dar certo, pense se não há alternativas menos aterrorizantes.[12]

> A artimanha atende pelo nome de "viés otimista" – a tendência dos nossos neurônios de pender para o otimismo ao projetar o futuro. A boa notícia é que esse *modus operandi* não é exclusividade de alguns poucos. Estima-se que essa seja a dinâmica cerebral de 80% das pessoas. E os impactos do otimismo, comprova a ciência, vão bem além de sonhar com um futuro melhor. Ele aumenta a autoestima, facilita os relacionamentos, movimenta a economia e faz bem à saúde.[11]

---

[11] COSTA, R. A ciência do otimismo. *Istoé*, n. 2203, 2012. Disponível em: <https://istoe.com.br/188363_A+CIENCIA+DO+OTIMISMO>. Acesso em: 25 jul. 2018.
[12] COSTA, 2012.

Os otimistas são perseverantes diante de obstáculos, possuem elevado nível de ambição e determinam objetivos arrojados. O indivíduo com estilo otimista atribui a eventos positivos uma situação pessoal interna, causas constantes e crença geral de que tudo pode ser positivo. Os acontecimentos negativos são interpretados com base em fatores externos, causas transitórias e na crença de que são meramente específicos de uma ocasião pontual.

O Quadro 6.2 mostra como funciona a mente do indivíduo otimista.

Quadro 6.2 Funcionamento da mente do indivíduo otimista

	Crenças	Causas	Atribuição
Acontecimento positivo	Tudo	Permanente	Interno
Acontecimento negativo	Específico	Transitório	Externo

Fonte: elaborado pela autora.

A neurocientista Tali Sharot explica que nós gostamos de acreditar que somos seres primordialmente racionais, mas que a maioria de nós é mais otimista do que realista. Ela afirma que temos uma distorção em nossa percepção da realidade que faz com que superestimemos a probabilidade de vivenciar bons momentos em nossas vidas e subestimemos a probabilidade de vivenciar eventos negativos.[13]

A pesquisadora alega que os seres humanos sempre esperam que as coisas aconteçam da melhor forma, a despeito das provas de realidade. Por exemplo, ainda que as estatísticas de divórcio sejam de 40% – ou seja, de cada cinco casais, dois acabam se separando –, as pessoas se casam pensando que suas chances de separação são de 0%. Além disso, as pessoas superestimam sua expectativa de vida provável em mais de 15 anos e mulheres grávidas têm certeza de seus filhos serão inteligentes e equilibrados.

> Vale a pena assistir a este vídeo da Tali Sharot sobre o viés otimista. Nele, Tali também apresenta suas descobertas:

PAUSA PARA REFLEXÃO

Curiosamente, conforme a neurocientista Tali Sharot demonstra, embora possamos pensar em termos pessimistas sobre a coletividade – como a capacidade de nossos líderes de dirigir o país, a melhoria do sistema educacional ou a redução da criminalidade –, pensamos de modo otimista sobre nós mesmos e nossa família.

---

[13] SHAROT, T. *O viés otimista*. Rio de Janeiro: Rocco, 2015.

Sharot ainda relata, para comprovar o modo positivo como nos enxergamos, que uma pesquisa realizada em 2007 com diversas famílias indicou que 70% delas pensavam ser menos bem-sucedidas que as famílias de seus pais, mas quando perguntadas sobre suas expectativas de sucesso, 76% dos entrevistados estavam otimistas sobre o futuro da própria família.

As pesquisas científicas de Sharot revelaram que, quando ocorrem pensamentos positivos, há uma queda na atividade do córtex pré-frontal, região responsável por monitorar a diferença entre a realidade e o que imaginamos para o futuro. Assim, quanto maior o grau de otimismo, menor a atividade nessa área, gerando o fenômeno descrito pela pesquisadora. Ela aponta que o otimismo tem claros benefícios para o ser humano, uma vez que a fé é uma aliada muito importante e nos motiva a perseguir nossos objetivos.

> Os pesquisadores que estudam pacientes com doença cardíaca descobriram que os otimistas eram mais propensos do que os pacientes não otimistas a tomarem vitaminas, comer dietas de baixa gordura e fazer exercícios, reduzindo assim o risco coronariano geral. Um estudo de pacientes com câncer revelou que pacientes pessimistas com menos de 60 anos eram mais propensos a morrer em oito meses do que pacientes não pessimistas com a mesma saúde inicial, estado e idade.[14]

Uma excelente notícia é que o otimismo pode e deve ser exercitado, como comprova a pesquisadora sobre a ciência da felicidade Sonja Lyubomirsky. Comece agora!

De fato, quanto mais otimista era uma pessoa, maior era a atividade em duas regiões críticas do cérebro: a amígdala, uma pequena estrutura profunda no cérebro que é central para o processamento da emoção, e o córtex cingulado anterior rostral (rACC), uma área do córtex frontal que modula emoção e motivação. O rACC age como um condutor de trânsito, aumentando o fluxo de emoções positivas e associações.

Sonja, professora do Departamento de Psicologia da Universidade da Califórnia, afirma que a prática do otimismo aumenta os níveis de bem-estar e felicidade. Indivíduos mais felizes são mais sociáveis, energéticos e atuam melhor em equipe e grupos. Também tendem a ser mais produtivos e colaborativos, além de serem melhores negociadores, pois são naturalmente mais flexíveis.[15]

---

[14] SHAROT, 2015.
[15] LYUBOMIRSKY, S. *The how of happiness*: a new approach to getting the life you want. Londres: Penguin Books, 2007.

São também mais saudáveis e menos suscetíveis a episódios de absenteísmo.

FIQUE DE OLHO
Os otimistas ganham mais e são melhores gestores. No trabalho, tendem a ser mais facilmente motivados e a reagir bem em situações de urgência e pressão.

A ciência do otimismo, uma vez desprezada como uma província intelectualmente suspeita de manifestações e rostos sorridentes, está abrindo uma nova janela sobre o funcionamento da consciência humana. O que isso mostra pode alimentar uma revolução na psicologia, à medida que o campo se aproxima da acumulação de evidências de que nossos cérebros não estão apenas marcados pelo passado. Eles estão constantemente sendo moldados pelo futuro.[16]

PERGUNTAS DE *COACHING*

1. Por que o otimismo é importante para você?
2. Quais valores você irá satisfazer sentindo-se mais otimista?
3. Você precisará de recursos financeiros para desenvolver o otimismo?
4. Quais são as formas para conseguir sentir-se otimista mesmo diante de adversidades?
5. Você conhece alguém que já fez isso? Como essa pessoa conseguiu?
6. Quais são os passos para conseguir isso? Qual será o seu plano de ações?

6.7 BENEFÍCIOS DA APLICAÇÃO DO CAPITAL PSICOLÓGICO POSITIVO

O capital psicológico positivo tem impacto sobre o desempenho, caracterizando-se por evidências de comportamentos, atitudes e performances desejáveis. Constitui uma **vantagem competitiva** crucial para líderes e empresas.

---

[16] SHAROT, 2015.

FIQUE DE OLHO

Nas organizações, a adoção de uma perspectiva positiva nas ciências organizacionais tem introduzido uma alternativa benéfica e com resultados mais duradouros que o antigo modelo de disfunção.

À época da quebra do banco Lehman Brothers, em 2008, justamente em meio ao grande colapso econômico, a abordagem da psicologia positiva apoiou diversas organizações a ampliar produtividade e desempenho.

É interessante o relato de Shawn Achor de que as primeiras grandes corporações a adotarem o modelo positivo foram os bancos mundiais.

> Os tempos não eram felizes nem as plateias estavam felizes. Mas, independentemente do setor, da empresa, ou do cargo na organização, em lugar de resistência encontrei pessoas quase universalmente abertas a aprender como utilizar a psicologia positiva para repensar seu estilo de trabalho.[17]

Estudos conduzidos por pesquisadores do capital psicológico positivo indicam que as quatro capacidades que o compõem não apenas se complementam, mas também se potencializam mutuamente, estimulando nos indivíduos uma propensão motivacional para atingirem objetivos e serem bem-sucedidos.

A verificação de resultados positivos no ambiente de trabalho faz do *PsyCap* uma vantagem competitiva crucial para líderes e empresas. Nas organizações, possibilita redução do estresse, facilitação dos processos de gestão de mudanças, melhora do clima organizacional e do desempenho dos colaboradores.

O capital psicológico também parece exercer um papel benéfico em comportamentos nefastos para a organização, reduzindo o absenteísmo, os comportamentos desviantes e as intenções de saída da organização.

Além disso, a gestão e o desenvolvimento do capital psicológico promovem a confiança e a qualidade de vida no trabalho, fatores que podem influenciar os laços sociais mantidos em contextos organizacionais.

Gestores com assunções positivas e focalizados nas forças dos colaboradores tenderão a criar condições para fazer florescer contextos organizacionais positivos.[18]

---

[17] ACHOR, S. *O jeito Harvard de ser feliz*. São Paulo: Saraiva, 2012. p. 33.
[18] PINA E CUNHA, M.; REGO, A.; LOPES, M. P. Comportamento organizacional positivo. *Análise Psicológica*, v. 4, n. XXXI, p. 313, 2013.

No âmbito da vida pessoal, vivenciar emoções positivas nos leva a criar novas possibilidades de relacionamento, de vida profissional mais ajustada ao que buscamos, de olhar o mundo com perspectivas diferentes.

Determinadas pessoas conseguem chegar a suas metas com muito menos dificuldades que outras. Esse sucesso está, certamente, relacionado com os benefícios de ter pensamentos positivos.

Nem todas as pessoas vivenciaram infâncias felizes e sentiram-se amadas, o que certamente elevaria o sentimento de autoeficácia e otimismo. No entanto, todos nós podemos – se quisermos e tivermos autodisciplina – procurar desenvolver um clima interno dentro de nós que irradie positividade.

Embora estejamos encapsulados na ideia de que ter mais dinheiro nos trará alegria, estudos comprovam que vários outros fatores podem ser mais eficazes. Podemos, por exemplo, ficar felizes com o sucesso de um amigo ou treinar não falar mal das pessoas.

Uma poderosa dica para aumentar o índice de positividade na vida é olhar para as conquistas em vez de olhar para o que não deu certo, para as falhas, para o que poderia ter sido diferente.

> Em um estudo interessante, os pesquisadores pediram que crianças de 4 anos de idade realizassem uma série de tarefas de aprendizado, como separar blocos de diferentes formatos. O primeiro grupo recebeu instruções neutras: por favor, junte estes blocos o mais rápido que puder. O segundo grupo recebeu as mesmas instruções, e depois foi instruído a pensar brevemente em algo que o faz feliz, antes de começar a tarefa. Com apenas 4 anos de idade, essas crianças obviamente não têm uma fartura de experiências felizes para escolher – eles não têm lembranças de realizações profissionais, cerimônias de casamento ou o primeiro beijo (pelo menos é o que esperamos). Dessa forma, muito provavelmente elas pensaram em algo como a gelatina que comeram no almoço. E mesmo assim bastou para fazer uma diferença. As crianças predispostas a se sentirem felizes apresentaram um desempenho significativamente mais elevado que as outras, concluindo a tarefa mais rapidamente e com menos erros.[19]

6.8 CRENÇAS LIMITANTES: IDENTIFIQUE E SUPERE-AS

O sistema de crenças dos indivíduos é comprovadamente o coração e a alma do bem-estar dos indivíduos.

---

[19] ACHOR, 2012, p. 57.

FIQUE DE OLHO

Algumas vezes sentimos que nossa vida não está como gostaríamos, mas não conseguimos identificar o que está acontecendo.

As crenças são elaborações inconscientes construídas a partir de falas e ideias que foram ouvidas, geralmente vindas de pessoas a quem admiramos, e que acabaram se tornando uma verdade absoluta. As crenças estão na raiz de nossa autoimagem.

Elas podem ser também resultado de tentativas de fazer algo que acaba dando errado, acompanhadas de uma repreensão, por exemplo, que nos impede de tentar de novo.

As crenças limitantes acabam se relacionando a sentimentos de medo e resultam em impotência na realização de ações e comportamentos, atrapalhando o pleno potencial de bem-estar e realização do ser humano.

Quando ouvimos ou dizemos "não" para algo sem considerar outras opções, construímos inconscientemente uma limitação. Na verdade, deixamos de realizar nossos sonhos porque acreditamos que não podemos mudar. As crenças limitantes nos aprisionam e nos impedem de viver plenamente.

PAUSA PARA REFLEXÃO

Ouvimos tantas vezes que somos isso ou aquilo que acabamos não percebendo que essa pode não ser a verdade sobre nós. Ficamos presos em uma ideia do que somos.

Ao esquecer-se de algo, diga para você mesmo que você é muito atento a várias coisas, por isso, esquecer-se eventualmente de algo é normal.

Quais comportamentos indicam a presença inconsciente de crenças limitantes? Veja alguns deles.

1. Você diz que é muito esquecido. É interessante que eu já ouvi algumas pessoas falando isso justamente quando esquecem algo. Mas e quando não se esquecem? Com certeza, estatisticamente, essas mesmas pessoas se lembram de cumprir seus compromissos, ligar para as pessoas, trancar o carro e guardar a chave... mas, se por acaso esquecem onde colocaram a chave, imediatamente vem uma fala que tem a função de reforçar a crença.

2. Você não faz atividade física porque não tem tempo. Você realmente trabalha muito e se dedica a muitas atividades.

Mas pare e reflita: o que é prioritário para você? O trabalho, que lhe fornece a remuneração necessária, certamente o é. Mas você está aproveitando bem seu tempo? Ou se pega sonhando sobre coisas e pessoas, olhando o *e-mail* e as redes sociais constantemente, deixando-se ser interrompido no trabalho por qualquer telefonema? Seu tempo pode ser usado com mais qualidade. Planeje melhor o seu dia. O tempo é o mesmo para todos. Saiba utilizá-lo com qualidade e apagar essa crença da sua mente.

Fique atento aos desperdiçadores de tempo, observando e anotando suas atividades e interrupções. Verifique suas prioridades e faça um planejamento de seu dia. Lembre-se de que você pode começar a fazer atividade física duas vezes por semana, durante meia hora, e isso tomará apenas duas horas das totais 168 semanais.

Alguns outros exemplos de pensamentos e falas que expressam crenças limitantes são:

- Nunca vou conseguir dinheiro suficiente ou não tenho dinheiro para nada.
- Só é possível ganhar dinheiro fazendo coisas erradas.
- Não tenho tempo para nada.
- Não sou bom o suficiente.
- Não sei tudo que preciso saber.
- Não consigo aprender isso.
- Nunca vou conseguir alcançar meus objetivos ou realizar meus sonhos.
- Não consigo me organizar.
- Não sei como resolver esse problema.
- Não tenho jeito para isso.
- Não é possível viver do que se ama.
- Eu não posso/não consigo/não sei fazer isso.

Observe como as expressões negativas dessas frases implicam os pressupostos contrários à resiliência: acomodação a uma situação frustrante, falta de crença em um sentido maior para a vida, seja um senso de missão ou mesmo a vontade de fazer de sua vida um motivo de satisfação, e uma falta de autoestima quanto ao aproveitamento de forma criativa aos recursos disponíveis.

PERGUNTAS DE COACHING

1. Você consegue dizer as frases anteriores retirando as palavras negativas?
2. Identifique três frases ou pensamentos seus que envolvam crenças negativas. Como você gostaria de pensar para reverter esses pensamentos?
3. Diante de um desafio ou problema que você tenha enfrentado, como essa situação poderia se transformar em uma oportunidade? Seja criativo! Você pode ressignificar os problemas!
4. Escolha uma das frases que se aplique a você e responda: se alguém soubesse como fazer isso, o que essa pessoa faria?
5. Estabeleça três a cinco crenças fortalecedoras respondendo à pergunta: o que você acredita sobre a vida e sobre si mesmo que fortalece você?

6.9 NÃO SE DEIXE SABOTAR!

Dê o nome que quiser... dor, preguiça, sofá, televisão, ansiedade... Tudo isso pode ser sabotagem! Ou melhor, autossabotagem.

Sabotadores são padrões de comportamentos que criamos como resposta a situações corriqueiras da vida. São eles que nos impedem de realizar tudo aquilo que sonhamos e fazem com que, reiteradamente, caiamos nas mesmas armadilhas pela vida afora, seja na família, no trabalho ou nos relacionamentos.

PAUSA PARA REFLEXÃO
Sua mente é sua melhor amiga, mas também pode ser sua pior inimiga. Você deve identificar o que ocorre contra a realização de seu bem-estar e sua satisfação plena.

Sabotadores são crenças e suposições que trabalham contra o que é melhor para você. São um conjunto de padrões mentais automáticos e habituais, com voz própria, que representam seus inimigos internos. São um fenômeno universal.

Esses padrões são, em geral, criados na infância, como forma de sobrevivência – algo como quando ficamos "um pouco doentes" para recebermos mais atenção. O problema é que, quando nos tornamos adultos, a manutenção desses padrões sabotadores impede que sejamos livres mental e emocionalmente.

Reconhecer esses padrões é essencial para que se possa seguir adiante e ter uma vida mais plena e feliz.

FIQUE DE OLHO

Vale a pena ressaltar que os sabotadores só agem quando nos dominam, ou seja, quando não são mecanismos utilizados com sabedoria para que possamos administrar com mais inteligência a nossa vida. Eles se tornam sabotadores quando se transformam em tiranos da nossa liberdade emocional e mental.

O escritor Shirzad Chamine, no seu livro *Inteligência positiva*, informa que só 20% das equipes e dos indivíduos conseguem alcançar seu verdadeiro potencial. Nesse mesmo livro, ele faz uma descrição sobre os dez maiores sabotadores com suas particularidades (Quadro 6.3).

Quadro 6.3 Lista dos dez maiores sabotadores

1	O crítico	É o maior e mais forte sabotador de todos. Encontra defeitos em si mesmo, no outro, nas suas condições e circunstâncias. Gera a maior parte da sua ansiedade, estresse, raiva, decepção, vergonha e culpa. Gera conflito de relacionamento e causa impacto no seu bem-estar.
		O crítico critica a si mesmo, aos outros e também critica as circunstâncias atuais.
		Quando as coisas não estão boas, remete a um momento no futuro. Inconscientemente, a frase vivida pela pessoa é "Vou ser feliz quando...".
		O crítico sempre remete a felicidade para um acontecimento futuro que, na verdade, nunca acontecerá, pois quando o crítico começa a chegar próximo daquele "quando" ele cria um novo "quando", mais distante ainda, e esse ciclo vicioso dificilmente é quebrado.
		O crítico cobra a si mesmo em excesso, pois senão nada acontecerá direito. E faz isso com os outros!
		Como o crítico sempre aponta nossos defeitos e inferioridades, ele sempre consegue fazer com que nos sintamos infelizes e insatisfeitos, com que nossa vida esteja voltada para a negatividade.
		Ele sempre procura criar em nós uma necessidade de sermos, fazermos ou termos algo mais para então nos sentirmos amados, respeitados e valorizados.
		O crítico gera decepção, ansiedade, raiva, arrependimento, culpa, vergonha. As coisas, pessoas ou fatos nunca serão suficientes para ele! →

2	O insistente	Necessidade de perfeição, ordem e organização ao extremo.
		Deixa você e os outros nervosos e ansiosos. Drena a energia.
		Vive frustrado consigo e com os outros.
		Inflexível ao lidar com mudanças e estilos diferentes.
		Insiste em ter sempre uma atuação impecável – tudo precisa dar certo. É perfeccionista e vê o erro milimétrico.
		Põe-se constantemente à prova e se cobra muito, agindo com os outros da mesma forma.
3	O prestativo	Tenta ganhar aceitação e afeição ao ajudar, agradar e elogiar os outros.
		Faz com que a pessoa se esqueça das suas necessidades e objetivos em prol do outro. Deixa de fazer suas coisas para fazer as dos outros, esquece seus sonhos e objetivos para buscar indiretamente autoestima na aceitação e afeição dos outros.
		Tem dependência extrema do elogio dos outros.
		Tem dificuldade de dizer não.
		A falta de cuidado consigo próprio pode causar problemas emocionais, mentais e financeiros.
		Fica ressentido pelo fato de os outros não fazerem o mesmo por ele.
4	O hiper-realizador	Depende de desempenho e realizações constantes para obter respeito próprio e autovalidação. A autoaceitação depende da próxima realização.
		É competitivo. Ser bem-sucedido é o que importa. Valida o sucesso externo.
5	A vítima	Estilo emocional para conquistar atenção. Foco total nos sentimentos internos e dolorosos. Mártir.
		Dramático, temperamental, tende a desistir.
		Remói sentimentos negativos e problemas por muito tempo.
		Acaba afastando as pessoas, pois as sufoca e drena energia.
6	O hiper-racional	Racional ao extremo, inclusive nos relacionamentos.
		Poucas pessoas conhecem seus sentimentos.
		Impaciente com as emoções das pessoas.
		Valoriza ideias.
7	O hipervigilante	Acredita que precisa estar vigilante o tempo todo, pois certamente algo de ruim, perigoso e errado vai acontecer.
		Sente ansiedade intensa e contínua em relação a todos os perigos que o cercam e em relação a tudo que poderia dar errado.
		Vive em estado de alerta contínuo. Tem muita dificuldade de relaxar.
		Sofre de estresse, ansiedade, dúvidas crônicas sobre si e os outros.
		Não confia nas pessoas e elas tendem a se afastar dele, porque sua energia ansiosa e nervosa cansa todos que estão ao seu redor.
8	O inquieto	Está sempre em busca de emoções maiores. Não sente paz e alegria na atividade atual por muito tempo. Perde foco nas coisas e nos relacionamentos.
		Perde o momento presente por estar com a vida cheia demais.
		Fuga baseada na ansiedade. Fica na superfície.

9	O controlador	Tem necessidade de ter o controle e o poder. Assume muitas responsabilidades. Compete, desafia, conflita. Intimida os outros.
		Sente ansiedade quando não está no poder.
		Gera ansiedade nos outros.
10	O esquivo	Sempre posterga a ação. Foge de tarefas desagradáveis e procrastina muito. Não resolve os problemas. Atrasa tarefas.
		Vê o mundo excessivamente cor-de-rosa, achando que tudo se resolverá.
		Foge de coisas e situações desagradáveis que precisa resolver e superar, então impede sua evolução e aprendizado.
		Nunca quer enfrentar as questões, quer sempre "empurrar com a barriga".

Fonte: CHAMINE, S. *Inteligência positiva*. São Paulo: Fontanar, 2013.

Que estratégias podem ser usadas para diminuir a força dos sabotadores? Responda às perguntas de *coaching* e enfraqueça seus sabotadores!

PERGUNTAS DE *COACHING*

1. Quais, na sua opinião, são seus três principais sabotadores?
2. Descreva situações em que cada um desses seus sabotadores atuou e atrapalhou seu caminho em relação a seus objetivos.
3. Pergunte a cada um de seus sabotadores: como você acredita que pode estar me ajudando?
4. Crie, para cada um de seus três sabotadores, uma frase expondo como eles não ajudam. Por exemplo: Sabotador esquivo, você me atrapalha quando me paralisa; eu preciso agir para que meus sonhos sejam alcançados.
5. Como você pode fazer o contrário do que o sabotador sugere? Descreva o que você pensará, o que falará e como você agirá.
6. Diante de um desafio ou problema, como essa coisa ruim poderia se transformar em uma dádiva ou oportunidade? Descreva essa transformação em pelo menos duas situações.

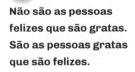

Não são as pessoas felizes que são gratas. São as pessoas gratas que são felizes.

CASO REAL I

Nos últimos dez anos, tive a oportunidade de conviver com muitas pessoas que foram obrigadas a desenvolver ou resgatar seu capital psicológico positivo. Posso afirmar que cerca de 40% das pessoas que são desligadas chegaram a mim com sua autoestima próxima ao chão. Eram pessoas que haviam dedicado muito tempo de suas vidas à empresa em que trabalhavam e, em questões de minutos (exatamente o tempo da reunião na qual foram comunicadas de seu desligamento), não sabiam mais o que fariam no dia seguinte.

Lembro-me de uma cliente de 49 anos que havia trabalhado desde os 20 na mesma empresa. Ela era gerente de qualidade e perdeu seu cargo em uma fusão. Bonita, divorciada, mãe de uma menina, chegou a mim completamente abalada. Não conseguia olhar nos meus olhos enquanto falava. Seu olhar vagava por todos os cantos da sala, como que procurando um apoio. Não acreditava no que havia acontecido, não acreditava mais em si mesma e não sabia como seguiria a vida.

Dos quatro atributos do capital psicológico positivo – esperança, autoeficácia, resiliência e otimismo – posso afirmar, sem qualquer dúvida, que ela não vivenciava nenhum deles.

Descobri que havia um tênue momento de satisfação em sua vida: a ginástica. Motivei-a a intensificar a ida à academia, assim como frequentar algumas aulas de ioga suksma (um tipo de ioga revitalizadora), mesmo que isso significasse um investimento financeiro. Sinceramente, acho que foi a atividade física que a salvou de não afundar na depressão.

Foram cinco meses de incentivo à ação, resgate de competências, pesquisas de franquias, busca de oportunidades, enfim, estive junto com ela em todas as etapas do processo de recolocação. Finalmente, após diversas análises de oportunidades de negócio, todas elas exigindo grande aporte de capital, obteve apoio de um primo que se ofereceu a trabalhar para ela em um táxi.

Foram horas de conversa para que ela pudesse aceitar a ideia e desenvolver resiliência para transformar-se de engenheira química a proprietária de táxi. Uma mudança nada fácil, mas que foi possível a partir de uma visão mais otimista de que essa solução permitiria que ela tivesse tempo livre para a ginástica, para dedicar-se à filha e para ampliar suas relações sociais.

Esse caso real me parece muito interessante pelo resultado da criação de caminhos que inicialmente pareciam impossíveis ou inadequados. Ele nos ensina que uma atitude mental negativa influencia toda a nossa visão do mundo, impedindo-nos de enxergar uma solução.

CASO REAL II

O capital psicológico positivo tem uma importância tão grande na reestruturação da vida das pessoas que vale apresentar outro caso.

Em 2017, conheci Márcia (nome fictício), uma profissional de contabilidade responsável por todo o departamento, com reporte direto ao CEO e CFO, e que havia estruturado a área contábil da empresa para atender às normas vigentes brasileiras e internacionais. Ela era realmente muito boa no que fazia. Mapeando todas as informações exigidas pela nova legislação, coletou dados da matriz e das filiais, interagiu com a área de infraestrutura para estruturar os novos relatórios. Além disso, teve participação ativa na construção do orçamento e na gestão de contratos de mútuos e empréstimos. Contudo, após 13 anos de excelentes resultados, foi desligada em função da terceirização da área.

De início, não foi possível a ela ter um olhar de esperança e resiliência e desenvolver um estado capaz de assumir o protagonismo de seu novo passo de carreira. Ela estava magoada, com pensamentos negativos e sem enxergar alternativas. Estava realmente arrasada.

Realmente, encontrar um sentido para a vida em meio a situações de grande adversidade não é fácil. Nos processos de recolocação no mercado de trabalho, cerca de 90% dos profissionais desligados, independentemente do nível hierárquico ocupado, apresentam baixa crença em sua capacidade, sentimentos de desânimo, mágoa e paralisia.

No entanto, aqueles que conseguem superar mais rapidamente o estado negativo e transformá-lo em sentimentos de esperança, otimismo e autoeficácia obtêm muito mais rapidamente novas oportunidades de trabalho.

De início, atuei como *coach*, ouvindo-a e fazendo perguntas do tipo:

a) Algumas pessoas que você conhece já passaram por essa situação e a superaram?
b) O que você imagina que elas tenham feito?
c) Como você pode aproveitar que agora não está mais trabalhando intensamente para realizar algo que sempre sonhou?
d) O que você gostaria de fazer agora com uma parte de seu tempo livre?
e) Com o que você sonhava quando era adolescente?
f) Que parte desse sonho ainda pode ser realizada?
g) Você crê em algo maior? É possível pensar em coisas boas que ainda podem acontecer em sua vida?

h) Se você criasse uma frase para falar do seu propósito na vida, que frase seria essa?

i) Que atividades prazerosas você pode fazer para trazer maior alegria à sua vida?

j) Se houvesse algum ganho em você não estar mais no emprego, qual seria?

k) Você pode formular algum objetivo profissional de curto prazo que dependa das competências que você já tem?

l) Esse objetivo é alcançável?

m) Você pode contar com algumas pessoas para ajudá-la a alcançar esse objetivo?

Dessa forma, passo a passo, a profissional começou a mudar sua rotina: retomou atividades físicas e espirituais que já não fazia por não ter tempo, começou a estar mais com outros amigos para não sentir tanta falta dos amigos do trabalho e, principalmente, passou a ser grata por ainda estar em situação bem melhor que muitas pessoas.

Exerceu intensamente sua gratidão e transmutou em positividade seu estado de ânimo, o que permitiu que ela se reinventasse como profissional liberal. Dentro do processo de transição de carreira, ou *outplacement*, reelaborou sua identidade profissional, por meio de testes de competência, exercícios de narrativas de superação de desafios e comprovação de resultados expressivos, estabeleceu suas metas futuras e um passo a passo de sua direção de carreira. Estabelecemos um guia de *networking* para a conquista dos primeiros clientes como autônoma e criamos uma rotina de visibilidade e relacionamento para obtenção de novas oportunidades de empregabilidade.

Posso afirmar que vivenciei junto com ela o encerramento de um ciclo e o início de um novo. Hoje em dia, ela já está contratada por uma nova empresa.

PARTE III

O gestor no mundo 4.0

7

EXPECTATIVAS E DESAFIOS DA PRIMEIRA GESTÃO

7.1 CENÁRIO CONTEMPORÂNEO E DESAFIOS DA GESTÃO

Como transformar um profissional brilhante em um excelente gestor? Para preparar os profissionais para sua primeira gestão, minimizando os efeitos de ruptura de suas competências e expertises técnicas, é necessário primeiro sensibilizá-los a abandonar muitos dos antigos hábitos, atividades e formas de trabalho do nível anterior.

FIQUE DE OLHO
Pesquisas apontam que 60% dos novos gestores falham nos primeiros dois anos em seu novo papel. Não é de se estranhar. Apenas 14,5% são treinados para a nova função, o que significa que 85,5% aprendem por tentativa e erro.

O cenário contemporâneo é caracterizado por um mundo VICA (ou VUCA, em inglês): volúvel, incerto, complexo e ambíguo.

Oriundo do vocabulário militar americano, o uso comum do termo VUCA começou no final dos anos 1990 e foi, posteriormente, utilizado nas ideias de liderança estratégica que se aplicam a uma ampla gama de organizações.

Vamos explorar cada conceito do termo VUCA e seus impactos.

- **Volatilidade:** é marcada pelo ritmo elevado em que ocorrem mudanças com impacto na vida das sociedades e em suas organizações. Assim, no atual contexto de uma era da informação e do conhecimento, os dados e as evidências existentes no momento presente podem não ser suficientes para a tomada de decisão. Antecipar e prever o que pode acontecer são dimensões, por vezes, absolutamente decisivas.
- **Incerteza:** é uma característica do contexto marcada pela necessidade de assumir que o conhecimento sobre uma dada situação é sempre incompleto, potencializando deste modo o aparecimento de opiniões divergentes sobre a melhor

estratégia a seguir. É necessária, portanto, uma cuidadosa análise do risco. De fato, é cada vez mais difícil levantar cenários futuros com base em acontecimentos passados.

- **Complexidade:** está associada à dificuldade de compreender o resultado das interações dos vários componentes de um sistema, uma vez que estes raramente são de natureza mecanicista e linear. A assunção de fenômenos complexos, no seio de uma organização, impõe a necessidade de admitir interações não lineares entre os componentes do sistema, com consequências que se multiplicam de maneira rápida e imprevisível.
- **Ambiguidade:** descreve um tipo específico de incerteza que resulta de diferenças na interpretação quando as evidências existentes são insuficientes para esclarecer o significado de um determinado fenômeno. Na prática, no âmbito da gestão das organizações, a consequência deste fato é a elevada probabilidade de as lideranças poderem interpretar, com legitimidade, eventos de formas diferentes, aumentando significativamente a probabilidade de erros na sua interpretação.

FIQUE DE OLHO

Mais de 50% de todas as empresas Fortune 500 do ano 2000 já não existem mais.

Para Greg Hutchins, especialista americano em gestão da qualidade e do risco, "estamos saindo de um mundo linear de saber a solução dos problemas e tomar uma decisão clara para um mundo dinâmico de entender o sentido, de tomada de decisão baseada no risco, em condições VUCA".[1]

PAUSA PARA REFLEXÃO

No mundo VUCA, há dificuldade de se realizar planejamentos em longo prazo em função do alto grau de incerteza diante dos acontecimentos. Então pense no seguinte e responda às perguntas de *coaching*: nas lideranças, há necessidade de agilidade nas respostas às demandas, assim como criatividade e cooperação de todos na solução de problemas.

---

[1] MEDEIROS, L. F. G. Mundo VUCA foi a expressão "da hora" no C2030. *Gama de Medeiros Advogados.com*, jun. 2017. Disponível em: <http://gamademedeiros.com.br/mundo-vuca-no-c2030>. Acesso em: 3 set. 2018.

PERGUNTAS DE *COACHING*

1 Você se considera preparado para os desafios do mundo VUCA?

2 Levando em consideração as características de volatilidade, incerteza, complexidade e ambiguidade, quais as suas forças para lidar com elas?

3 Quais fraquezas você percebe que precisa desenvolver para lidar com o mundo VUCA?

4 Sabendo que os dados e as evidências disponíveis nem sempre orientam para uma tomada de decisão sábia, que tipo de preparação, curso ou autoconhecimento você pensa em desenvolver para ser um profissional diferenciado nos novos tempos?

5 Considerando que a ambiguidade trará informações, percepções e opiniões divergentes, qual, na sua opinião, poderá ser uma boa estratégia para diminuir conflitos e chegar a boas decisões?

7.2 OS PAPÉIS DE GESTORES E LÍDERES

Receber um cargo de liderança soa como ganhar um presente: além de um salário maior, você terá o poder de tomar decisões e influenciar os rumos da empresa para a qual trabalha. Outras pessoas vão escutar e acatar as suas ideias. Além disso, você passará a exibir um novo *status* para familiares, amigos e pares do mercado.

A realidade é que você deixará de ser um excelente técnico para passar a gerir pessoas.

Chefes devem ser gestores e líderes ao mesmo tempo.

Gestor é aquele que contrata, treina, cobra, avalia e disciplina subordinados. Sua função também é controlar orçamentos e processos para garantir a qualidade de produtos e serviços. O **líder**, por outro lado, exerce um poder mais natural e informal. São pessoas que exercem influência sobre as demais, sobretudo porque demonstram preocupação com o sucesso do grupo.

A transição de uma função técnica para um cargo de gestão exige quatro grandes mudanças.

1. **Inteligência emocional e inteligência social:** inteligência emocional, autopercepção, resiliência e facilidade para negociar são algumas das habilidades básicas de um gestor.

2. **Buscar resultados gerindo pessoas:** a segunda novidade é buscar resultados não por meio do próprio trabalho, mas em função do desempenho de outras pessoas.
3. **Saber administrar bem o tempo:** em vez de dedicar a maior parte da sua agenda a assuntos e tarefas individuais, será necessário abrir mais espaço para reuniões, apresentações para a equipe e encontros de relacionamento. Afinal, a sua prioridade deixa de ser você mesmo e passa a ser o outro.
4. **Mudança do escopo de habilidades:** não interessa tanto se você tem um grande domínio técnico da sua profissão; é mais importante que você saiba delegar, motivar, planejar, organizar e administrar recursos.

7.3 O GRANDE DESAFIO: A RUPTURA DA PRIMEIRA GESTÃO

O profissional é um excelente profissional técnico e a empresa resolve promovê-lo. Algumas poucas vezes, tudo dá certo; no entanto, geralmente há muito estranhamento, pois na gestão o profissional terá de abandonar costumes já estabelecidos e criar novos hábitos.

O Quadro 7.1 elenca as principais rupturas que normalmente ocorrem na primeira gestão.

Quadro 7.1 Principais rupturas na primeira gestão

De	Para
Desafio técnico:	Gestão:
• Buscar o desenvolvimento de competências específicas em níveis cada vez mais complexos e atualizados, tendo o propósito de ampliar conhecimento • Exercitar suas habilidades em graus máximos de dificuldade	• Identificar-se fortemente com a organização para a qual trabalha, assumindo os compromissos de resultados desta como se fossem pessoais • Sentir como seus tanto os sucessos quanto os fracassos da empresa • Sentir-se bem e valorizado quando tem números expressivos de recursos e resultados sob seu domínio (por exemplo, o porte da área que comanda, o volume de produção, o número de pessoas, o posicionamento da empresa no mercado e os valores financeiros associados ao seu trabalho) • Ampliar seu conhecimento em vários assuntos e ter o domínio de situações mais complexas • Uma profunda capacitação técnica não o interessa
Aliança com os colegas:	Aliança com os níveis superiores:
• Camaradagem	• Inteligência emocional e social • Capacidade de comunicação e influência

Fonte: elaborado pela autora.

7.4 CARACTERÍSTICAS A SEREM ALCANÇADAS POR UM LÍDER

J. C. Benvenutti, especialista no fator humano das empresas, detalha as características que, em sua opinião, formam um líder completo.[2]

- **Caráter:** falar e agir de forma coerente.
- **Carisma:** capacidade de ser aglutinador de pessoas.
- **Comprometimento:** estar disposto a fazer algo. Quem faz é diferente de quem sonha.
- **Comunicação:** uma boa comunicação pede um ambiente claro e propício.
- **Discernimento:** reger-se por valores, não apenas por maneiras.
- **Foco:** quanto mais nítido, mais preciso ele é.
- **Generosidade:** uma vela acende a outra e nenhuma se apaga.
- **Iniciativa:** fazer acontecer. Se não der certo, tentar novamente.
- **Escutar:** para se conectar aos corações.
- **Paixão:** fundamental, é o combustível da vida.
- **Atitude positiva:** é preciso pensar positivamente para que as coisas deem certo.
- **Resolver problemas:** diante de um problema, perguntar-se sempre o que se aprende com ele. Ou se enfrenta o problema, ou se curva diante dele. Não agir como muitas pessoas, que pagam "consórcio de desgraça" e passam anos sofrendo pelo mesmo problema.
- **Relacionamentos:** quando você se dá bem com os outros, estes consequentemente vão se dar bem com você também.
- **Responsabilidade:** posicionar-se na empresa, saber trabalhar em equipe, jogar junto.
- **Segurança:** ter consciência das suas competências e fragilidades. Saber que a diversidade é importante, principalmente no ambiente corporativo.
- **Autodisciplina:** saber liderar a si mesmo.
- **Provedor:** saber amar mais seus colaboradores do que seu próprio cargo.

---

[2] Adaptado de COLA DA WEB. *Liderança nas organizações e perfil do líder*. Disponível em: <https://www.coladaweb.com/administracao/lideranca>. Acesso em: 7 mar. 2019.

- **Aprendiz:** assumir uma atitude de "quanto mais sei, mais sei que nada sei". O importante é aprender sempre e entender que saber algo não pressupõe que não haja mais nada a aprender.
- **Visão:** somos do tamanho dos nossos sonhos. Quem tem sonhos medíocres acabará fazendo coisas medíocres.

Para seu autoconhecimento, verificação de seus pontos fortes e o que necessita de maior atenção, faça a autoavaliação apresentada no Quadro 7.2, dando pontuação de 0 a 10 às suas características de liderança de acordo com o levantamento de Benvenutti.

Quadro 7.2 Avaliação das suas características de liderança										
Característica	1	2	3	4	5	6	7	8	9	10
Caráter										
Carisma										
Comprometimento										
Comunicação										
Discernimento										
Foco										
Generosidade										
Iniciativa										
Escutar										
Paixão										
Atitude positiva										
Resolver problemas										
Relacionamentos										
Responsabilidade										
Segurança										
Autodisciplina										
Provedor										
Aprendiz										
Visão										

Fonte: elaborado pela autora.

A Figura 7.1 ilustra o caminho a ser percorrido para a ascensão crescente da liderança.

Figura 7.1 *Pipeline* de liderança

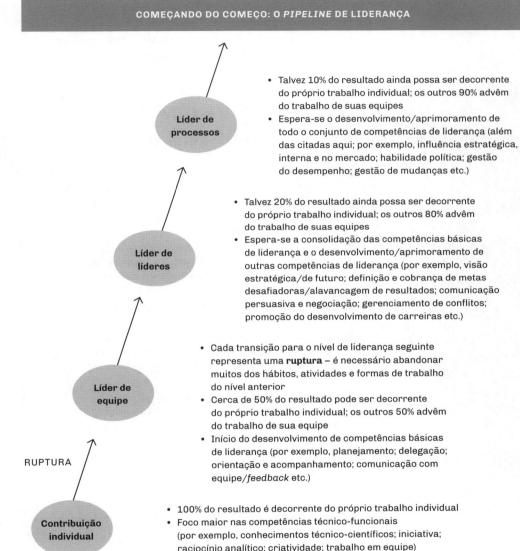

Fonte: CHARAM, R. *Pipeline de liderança*. São Paulo: Campus, 2012.

Ser um líder de equipe é o primeiro passo na escalada da gestão. Cada transição para o nível de liderança seguinte representa uma ruptura – é necessário abandonar muitos dos hábitos, atividades e formas de trabalho do nível anterior.

Nesse primeiro passo, cerca de 50% do resultado pode ser decorrente do próprio trabalho individual, mas os outros 50% advêm do trabalho de sua equipe. Portanto, é fundamental o início do desenvolvimento das competências básicas de liderança (planejamento, delegação, orientação, acompanhamento, comunicação com equipe, *feedback*, entre outros).

PERGUNTAS DE *COACHING*

1. Das características apontadas por Benvenutti, quais você tem certeza de ter 100% desenvolvidas?

2. Das características apontadas por Benvenutti, para quais você precisa dar mais atenção e procurar desenvolver?

3. Para desenvolver essas características, você vai privilegiar pensamentos, sentimentos ou ações? Justifique sua resposta.

4. Qual das seguintes características de liderança – planejamento, delegação, orientação, acompanhamento, comunicação com equipe, *feedback* – é mais simples para você, ou seja, já está em seu desempenho natural?

5. Qual delas é mais desafiadora para você conseguir atingir?

6. Comprometer-se além da conta é um erro quase inevitável e faz parte do perfil do jovem líder. Você está preparado para não cometer esse erro? Como você pretende evitá-lo?

7. Dois sentimentos distintos podem surgir no comportamento com um colega quando se alcança um posto de liderança: arrogância ou condescendência. Na sua opinião, por que eles ocorrem?

8. Apresentar resultado de cara é a grande preocupação de uma pessoa nova no cargo. Quais os pontos positivos de se apresentar resultados significativos logo no início? Quais os negativos?

7.5 ADMINISTRAÇÃO DA MUDANÇA DE ATITUDE

A mudança de atitude quando se alcança um cargo de gestão é resultado de dois vetores: clareza de objetivos e capacidade de ação.

Se o profissional tiver baixo autoconhecimento e baixa clareza de suas forças e fraquezas, movimentar-se com grande intensidade, iludido pelo *glamour* do cargo, dificilmente chegará a ser um ótimo gestor. Se, pelo contrário, tiver muita clareza de suas características e dos pontos a desenvolver mas agir com indolência e passividade, sem ser o protagonista de sua mudança, também estará fadado a ser ultrapassado por outro profissional mais proativo.

FIQUE DE OLHO
Nenhuma mudança de atitude ocorre sem uma forte ação de comportamento de nossa parte.

Por outro lado, se o profissional tiver certeza de onde quer chegar e agir com persistência, disciplina e motivação, as chances de sucesso serão altíssimas.

7.6 O DILEMA DO TEMPO: GESTÃO *VERSUS* EXECUÇÃO

Na primeira gestão, um dos maiores desafios é a **administração de tempo**. Como o profissional veio de um desafio técnico, ele estava habituado a executar, colocar a mão na massa, como se diz. Agora, no entanto, ele deve repassar muitas das tarefas para sua equipe e gerir o *budget*, as pessoas, as tarefas, as estratégias de alcance das metas.

Um bom gerenciamento de tempo requer uma mudança do foco que se dá tanto para as atividades quanto para os resultados. Muitas pessoas associam o "estar ocupado" com produtividade.

FIQUE DE OLHO
Estar ocupado, na verdade, não é o mesmo que ser eficaz.

Quantas vezes você passou o dia começando diversas tarefas sem conseguir concluir nenhuma, ou, caso as tenha concluído, sentiu que poderia ter feito melhor? Isso acontece justamente porque, de maneira geral, estamos acostumados a ter de dividir nossas atenções com o variado número de tarefas que surgem em nossa rotina. Sabemos que isso vale para todos e que, no atual mundo corporativo, precisamos pensar e agir rapidamente. Contudo, se temos de apagar incêndios ou se precisamos resolver tudo "para ontem", podemos usar o tempo a nosso favor.

As três regras de ouro do gerenciamento de tempo são:

1. o gerenciamento de tempo diz respeito ao tempo que é gasto nos lugares certos para fazer as tarefas certas;
2. o gerenciamento de tempo está relacionado ao conhecimento de prioridades, obrigações e sua agenda;
3. o gerenciamento de tempo gasto na vida profissional visa beneficiar também todas as outras áreas da sua vida.

Fazer o gerenciamento de tempo, portanto, não significa encontrar maneiras de trabalhar mais, mas sim de fazer o uso correto do tempo que se tem. É o que chamamos de fazer mais em menos tempo.

PAUSA PARA REFLEXÃO

Sabemos que é muito difícil planejar o gerenciamento de tempo do dia para a noite, até porque não existe um plano a ser seguido. O que funciona para uma pessoa pode ter o efeito contrário para outra. Tudo é uma questão de encontrar o que será bom para você e o que se adequará à sua rotina e ao seu modo de trabalho.

Antes de mais nada, é preciso entender que tudo começa com organização. Portanto, o segredo é organizar suas tarefas e usar o seu tempo de maneira eficiente a fim de cumprir as atividades que surgirem (além daquelas que fazem parte da rotina).

Veja a seguir as dez estratégias para um gerenciamento de tempo eficaz.[3]

1. **Delegue as tarefas.** É muito comum para a maioria de nós acabar executando mais tarefas do que poderíamos (ou deveríamos). Aprenda a delegar e entenda que, ao fazer isso, você não está fugindo das suas responsabilidades. Delegar, aliás, é uma função importante de quem tem cargos de gerência ou liderança. Aproveite e dê mais responsabilidades aos seus subordinados, sempre respeitando suas habilidades e seus conhecimentos.
2. **Priorize o trabalho.** Antes de o dia começar, faça uma lista das tarefas que precisam da sua atenção imediata. Lembre-

---

[3] CAMARGO, R. F. Estratégias para uma gestão do tempo eficaz: aprenda a fazer um gerenciamento do tempo que atue a seu favor. *Treasy*, mar. 2017. Disponível em: <https://www.treasy.com.br/blog/estrategias-para-gestao-do-tempo>. Acesso em: 29 jul. 2018.

-se de que tarefas não tão importantes podem consumir mais tempo que aquelas que exigem execução rápida. Priorize suas tarefas e foque naquelas que precisam ser entregues com urgência ou são mais importantes.

3. **Fuja da procrastinação.** Ultimamente, muitos artigos têm sido escritos sobre o mal da procrastinação. Não é para menos; afinal, ela é um dos itens que mais afetam negativamente a produtividade, podendo resultar em um gasto desnecessário de tempo e energia. De maneira geral, procrastinamos as tarefas mais complicadas ou as menos prazerosas. Uma dica é sempre ter em mente por que aquela tarefa é importante e qual será seu resultado em curto, médio e longo prazo. Além disso, sempre que julgar necessário, peça ajuda ou divida a tarefa em atividades menores, delegando-as.

4. **Agende as tarefas.** Seja com um aplicativo para gerenciar tarefas, uma planilha ou um caderno de anotações, faça uma lista de todas as tarefas que vêm em sua mente. Faça uma lista simples antes de o dia começar, priorizando as tarefas, e tenha certeza de que elas são tangíveis (por exemplo, não adianta pensar que você terminará uma determinada atividade naquele dia se você sabe que ela exigirá mais tempo de você).

5. **Evite o estresse.** O estresse ocorre quando aceitamos mais do que somos capazes de aguentar no nosso dia. O resultado você pode já ter vivenciado: acabamos nos sentindo cansados e nossa mente parece não querer funcionar.

6. **Defina prazos.** Assim que você assumir uma tarefa, defina um prazo realístico e atenha-se a ele.

7. **Evite fazer muitas coisas ao mesmo tempo.** Temos a impressão de que fazer várias coisas ao mesmo tempo é sinônimo de cumprir o maior número possível de tarefas, mas a verdade é que o ser humano desempenha melhor suas atividades quando se concentra em uma coisa de cada vez. Ser multitarefas pode sabotar a sua produtividade.

8. **Comece cedo.** A maioria das pessoas de sucesso começa seus dias cedo. Assim, elas têm mais tempo para sentar, pensar e planejar as próximas horas. Acordar cedo pode deixá-lo mais calmo, criativo e com uma mente mais livre para pensar no dia que está por vir. Estudos mostram que, conforme o dia passa, o nível de energia diminui, o que afeta a produtividade e, por consequência, seu desempenho no trabalho.

9. **Faça pausas.** Quando você achar que está em um beco sem saída, ou quando olhar para as diversas abas abertas no seu computador e não souber mais onde clicar, permita-se uma pausa. Tome um café, um copo de água, troque ideias com um colega ou escute uma música.
10. **Aprenda a dizer não.** Talvez essa seja a regra de ouro e aquela que deve ser adotada por todos. Caso você já se veja sobrecarregado, saiba dizer "não" de maneira educada, explicando seus motivos. Antes de sair pegando todas as tarefas ou projetos que passarem na sua mesa, dê uma olhada na sua lista de coisas a fazer. De nada adiantará assumir mais responsabilidades se você terá de deixar algo de lado.

PERGUNTAS DE *COACHING*

1. Você se considera um bom gestor do tempo? Por quê?
2. Quais as suas forças como gestor do tempo? E suas fraquezas?
3. Dentre as estratégias descritas, quais as três mais importantes para você começar a colocar em ação desde já?
4. O que só você pode fazer que, se for feito, fará uma grande diferença em sua gestão?
5. Como você descreve sua rotina diária, desde que acorda até a hora de ir dormir?
6. Qual a sua agenda no dia a dia profissional?
7. Você é muito interrompido por colegas? Se sim, você consegue pensar uma forma delicada de dizer a eles que está ocupado e vai procurá-los depois?
8. Quais são as atividades diárias que trazem grandes resultados para sua vida como um todo? (Elas devem ocupar 80% de seu tempo.)
9. Que tarefas são urgentes, mas possuem pouca influência para você realizar uma ótima gestão? (Usualmente trazem consequências para outras pessoas.)
10. Que tarefas não possuem importância, não são urgentes e trazem poucas consequências imediatas para sua ótima gestão?

Todos os dias, você pode e deve lembrar os motivos que o estão fazendo ter planos e persistir.

7.7 IMPACTOS DA MOTIVAÇÃO

A motivação deve ser trabalhada diariamente.

Deve ser redobrada nos momentos de crise, desânimo e cansaço. Ela será o pilar fundamental de quaisquer metas que se deseje alcançar.

PAUSA PARA REFLEXÃO
Existe uma diferença entre querer alcançar o objetivo e comprometer-se a alcançá-lo. Reflita sobre essa sutileza!

Não basta apenas estabelecer uma meta, fazer um plano de ação e cumprir as etapas estabelecidas. O ponto fundamental é obter os resultados de cada etapa. É preciso estar comprometido com o objetivo que se deseja.

Você sabe que está comprometido por meio de alguns fatores-chave: iniciativa para colocar em prática ideias que podem melhorar o resultado de suas ações; responsabilidade pelos resultados alcançados; busca de maior produtividade, deixando de adiar tarefas; e consciência de que sempre é possível melhorar.

Lidar com a motivação é lidar com a subjetividade humana. Você, como gestor, deve entender que o que motiva alguns não motiva outros. Embora a motivação seja interna, o gestor pode e deve criar estratégias para motivar sua equipe a ter um desempenho melhor.

Existem duas vertentes pelas quais o ser humano se motiva: pela dor ou pelo prazer.

Motivar-se pela dor é pensar em consequências negativas para a ação. Motivar-se pelo prazer é agir impulsionado por consequências positivas.

Um exemplo de motivação pela dor é pressionar sua equipe a realizar uma tarefa falando que, caso ela não seja entregue a tempo, todos terão de trabalhar até mais tarde.

Um exemplo de motivação pelo prazer é explicar que, quanto antes a tarefa for concluída, maiores serão as possibilidades de aprimorar e agregar credibilidade ao projeto.

PERGUNTAS DE *COACHING*

1. O que motiva você a levantar da cama todos os dias?
2. Faça uma lista com suas motivações prioritárias, de 1 a 5, sendo 1 a mais importante.
3. Como você identifica a motivação de sua equipe? Há pessoas desmotivadas? Pense em uma estratégia para descobrir o que pode motivá-las.
4. Você conhece ferramentas e técnicas de motivação?

Mudar a forma como você vincula dor e prazer aos diversos aspectos de sua vida pode melhorar significativamente seu humor e seus resultados.

7.8 TESTE SUA HABILIDADE DE GESTÃO

O Quadro 7.3 apresenta um questionário para testar a sua habilidade de gestão. Marque, em uma escala de 0 a 10, como você avalia sua atuação como gestor em cada uma das afirmativas. Responda de acordo com o que você percebe na realidade, e não com o que você gostaria de ser.

Quadro 7.3 Questionário sobre habilidade de gestão

Sou comprometido com o desenvolvimento de talentos dentro da minha equipe.
0 1 2 3 4 5 6 7 8 9 10

Sou capaz de identificar os motivadores individuais dos membros da minha equipe.
0 1 2 3 4 5 6 7 8 9 10

Com relação a meu relacionamento interpessoal com os membros da minha equipe, fico à vontade para exercer minha dominância.
0 1 2 3 4 5 6 7 8 9 10

Minha habilidade no gerenciamento de conflitos entre os membros da equipe é:
0 1 2 3 4 5 6 7 8 9 10

Minha tolerância e capacidade de ouvir ideias, sugestões e contribuições da equipe é:
0 1 2 3 4 5 6 7 8 9 10

Tenho flexibilidade e capacidade para me comunicar com pessoas de diferentes níveis hierárquicos e de diversos ambientes sociais e culturais.
0 1 2 3 4 5 6 7 8 9 10

Tenho habilidade para definir claramente as metas e os objetivos a serem atingidos, e o índice de retrabalho é mínimo.
0 1 2 3 4 5 6 7 8 9 10

Costumo ser um bom planejador de ações e tarefas.
0 1 2 3 4 5 6 7 8 9 10

Preparo minha equipe para assumir responsabilidades e ela responde adequadamente quando eu não estou presente.
0 1 2 3 4 5 6 7 8 9 10

Consigo fazer um bom gerenciamento de tempo no dia a dia profissional.
0 1 2 3 4 5 6 7 8 9 10

Tenho uma visão dos processos sob a minha gestão e organizo bem as prioridades.
0 1 2 3 4 5 6 7 8 9 10

Identifico as prioridades e as transmito à minha equipe.
0 1 2 3 4 5 6 7 8 9 10

Lido bem com imprevistos e não sinto muito o estresse da vida profissional.
0 1 2 3 4 5 6 7 8 9 10

Fonte: elaborado pela autora.

Confira a seguir o resultado de suas respostas:

- As opções em que você marcou de 8 a 10 indicam que você realmente está comprometido com uma liderança eficaz e toma atitudes que fazem com que sua equipe apresente um excelente desempenho.
- Nas opções em que você marcou 6 e 7, você está em vias de obter um excelente desempenho. Falta apenas autocontrole ou aprendizado maior para que você atinja um nível de excelência.
- A marcação de 4 ou 5 nas opções indica que ainda há um caminho a ser percorrido para que você se sinta plenamente confortável na posição de liderança e obtenha resultados significativos em sua equipe. É bom acender a luz de alerta. Muitas vezes, você sabe racionalmente como deve agir, mas alguns pensamentos, sentimentos ou sabotadores internos atrapalham. Você deve ser o protagonista de sua carreira profissional e buscar seu desenvolvimento por meio de mentoria e *coaching*.
- Nas opções marcadas com 0 a 4, cuidado! Você está em uma posição frágil, pois seu desempenho não é o esperado de sua função. Assuma o controle e busque melhorias, se quiser continuar na empresa.

CASO REAL

Júlia era uma excelente advogada, com ampla experiência nas áreas cível, trabalhista e tributária, e muita vivência em análise de casos, reunião com clientes, pesquisas, audiências e acompanhamento processual. Destacava-se na equipe por sua conduta e decisões equilibradas. Era considerada uma profissional acima da média, por sua qualidade técnica e dedicação.

Procurou-me em 2012 por estar infeliz como gestora da área jurídica de uma grande empresa prestadora de serviços. O objetivo da Júlia era encontrar um novo emprego para "trabalhar com consultoria e contratos, sair do contencioso e da gestão de pessoas".

Sentia-se extenuada com a falta de tempo, com a gestão de pessoas e com a tensão resultante da grande responsabilidade. Sua vida pessoal estava impactada negativamente por seu estresse e falta de tempo.

Ao longo de nossos encontros, verificamos sua dificuldade em delegar tarefas e responsabilidades justamente por ela ter uma expertise técnica muito grande. A falta de confiança na entrega dos profissionais de sua equipe e o excesso de relatórios de gestão exigidos por sua empresa faziam-na trabalhar das 7 às 21 horas. Segundo ela, "não havia tempo nem para respirar". Desnecessário acrescentar que ela estava preocupada, dormindo mal e sentindo-se triste.

Na busca por alternativas profissionais, concluiu que teria de considerar uma diminuição significativa de salário. Essa opção não a interessava.

Para melhorar sua vida e carreira, Júlia necessitava do desenvolvimento de determinadas competências de liderança. Desenvolver a liderança é um desafio que contempla o autoconhecimento, a consciência sobre o impacto dos comportamentos na vida dos liderados e na própria vida.

O *coaching*, sendo um processo para desenvolvimento de novas possibilidades positivas, leva a pessoa a alcançar diferentes entendimentos, alternativas e opções.

Assim, o *coaching* executivo para a Júlia propôs um processo com as seguintes metas:

- Desenvolver o otimismo, a esperança e demonstrar empatia para gerar confiança.
- Automotivar-se por meio de ganhos e recompensas, alterando o *mindset* de negativo para positivo.

- Identificar habilidades dos membros das equipes e elaborar uma matriz de desenvolvimento para preparar pessoas-chave para demandas específicas.
- Delegar, identificando os melhores profissionais para determinadas tarefas e colocando-se disponível dentro de determinada grade de tempo para prestar assistência e realizar o controle.
- Compartilhar conhecimento e experiência.
- Motivar a equipe.
- Estimular a equipe a assumir maiores responsabilidades.
- Planejar o tempo de forma eficaz, definindo prioridades, urgências e atividades essenciais.
- Dar e receber *feedback* constantemente.

Por meio do processo, da ressignificação de modelos de pensamento e da potencialização de forças e talentos, constituiu-se uma liderança geradora de maior engajamento, produtividade e qualidade de vida para todos.

8

O GESTOR

E SEU PILAR PRINCIPAL:

A COMUNICAÇÃO

8.1 LIDERANÇA E COMUNICAÇÃO

Seja em uma gerência, em um cargo de coordenação ou até mesmo em uma atividade técnica, as pessoas que se destacam são as que têm maior habilidade para se comunicar e se relacionar. A comunicação é, com certeza, um dos maiores impulsionadores de conquistas, tanto pessoais quanto corporativas.

Liderança e comunicação andam de mãos dadas. Bons comunicadores parecem conseguir o que desejam com mais facilidade. Eles são simpáticos e têm uma linguagem adequada à situação. Quanto maiores as habilidades de comunicação com diferentes pessoas e quanto mais apurada a capacidade do comunicador para fazer os ajustes necessários aos diferentes profissionais que formam sua equipe, maior a chance de haver empatia, gerar confiança, melhorar a gestão e a produtividade. O caminho para o sucesso, então, fica mais fácil.

FIQUE DE OLHO
Já está comprovado que os profissionais que alcançam maior sucesso são aqueles que conseguem interagir com os outros, ajustando sua linguagem a diversas situações e a diferentes expectativas.

A comunicação é o pilar básico que sustenta a liderança: maus comunicadores criam e nutrem a incerteza, enquanto bons comunicadores constroem equipes confiantes, buscam superação constante de metas e trabalham em sinergia com seus pares.

A habilidade de comunicação interfere em muitos contextos do mundo do trabalho: liderança, motivação de equipes, negociações, *networking*, entrevistas, reuniões e apresentações em público, entre outras.

FIQUE DE OLHO

A comunicação é a competência mais requerida aos gestores das maiores organizações do mundo; dominá-la é decisivo no destino da carreira da maioria dos executivos.[1]

É fácil compreender essa influência e força da comunicação, pois os seres humanos são essencialmente seres sociais, influenciados desde que nascem pelos comportamentos verbais e não verbais de outras pessoas. Constituímos nosso modo de ser, nosso "eu", a partir dessas interações e levamos esse nosso perfil comunicacional para o mundo do trabalho.

Muitos chefes só se preocupam em administrar e se esquecem da importância da comunicação, deixando em segundo plano comportamentos que causam impacto direto no trabalho: *feedback*, delegação clara, gestão de conflitos, convivência entre as pessoas e muitos outros aspectos sociais.

Alguns gestores iniciantes pensam que será um desperdício de tempo cuidar dos subordinados. Trata-se, porém, de um grande equívoco, por uma simples razão: o resultado não cai do céu – são as pessoas que o geram.

FIQUE DE OLHO

Antes, havia uma gestão focada em corrigir, determinar e indicar procedimentos; hoje, a gestão de pessoas é guiada por novos parâmetros: guiar, influenciar, negociar, desenvolver e compartilhar saberes.

Ken Blanchard, em suas reflexões sobre liderança, afirma que "nenhum de nós é tão inteligente quanto nós todos".[2] Certa vez, ao abordar os trabalhadores de uma fábrica, perguntou por que a taxa de rotatividade do local beirava os 200%. No processo de comunicação entre ele próprio e os empregados da fábrica, descobriu que estes não aguentavam o calor e, por isso, pediam demissão tão logo encontravam outro trabalho. Blanchard relatou – mais uma vez usando a comunicação como ferramenta privilegiada – a descoberta ao presidente da empresa, que consertou o ar-condicionado e viu a rotatividade da fábrica baixar de 200% para 10%.

---

[1] KYRILLOS, L.; JUNG, M. *Comunicar para liderar*. São Paulo: Contexto, 2015. p. 14.
[2] BLANCHARD, K. *A alma do líder*. São Paulo: Garimpo, 2009. p. 20.

PERGUNTAS DE *COACHING*

1. Você estimula nas pessoas o sentimento de engajamento com o grupo, comunicando claramente os pontos positivos e elevando a autoestima de todos?

2. O que você fala para estimular a criatividade e inspirar entusiasmo?

3. Você tem o hábito de dar *feedback* positivo às pessoas constantemente?

4. Você tem um bom relacionamento com os ocupantes de cargos em diferentes níveis da organização?

5. Você sabe se expressar com clareza?

6. Você consegue se expressar para influenciar o outro?

7. Você elogia cada progresso das pessoas com quem você lida?

8. Você tem o hábito de organizar as ideias na cabeça ou no papel antes de falar com a equipe?

8.2 CARACTERÍSTICAS DA COMUNICAÇÃO EFICIENTE E EFICAZ

O que faz um comunicador ser eficiente? Na maioria das vezes, conseguimos reconhecer e distinguir um comunicador eficiente daquele que não o é. Entretanto, a própria experiência nos mostra que há sempre mais de uma maneira de obter uma comunicação bem-sucedida. Algumas pessoas falam com um toque maior de seriedade, outras com elementos de humor; umas são bastante diretas, outras usam de maior diplomacia. Assim, temos de constatar que diferentes estilos de comunicação podem ser eficientes.

Como a noção de comunicação eficiente varia de pessoa para pessoa e de situação para situação, é um erro pensarmos que o comunicador tido como eficiente será sempre bem-sucedido. Muitas vezes, até aquelas pessoas nas quais percebemos um bom desempenho social podem apresentar dificuldades de comunicação em situações de intimidade.

Capítulo 8 O gestor e seu pilar principal: a comunicação **195**

PAUSA PARA REFLEXÃO
Cada ser humano é único e tem seu sistema próprio de valores, crenças e percepções, os quais produzirão maneiras de comunicação individuais. Você já parou para pensar em qual é o seu estilo?

Uma das chaves para a competência em comunicação é ter flexibilidade e instrumental linguístico para ajustar-se às diferentes situações.

Brincadeiras comuns entre amigos podem tornar-se um desastre caso um deles esteja vivendo uma situação de abalo pessoal. O bate-papo com a família pode ser percebido como ofensivo caso a linguagem empregada seja a mesma da noite descontraída com os amigos.

São cinco as características dos comunicadores competentes, conforme descrito a seguir.

1. **Um amplo espectro de comportamentos:** quanto maiores forem as opções de "respostas" à sua disposição, maior chance a pessoa terá de escolher a que julgar mais adequada.
2. **Habilidade para discernir qual o melhor tipo de mensagem:** embora seja impossível determinar como agir em todas as situações, a escolha da melhor forma de enviar uma mensagem deve levar em conta três elementos: o contexto, a sua meta e a outra pessoa.
3. **Habilidade de desempenhar o tipo de mensagem escolhido:** há uma grande diferença entre saber o que fazer e fazê-lo.
4. **Empatia/mudança de perspectiva:** entender o ponto de vista do outro traz um grande diferencial na hora de escolher o melhor tipo de mensagem a ser enviado naquele momento.
5. **Complexidade cognitiva:** ter a habilidade de interpretar o comportamento de outrem sob várias formas.

Transpondo para o mundo corporativo, a lista a seguir traz 12 dicas para que você seja um comunicador eficiente e eficaz:

1. Não interrompa seu interlocutor. Ouça-o até o final.
2. Ouça de forma ativa, e não passiva.
3. Use a paráfrase para certificar-se de que seu entendimento é correto.
4. Faça contato visual.
5. Estabeleça na sua mente os pontos principais a serem tratados em uma conversa.

6. Inclua seu interlocutor nas soluções, fazendo perguntas e mostrando-se aberto a colaborações.
7. Mantenha sempre o respeito.
8. Cuide de sua postura corporal e de seu tom de voz.
9. Critique com fatos e não com opiniões.
10. Fale de acordo com seu público.
11. Seja positivo.
12. Foque no resultado da conversa.

PERGUNTAS DE *COACHING*

1. Você concorda que existem diferentes pontos de vista e que as pessoas veem as coisas conforme sua visão e valores?
2. Você ouve com paciência argumentações contrárias às suas ideias sem reagir precipitadamente?
3. Você costuma usar exemplos e histórias para ilustrar sua opinião?
4. Você tem o hábito de elogiar seus colegas?
5. Você concorda que a forma como uma informação é passada pode afetar a eficácia da ação?
6. Você faz contato visual com seu receptor?

8.3 A FORÇA DA COMUNICAÇÃO NÃO VERBAL

Na sociedade atual, o ser humano se relaciona por meio de dois níveis de comunicação: verbal e não verbal.

FIQUE DE OLHO
Segundo pesquisas, apenas 35% do significado social de uma conversa correspondem às palavras pronunciadas; os outros 65% seriam correspondentes aos canais de comunicação não verbal. Assim, a relevância das palavras em uma interação entre pessoas é apenas indireta, pois grande parte da comunicação se processa em um nível abaixo da consciência.

Muitas vezes, existem lacunas – ou dissonâncias – entre o que as pessoas dizem e o que elas sentem, o que nos leva a concluir que existe um tipo de comunicação da mensagem que não é aquela tradicionalmente expressa pelas palavras. Esses dois níveis de comunicação, verbal e não verbal, podem se apresentar e atuar complementando-se ou contrapondo-se no discurso.

A comunicação verbal é a forma discursiva, falada ou escrita, na qual mensagens, ideias ou estados emocionais são expressos. A comunicação humana não verbal é a forma não discursiva, efetuada por meio de vários canais de comunicação.

Os gestos e movimentos fazem parte dos inúmeros canais de comunicação que o ser humano utiliza para expressar suas emoções e sua personalidade, comunicar atitudes interpessoais, transmitir informações nas cerimônias, nos rituais, nas propagandas, nos encontros sociais e políticos e nas demonstrações de arte.

De fato, a comunicação não verbal existe. Não há como evitá-la, pois ela estará presente em qualquer inflexão da voz, em pequenas mudanças posturais, na respiração e até no vestuário escolhido.

Entretanto, embora a comunicação não verbal exista, nem sempre estamos conscientes dela. Apesar da não intencionalidade com que a manifestamos, os outros a reconhecem e respondem a ela.

Um dos pioneiros no estudo da comunicação não verbal é Pierre Weil. No livro *O corpo fala*, cuja primeira edição foi publicada em 1986, Weil, em parceria com Roland Tompakow, explora a fascinante mensagem que o corpo transmite. São "gestos inconscientes e que, por isso mesmo, se relacionam com o que se passa no íntimo das pessoas".[3]

A seguir, acompanhe um breve resumo dos aspectos básicos das mensagens de comunicação não verbal que impactam a gestão de pessoas.

8.3.1 POSTURA E GESTOS

A postura é um canal muito importante para expressar não verbalmente diversas sensações. Pode significar cansaço, vulnerabilidade, inquietação, controle e vários outros sentimentos.

O ato de espelhar uma postura pode gerar a necessária empatia na comunicação. O fundamental é não nos precipitarmos em conclusões porque, estando elas erradas, todo o trabalho de empatia irá por água abaixo.

---

[3] WEIL, P.; TOMPAKOW, R. *O corpo fala*. 54. ed. Rio de Janeiro: Vozes, 2002. p. 15.

8.3.2 FACE E OLHOS

O rosto e os olhos são canais de expressão muito intensos e aproximam ou retraem sentimentos. Um olhar descontraído provoca maior grau de empatia que uma expressão carrancuda. Da mesma forma, o estabelecimento de contato visual provoca envolvimento, enquanto o desvio do olhar sinaliza o desejo de evitar o contato.

Alguns estudos identificaram seis emoções básicas expressas pela face e pelos olhos, reconhecíveis entre os membros de muitas culturas: supresa, medo, raiva, aversão, alegria e tristeza.

8.3.3 VOZ E ENTONAÇÃO

A voz e a entonação são poderosas comunicadoras de mensagens, denominadas paralinguísticas, pois são capazes de provocar mudanças radicais ou sutis de sentido pela simples transferência de ênfase e de pausa. Veja a seguir:

- *Esta* é uma apostila de instrução fantástica = não é uma apostila qualquer, mas esta em particular.
- Esta é uma apostila de instrução *fantástica* = esta apostila é superior a outras.
- Esta é uma *apostila* de instrução fantástica = não é um livro, mas sim uma apostila, e deve ser entendida como tal em sua diferença a outros meios.

8.3.4 TOQUE

O toque pode comunicar diversas mensagens. Devem ser cuidadosamente observadas as normas culturais do grupo em questão.

Como o contato faz parte do desenvolvimento físico e neurológico das crianças, ele tende a ter uma influência positiva, estimulando a empatia.

8.3.5 ATRAÇÃO FÍSICA

De acordo com vários estudos e pesquisas, parece que o poeta Vinícius de Moraes estava certo: as pessoas tendem a ter mais empatia por pessoas que julgam mais atraentes.

Felizmente, a beleza não é só aquela divulgada culturalmente pelos meios de comunicação, mas envolve atributos como postura, gestos e expressões faciais, além da vestimenta e da capacidade de empatia.

8.3.6 VESTUÁRIO

O vestuário é um meio direto de comunicação não verbal. As roupas podem expressar a situação econômica, o nível de instrução, os padrões morais, o interesse esportivo ou o nível de sofisticação da pessoa.

Os comunicadores que se preocupam com a vestimenta adequada costumam ganhar em poder de persuasão, obtendo respostas mais positivas que aqueles que não atentam para o que estão vestindo.

8.3.7 DISTÂNCIA

O estudo da distância com que os seres humanos usam o espaço pessoal é tão importante que produziu uma disciplina particular: a proxêmica. Há, didaticamente, quatro tipos de distância:

1. **íntima:** do contato da pele até 45 cm;
2. **pessoal:** de 45 cm a 1,2 metro;
3. **social:** de 1,2 a 3,5 metros;
4. **pública:** mais de 3,6 metros.

Em seu ponto mais longínquo, 7,5 metros, a comunicação de duas vias torna-se difícil.

PERGUNTAS DE *COACHING*

1 Você tem consciência da força e importância da comunicação não verbal?

2 Você utiliza recursos da comunicação não verbal para reforçar o que diz ou influenciar seu receptor?

3 Você concorda com a frase: "A boca pode dizer uma coisa, mas o corpo expressa outra"? Por quê?

4 Quais recursos da comunicação não verbal você usa mais? E para quê?

8.4 COMUNICAÇÃO ASSERTIVA: OBJETIVIDADE E CLAREZA

Uma comunicação objetiva, que não incorra em duplo sentido e evite metáforas, ambiguidades e longas explanações, tem muitas vantagens na gestão de pessoas por focar exclusivamente na mensagem a ser transmitida e orientar o receptor à execução de ações.

FIQUE DE OLHO
Em uma comunicação objetiva, a mensagem se articula em função das informações apresentadas, sem que sejam acrescidos elementos que distraiam o leitor daquilo que se deseja transmitir.

No livro *Redação empresarial*,[4] de minha autoria, desenvolvi uma metodologia para a assertividade das mensagens. Em uma mensagem assertiva, a ideia principal precisa estar muito bem definida. A mensagem pode conter várias ideias principais, sem dúvida, mas é importante não confundi-las com as ideias secundárias.

Como identificamos a ideia principal ou as ideias principais que desejamos transmitir? Fazendo a seguinte pergunta: O que eu preciso dizer ao destinatário? A resposta a essa pergunta indicará a ideia principal da mensagem.

Note que você deve elencar as ideias que realmente precisam ser ditas, sob risco de não se obter o retorno esperado.

Essa primeira orientação é fundamental para que a mensagem seja explicitada com objetividade e atenda tanto à necessidade do destinatário quanto à necessidade de eficácia do emissor.

Qual a diferença entre ideia principal e ideia secundária? Ideia secundária é aquela que auxilia no entendimento da mensagem, explicando o motivo do comunicado, ou, ainda, conferindo delicadeza a ela.

Vale ressaltar que, caso a ideia secundária não esteja presente, o entendimento e a eficácia da mensagem não ficam comprometidos.

Para identificar quais ideias podem ajudar o leitor na assimilação da mensagem, formule a seguinte pergunta: Quais

---

[4] GOLD, M. *Redação empresarial*. 5. ed. São Paulo: Saraiva, 2017.

informações podem ajudar o destinatário na boa assimilação de minha mensagem? Repare que, ao utilizar as respostas a essa pergunta, você trará elementos de persuasão para obter eficácia em sua mensagem.

Todas as informações restantes, em que há uma explicação excessiva, são ideias terciárias. Ou seja, ideia terciária é aquela que atrapalha a assimilação das ideias principais e *não* deve constar de sua mensagem.

Muitas vezes, por estarmos envolvidos pelo contexto, somos contaminados por várias ideias-satélites que julgamos interessantes. Entretanto, elas podem atrapalhar o leitor na assimilação da ideia principal, em vez de auxiliá-lo.

Muniz Sodré, ao estudar o funcionamento dos textos nos meios de informação, detalha as características de uma boa mensagem informativa:

- Clareza: esta é a primeira condição do texto informativo. Visão clara dos fatos e exposição fácil são indispensáveis para o redator.
- Concisão: a expressão concisa exige palavras indispensáveis, justas e significativas. É o contrário da verborragia, da redundância.
- Densidade: tem significado vizinho ao de concisão. Um texto denso requer fatos e mais fatos. Cada palavra ou frase deve estar cheia de sentido.
- Simplicidade: esta qualidade resulta do emprego de palavras comuns e familiares. Os redatores experientes falam da "complicada arte de ser simples".
- Exatidão: ser exato no texto significa fugir das palavras de sentido muito amplo e buscar o termo justo.
- Precisão: o texto preciso mantém o rigor lógico-psicológico da frase, evitando a ambiguidade.
- Naturalidade: enquanto a simplicidade diz respeito ao estilo, a naturalidade se refere ao tom. Escrever com naturalidade é saber evitar o pedantismo e a afetação.
- Variedade: é a diversificação expressiva, de acordo com o que se narra. A falta de variedade leva à monotonia estilística.
- Ritmo: cada fato ou história exige um ritmo próprio (grave, reflexivo, cômico etc.).
- Brevidade: equivale à concisão e à densidade. Trata-se de dizer apenas o necessário.

Vale salientar: a objetividade completa é impossível no processo de comunicação.

Como vimos no início deste capítulo, toda e qualquer escolha de palavras está condicionada pelos filtros individuais de significação, valores, culturas e pode, na expressão das ideias, apresentar pequenas variações de sentido. Por isso, recomenda-se escolher sempre o vocabulário mais adequado, que não contenha "significados residuais", como mostram os exemplos a seguir.

- Com o regime, ela ficou esquelética. (tom negativo)
- O Rio recebe o turista de braços abertos. (tom positivo)

Para que a escolha vocabular seja a mais adequada, é necessário levar em conta todos os elementos que participam do ato de comunicação (emissor, receptor, canal, código) e a situação contextual e psicossocial. Outro ponto fundamental para que o gestor consiga objetividade é a fixação do objetivo da mensagem que se deseja transmitir.

Ter bem clara a ideia que orienta a informação ajudará muito na compreensão da mensagem e na motivação para a ação que se deseja do grupo.

O que é fixar o objetivo da mensagem?

Fixar o objetivo é selecionar a linha de pensamento que orientará a condução das ideias. Simulando uma situação, podemos imaginar que um gestor precise comunicar a sua equipe que a empresa passará por uma fusão.

Quem já passou por alguma situação semelhante sabe que esse é um assunto complexo e que pode gerar ansiedade, receio de ser dispensado, desmotivação e competição interna.

Por isso, fixar o que se deseja obter com a transmissão dessa informação ajudará o gestor. Se ele desejar enfatizar que esse movimento já era previsto pela diretoria há tempos e que a empresa já se reorganizou para a mudança, a equipe ficará menos receosa com as mudanças.

Para cada objetivo, haverá uma comunicação completamente diferente. Se, ao contrário, o gestor misturar vários objetivos, a clareza estará comprometida e o clima de incerteza tenderá a aumentar consideravelmente.

A fixação do objetivo em qualquer comunicação auxilia a correlação de ideias afins ao assunto em pauta, fazendo com que o emissor mantenha controle e clareza.

> Para saber mais sobre como expressar as ideias com maior clareza, identificando as principais e as secundárias, consulte o meu livro *Redação empresarial*.[5] Nele você tomará conhecimento de uma metodologia que orienta a construção de mensagens objetivas, assim como os cuidados a serem tomados para que objetividade não se confunda com arrogância.

8.5 GERINDO PERFIS COMUNICACIONAIS E SUAS DIFERENÇAS COMPORTAMENTAIS

Viver em grupo é o principal desafio do ser humano. Há pessoas que apresentam essa habilidade de forma natural, mas nem todos conseguem interagir com indivíduos de diferentes perfis, contornando as barreiras naturais decorrentes de comportamentos diferentes daquele esperado.

Um bom levantamento para a compreensão do seu modo de se comportar e, por extensão, a conduta de outras pessoas é o dos **tipos de perfil**, que aborda o comportamento e o estilo de comunicação privilegiado de cada pessoa.

FIQUE DE OLHO
Qualquer pessoa que apresente um perfil de comportamento diferente daquele valorizado em seu meio terá potencialmente mais dificuldade para se fazer entender e conseguir apoio e aceitação de seus pares.

Como lidar com alguém que é paciente e reservado se você tem como característica pensar e agir rapidamente para enfrentar situações? Por outro lado, como alguém que tem um comportamento ponderado avaliará aquele que toma iniciativas e age de forma incisiva?

Pesquisadores chegaram à conclusão de que existem, basicamente, quatro perfis comportamentais: o expansivo, o compreensivo, o centralizador e o analítico (Quadro 8.1).

---

[5] GOLD, 2017.

Quadro 8.1 Os quatro perfis comportamentais

Tipos de perfil	Principal característica
Perfil expansivo	Gosta de falar e apresentar suas ideias
Perfil compreensivo	Gosta de ser amável com todos
Perfil centralizador	Tem foco no resultado
Perfil analítico	Valoriza os detalhes

Fonte: elaborado pela autora.

Veja os perfis em detalhes:

- O *perfil expansivo* gosta de apresentar ideias. É criativo, entusiasmado, estimulante e persuasivo. Para obter apoio do grupo, usa suas habilidades sociais e cria novas ideias cativantes.
- O *perfil compreensivo* é naturalmente relacional. Amável, sempre compreensivo, é prestativo e faz questão de trabalhar pela equipe. Para obter apoio do grupo, faz amizades, trabalha para o bem do time e busca a harmonia.
- O *perfil centralizador* tem como principal característica a orientação para o resultado. É decidido, eficiente, rápido e objetivo, assumindo riscos. Na relação com o grupo, confia na eficiência do trabalho bem realizado e entregue dentro do prazo.
- O *perfil analítico* tem como principal característica valorizar os procedimentos. É sério, organizado, paciente, cuidadoso e não gosta de riscos. Obtém apoio do grupo por manter-se a par do que acontece e ser um especialista no que faz.

Todos esses perfis têm seus pontos positivos, mas também apresentam pontos negativos, e serão justamente estes que impactarão o relacionamento interpessoal.

Por exemplo, o perfil expansivo pode ser visto pelo grupo como superficial e impulsivo. O compreensivo pode ter seu comportamento entendido como alguém que não se posiciona e fica "em cima do muro". Já o perfil centralizador pode ser percebido como exigente e crítico demais, quase um tirano. E o analítico, por ser tão meticuloso, pode ser visto como indeciso, perfeccionista e, muitas vezes, procrastinador.

Capítulo 8 O gestor e seu pilar principal: a comunicação **205**

O Quadro 8.2 apresenta os principais desafios que esses perfis necessitam superar.

Quadro 8.2 Principais desafios dos perfis comportamentais	
Tipos de perfil	**Desafio e superação**
Perfil expansivo	Aprender a ouvir e ser mais paciente
Perfil compreensivo	Ter mais segurança e se posicionar de forma assertiva
Perfil centralizador	Ter paciência com o tempo dos outros
Perfil analítico	Separar o que é relevante do que não é

Fonte: elaborado pela autora.

Como lidar e melhorar a comunicação com cada tipo de perfil?

1. **Perfil expansivo:** o gestor deve explorar aspectos positivos da pessoa, como a facilidade, a rapidez de pensamento e expressão, o pensamento voltado para a criatividade e inovação. Quanto ao *feedback* sobre aspectos negativos desse perfil (por exemplo, não ir fundo ao problema, ter metas irrealistas, vender demais a si mesmo), o gestor deve lembrar-se da técnica sanduíche[6] e começar reforçando as características positivas.

2. **Perfil compreensivo:** o gestor pode fazer referência à capacidade de harmonizar as pessoas, eliminar conflitos, trabalhar bem em grupo e ser aceito por todos. O *feedback* das características negativas também deve ser dado com muito cuidado (por exemplo, ter dificuldades em dizer não, ser um tanto desorganizado, agradar demasiadamente aos outros e entregar pouco).

3. **Perfil centralizador:** como tende a ser controlador, o gestor deve tomar algumas providências específicas para torná-lo um aliado e, aos poucos, desenvolver suas competências interpessoais, mostrando o quanto as pessoas, e não só os resultados, são importantes. O gestor deve valorizar sempre as características a respeito do atingimento de metas,

---

[6] Técnica sanduíche: iniciar a comunicação com uma característica positiva, inserir a observação sobre o que precisa ser melhorado e finalizar com forças e talentos do profissional.

da racionalização e da economia de tempo, cuidando de apoiá-lo nas dificuldades de relacionamento.
4. **Perfil analítico:** recomenda-se que o gestor pratique a escuta, mas aponte a necessidade de objetividade na fala dessa pessoa, uma vez que ela tenderá a dar explicações muito longas e detalhadas. Ao ressaltar o cuidado na análise dos dados e a sistematização das informações, o gestor obterá o apoio e a confiança desses indivíduos que são avessos ao risco.

8.6 O PROCESSO DE COMUNICAÇÃO E A PROMOÇÃO DE CONFIANÇA

Ao observarmos atentamente como as pessoas se comunicam, verificamos que a comunicação nunca é unilateral, ou seja, não é uma atividade que fazemos independentemente de toda a nossa vivência e visão de mundo. Ela depende da interação com outra pessoa, necessariamente alguém que possui suas próprias experiências de vida.

FIQUE DE OLHO
As fronteiras desaparecem e o mundo se torna pequeno. Aumentaram as demandas de serviços baseados no conhecimento e nas tecnologias da informação e da comunicação, que são justamente as que permitem as novas concepções do espaço e do tempo.[7]

O bom comunicador sabe que a eficiência não depende apenas de suas habilidades de oratória, mas também de quem é seu parceiro nesse processo. Por isso, algumas pessoas destacam-se no mundo corporativo por conseguirem interagir com outras, adaptando-se a diferentes perfis, expectativas, talentos e níveis de compreensão das mensagens.

Tudo é comunicação. Na gestão de pessoas e nos relacionamentos, dentro e fora do mundo corporativo, tudo que é dito e o que não é dito, tudo que é feito e o que não é feito, tudo isso comunica algo – e, obviamente, gera consequências.

A Figura 8.1 mostra como somos influenciados o tempo todo por comportamentos verbais e não verbais de outras pessoas.

---

[7] GASALLA-DAPENA, J. M. *A nova gestão de pessoas*. São Paulo: Saraiva, 2007. p. 190.

Figura 8.1 Modelo de comunicação transacional

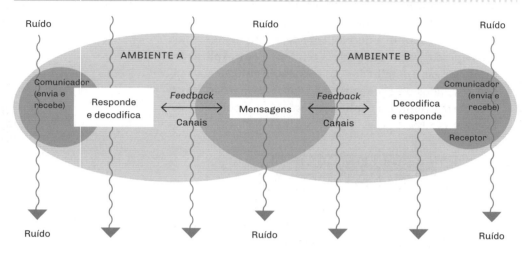

Fonte: ADLER, R.; RODMAN, G. *Comunicação humana*. 7. ed. Rio de Janeiro: LTC, 2003. p. 9.

Observe que o comunicador que envia a mensagem é agora aquele que também recebe do outro informações, muitas vezes não verbais, e que precisa estar atento ao *feedback* para ajustar constantemente sua mensagem.

Como exemplo, veja uma situação prática do mundo corporativo. Considere que o gestor precise delegar uma tarefa complexa próximo ao horário de saída do trabalho. Até que ponto ele sabe se sua equipe tem compromissos inadiáveis, para os quais não pode se atrasar? Nesse contexto, eles estarão com a atenção inteiramente focada no que o gestor está dizendo? Ou estarão com pensamentos conflitantes sobre como poderão atender os dois compromissos simultaneamente? Será que o gestor estará atento aos comportamentos não verbais que expressam o quanto sua equipe está disponível?

FIQUE DE OLHO

É muito difícil supor um ato de comunicação que seja isolado, destituído de um contexto e separado do que o precedeu e do que sucederá. Mesmo um simples "bom-dia" pode ser dado de forma alegre e influenciar não só o dia de outrem mas o seu próprio.

Ao interagir efetivamente com o receptor e colocar sobre ele o foco para escutá-lo e dignificá-lo, vemos surgir a dimensão essencial da confiança.

A confiança não surge de forma natural e espontânea, mas exige uma atenção e um desejo de conhecer e compreender o outro, para saber se é digno de confiança e pode continuar sendo.[8]

Quanto maiores forem as habilidades de comunicação com diferentes pessoas e quanto mais apurada for a sensibilidade do comunicador para fazer os ajustes necessários aos *feedbacks* dos receptores, maior a chance de ocorrer uma boa interação, com trocas positivas, confiança e crescimento mútuo.

Devemos também mencionar que a comunicação está diretamente ligada à influência que um ser pode exercer sobre outro. No mundo do trabalho, as pessoas precisam saber o que se espera delas, que objetivos devem ser alcançados e, principalmente, quais são os impactos de suas atividades. Surge daí a importância de uma comunicação clara e objetiva.

FIQUE DE OLHO
A verdadeira comunicação ocorre quando as pessoas se sentem seguras.[9]

8.7 A IMPORTÂNCIA DE SABER OUVIR

A experiência comprova que um dos aspectos mais relevantes no **processo comunicacional** é saber ouvir. Na verdade, pode-se até afirmar que o grande comunicador é aquele que mais escuta do que fala. Trata-se da peça-chave das relações de confiança.

PAUSA PARA REFLEXÃO
A atenção constante a todo o sistema de comunicação, percebendo-o como uma interação dinâmica, é um compromisso que o ser humano deve ter não só no ambiente corporativo, mas em todas as suas relações. Pense em como você tem respondido ao sistema de comunicação.

---

[8] GASALLA-DAPENA, 2007.
[9] BLANCHARD, 2009, p. 88.

Muitos autores apontam que o sucesso da gestão de pessoas será conquistado por meio da capacidade de se reconhecer que cada indivíduo tem uma história de vida, valores individuais e pontos de vistas diferentes.

Infelizmente, o ser humano é muito narcisista: aqueles que pensam ou agem de modo semelhante ao nosso são considerados normais; aqueles que pensam e agem de modo diferente são um pouco estranhos... e aqueles completamente diferentes são classificados, simplesmente, como "malucos".

FIQUE DE OLHO

Cada ser é diferente do outro, mesmo tendo sido criado na mesma família. Cada um tem percepções e, consequentemente, reações diferentes. Essa é a riqueza humana.

Saber ouvir é praticar o exercício de dar valor à outra pessoa, percebendo-a como alguém diferente e que, justamente por essa diferença, será capaz de contribuir com algo novo. Profissionais talentosos não são pagos para simplesmente realizar as tarefas, mas principalmente para agregar valor a elas, dando sugestões que melhoram o resultado.

Qual o sentido em ter os melhores profissionais se o gestor não quer escutá-los, ou não está aberto a suas ideias e opiniões?

Para ouvir, é preciso que o gestor saiba domar a ansiedade, a autossuficiência e a prepotência. É importante ter humildade para "escutar" o novo e assimilar a inovação, sem medo de perder o poder.

Outra atitude muito positiva e que gera empatia é expressar seu interesse. Faça contato frequentemente com seus funcionários e escute o que eles têm a dizer. Expresse interesse pelos seus problemas e escute. Questione o interlocutor, peça detalhes. Procure não só ser compreendido, mas compreender. Seja um bom ouvinte não só para os significados explícitos, mas também para os implícitos.

Saber ouvir é uma atitude fundamental do processo de comunicação. Todas as pessoas desejam ser ouvidas, mas o fato é que escutamos pouco, pois nossos pensamentos são mais rápidos e normalmente não temos a paciência necessária para escutar atentamente, sem interromper ou tecer conclusões.

Há, na verdade, dois tipos de escuta: a passiva e a ativa.

Enxergar o outro como alguém que pensa de maneira diferente e considerar que ele tem algo valioso a contribuir nos ajuda a ser mais tolerantes e, consequentemente, ter pontes positivas de comunicação.

A escuta passiva acontece quando você aparentemente conversa com alguém, mas, na verdade, está apenas escutando, ou seja, não responde, não dialoga nem argumenta. Já na escuta ativa, sua atitude é a de responder ao outro baseando-se naquilo que ele diz. Ouvir de forma ativa denota respeito e ajuda a estabelecer um relacionamento.

Um dos maiores desafios da comunicação é ouvir críticas. Contudo, se lembrarmos que todas as pessoas são diferentes e percebem a realidade conforme suas crenças e valores, podemos considerar as críticas ou palavras desagradáveis segundo uma perspectiva positiva. Examine com o máximo possível de racionalidade o ponto criticado. Procure ser isento e não leve o que foi dito para o lado pessoal. Ouça atentamente e procure extrair os aspectos positivos e construtivos. Posteriormente, analise e estabeleça correções, se for o caso.

Veja a seguir uma lista de frases desestimulantes que demonstram falta de vontade de ouvir. Se você se percebe falando alguma delas, faça com que mentalmente acenda uma luz amarela de "atenção" e evite dizê-la.

- Nós não podemos permitir que...
- Isso não funcionaria na nossa empresa.
- Adoraria ouvir essa ideia, mas agora não posso.
- Já tentamos isso e não funcionou.
- Somos muito pequenos para implementar essa inovação.
- Devemos fazer as coisas como nos demonstraram ano passado.
- Nós sempre...
- Nós nunca...
- Isso é óbvio.
- Isso é loucura.
- Ninguém vai aprovar essa ideia.
- Isso não é problema nosso.
- Vamos deixar de sonhar e voltar à realidade.

PERGUNTAS DE *COACHING*

1. O que significa, nas suas palavras, saber ouvir?
2. Você acredita que, em algumas situações, sua equipe pode saber mais ou melhor de uma situação do que você?
3. Você enxerga ganhos em ouvir os membros de sua equipe?
4. Você tem facilidade de escutar opiniões que divergem da sua?
5. Quando um colega conta uma situação que o preocupa, você imediatamente relembra de uma situação parecida que aconteceu com você e a conta também?
6. Você faz perguntas para que o outro aprofunde o que está dizendo?

8.8 A ALIANÇA DE OURO: PALAVRAS E ATITUDES

A primeira impressão é a que fica; portanto, é melhor estar preparado para mostrar uma postura profissional, aliando palavras a atitudes. Esteja certo de que suas ações apoiam aquilo que você diz; lembre-se de que ações falam mais que palavras. De nada adianta solicitar à equipe que seja objetiva se você faz uma reunião de duas horas para dizer isso.

Muitos líderes observam seus funcionários fazendo o trabalho corretamente e pensam bem dele. Infelizmente, nem sempre traduzem esses pensamentos favoráveis em palavras. Em consequência, esse bom desempenho fica sem resposta. Se você deseja obter e manter bom desempenho, deve dizer a seus funcionários que os observa e valoriza os acertos deles. Comunique-lhes o que está pensando de bom.[10]

A congruência entre o que é dito e as ações é fundamental para conferir legitimidade ao gestor e fazê-lo ser respeitado como líder. Se o gestor diz que está sempre de portas abertas e à disposição, mas quando você precisa de uma orientação você o vê sempre ao telefone, não há sintonia entre a comunicação e a atitude. Se o gestor faz questão de se mostrar simpático, aberto e democrático, mas na verdade ele fala sem parar e não abre espaço para perguntas, também há falta de alinhamento entre o que é dito e como ele age.

Se você é um especialista, procure lembrar-se de que seu receptor nem sempre o é. Assim, evite termos técnicos que possam atrapalhar a comunicação. Se o uso for imprescindível, explique o significado dos termos usados.

---
[10] BLANCHARD, 2009, p. 67.

PERGUNTAS DE *COACHING*

1 Você está assumindo o controle de sua congruência entre palavras e ações?

2 Há algum *feedback* ou percepção sua de algum ponto que necessite de atenção?

3 Quanto de controle você tem sobre a coerência entre suas palavras e ações?

4 Há algum acontecimento que esteja fora de seu controle?

5 Como você pretende melhorar sua congruência para ser um exemplo?

6 O que você deve fazer para eliminar interferências internas ou sabotadores?

7 Supondo que haja situações em que você precise melhorar sua congruência entre palavras e ações:

    a) Quais habilidades você precisar desenvolver para concretizar seu objetivo?

    b) Quais serão seus novos comportamentos?

    c) O que você pode fazer para chegar mais depressa?

    d) Quais valores você deve começar a priorizar?

    e) Que tipo de pensamento pode fortalecer você?

    f) O que pode inspirar você?

8.9 O EMPECILHO DA MOLDURA MENTAL

O homem percebe o mundo que o rodeia através de filtros sensoriais, crenças, culturas e valores que foram instalados na tenra infância. Inúmeros filtros se interpõem entre a realidade e a percepção que temos dela:

- os filtros de nossos cinco sentidos;
- os filtros de nossas crenças, construídas sobre o modo como entendemos as experiências passadas;
- os filtros de nosso ambiente cultural;
- os filtros que internalizamos dos valores familiares e do contexto social.

Na verdade, percebemos a realidade como nossa memória nos prepara para percebê-la. Temos a tendência de ver mais com nossa memória do que com nossos olhos. Essa percepção "orientada" é a moldura mental que cada um de nós tem.

FIQUE DE OLHO

A percepção é mais significativa que o fato. As nossas respostas às mensagens que recebemos baseiam-se mais no que sentimos como verdade do que naquilo que realmente é verdadeiro. Se os fatos concretos diferem de nossa percepção (que é como os interpretamos), é ela (percepção) que prevalece. Respondemos às nossas impressões e sensações.[11]

O exemplo clássico trata da comparação do relato de ao menos três testemunhas de um acidente, em que cada pessoa trará uma versão diferente. Cada observador lança um olhar diferente sobre a mesma realidade, e assim cada um irá distinguir e selecionar aspectos diferentes. Nossas percepções são, portanto, escolhas que fazemos com mais ou menos consciência, e não fatos objetivos.

Moldura mental é um termo cunhado pela psicóloga americana Carol Dweck. Na verdade, o conceito foi desenvolvido pelos linguistas e psicanalistas do século XX quando perceberam que, nos seres humanos, o fenômeno da comunicação é indissociável dos filtros individuais porque os humanos são os únicos seres a terem um sistema aberto de comunicação.

PAUSA PARA REFLEXÃO
Nascemos com a necessidade da comunicação; podemos usá-la a nosso favor ou ser simplesmente reféns dos comportamentos verbais.

A liderança no mundo dos negócios começa quando se admite *não saber*. Deste *não saber* nasce a ideia de *ficar sabendo*. Ao avaliar alguém ou alguma coisa, é indispensável a consciência de que *a parte que você conhece pode não ser representativa do todo*.[11]

Os problemas surgem quando as pessoas acreditam que os outros usam as palavras da mesma maneira que elas próprias o fazem. Isso é olhar o mundo e as pessoas através da mesma moldura mental, sempre.

Quem pode garantir que a imagem mental que a pessoa A faz de "mesa" seja igual à imagem que a pessoa B faz do mesmo significante? No entanto, ambas possuem uma referência em comum.

Uma pessoa rígida ou fechada está tão focada em sua verdade que lhe é impossível aceitar informações que desestabilizariam suas certezas. Essa pessoa não aceita que seu olhar sobre

---

[11] ARREDONDO, L. *Aprenda a se comunicar com habilidade e clareza*. Rio de Janeiro: Sextante, 2007. p. 12.
[12] PENTEADO, J. R. W. *A técnica da comunicação humana*. 11. ed. São Paulo: Pioneira, 1991. p. 72.

o mundo esteja sob uma moldura mental. Por isso, essa pessoa não aprende com as experiências, não reflete sobre sua identidade e não aprende que cada ser humano é único.

O respeito a outro ser humano surge exatamente aí: quando nos permitimos não saber o significado que o outro está atribuindo e paramos para ouvir um outro sentido.

Ken Blanchard, um dos autores mais prestigiados sobre liderança, nos diz que "os melhores líderes são eles próprios aprendizes – pessoas que estão interessadas em formas de melhorar seus conhecimentos e habilidades".[13] Dessa forma, além dos conceitos teóricos, Blanchard nos oferece a comprovação da importância de ter uma moldura mental aberta ao aprendizado.

8.10 DELEGAÇÃO E CONTROLE

O crescimento de uma empresa passa, essencialmente, pela delegação de tarefas entre as pessoas que trabalham na organização. Sem esse instrumento de gestão, os líderes ficariam sobrecarregados, sem a possibilidade de assumir responsabilidades maiores.

Contudo, o processo de delegação nem sempre acontece de forma eficaz por problemas de ambos os lados: não apenas o líder tem dificuldades de passar o comando como o subordinado vê problemas em entender exatamente os limites do poder que está recebendo.

Em muitos casos, o líder tem a impressão de que o centro do seu poder passa pelo seu conhecimento técnico de determinado assunto, quando na verdade o grande líder é aquele que não conhece todos os assuntos, mas tem a capacidade de comandar pessoas melhores que ele em certos assuntos.

Sendo assim, o líder precisa entender que tem, basicamente, quatro grandes metas na empresa:

1. traçar objetivos;
2. criar condições para realização;
3. estimular a obtenção de resultados por intermédio da equipe;
4. avaliar os resultados.

Dessa forma, o líder precisa delegar para crescer e ensinar a equipe a pensar, não apenas a receber comandos.

---

[13] BLANCHARD, 2009, p. 33.

Não delegue uma tarefa sem que o subordinado entenda exatamente o "porquê"; afinal, a pior delegação é aquela que transfere apenas o "faça".

Ao se transferir uma tarefa para o subordinado, é fundamental que a comunicação seja eficaz no que tange aos motivos e valores para a organização.

O líder deve ter consciência de que a delegação não o isenta dos possíveis erros que o subordinado cometerá. Já o liderado precisa ter certeza de que o superior representa uma fonte de apoio.

Regras práticas para delegar de maneira eficaz:

- Para que as tarefas que você delegar sejam feitas de modo correto, você precisa ser bastante claro sobre o que necessita de cada colaborador. Dê instruções exatas sobre o que espera de cada trabalho e como ele impactará o resultado do projeto.
- A melhor forma de não ter surpresas é monitorar as tarefas durante o processo, e não esperar o prazo terminar para só então verificar que não está do modo como você gostaria. Defina datas intermediárias para cada grupo de tarefas e controle o resultado em cada uma de suas etapas.
- É normal que haja obstáculos para a realização da tarefa. Eles podem ser de vários tipos, como não haver recursos humanos disponíveis, falta de treinamento e capacitação, negociação de prazos, equipamentos inadequados. De qualquer forma, cabe ao gestor entender quais são as principais dificuldades e procurar reduzi-las ao mínimo possível.

FIQUE DE OLHO
Não se esqueça: a delegação de tarefas não exime o gestor de suas responsabilidades.

PERGUNTAS DE *COACHING*

1. Você tem um certo receio de delegar?
2. Você conhece as forças e fraquezas do seu time?
3. Quando você delega, você comunica claramente o resultado que deseja?
4. Você monitora periodicamente a tarefa delegada?
5. O que você considera ser mais difícil na delegação?
6. Como você pode diminuir esse risco?
7. Que oportunidades a delegação cria para você?
8. Que oportunidades a delegação cria para sua equipe?

8.11 A ARTE DO *FEEDBACK*

O termo *feedback* é utilizado em teorias da administração de empresas para as situações nas quais se dá um parecer sobre uma pessoa ou grupo de pessoas a respeito da realização de um trabalho com o intuito de avaliar o seu desempenho. É uma ação que revela os pontos positivos e negativos do trabalho executado tendo em vista a sua melhoria.

Seguem-se dez dicas para fornecer *feedback* de maneira adequada:

1. Jamais viole o princípio da confiança.
2. Jamais viole o princípio do respeito.
3. Jamais contradiga ou desrespeite o princípio da ética.
4. Verifique qual é o tipo de *feedback* específico adequado (validação ou correção).
5. Não confunda desabafo de emoções e sentimentos com *feedback*.
6. Tenha muita clareza quanto às causas e o objetivo do *feedback*.
7. Verifique qual é o momento mais apropriado para o *feedback*.
8. Verifique qual é a forma mais adequada (para dar o *feedback*).
9. Verifique com atenção se é melhor falar a sós ou com a participação de outras pessoas envolvidas (jamais exponha alguém a constrangimentos).
10. Certifique-se de que sua mensagem foi clara e bem compreendida.

FIQUE DE OLHO
O líder gera no liderado o desejo por *feedback*; já o não líder gera aversão a *feedbacks*.

Costumamos não nos esquecer de alguém que nos fornece um *feedback* que nos ajuda a crescer.

A seguir estão listadas dez dicas para receber *feedback* de maneira adequada:

1. Demonstre e comunique sua confiança e interesse em receber *feedbacks*.
2. Ouça-os com atenção e respeito, mesmo que discorde *a priori*.
3. Mantenha a ética com relação a outros envolvidos.
4. Se receber um *feedback* positivo, lembre-se de agradecer e dar créditos a quem o tenha ajudado a obter esse resultado.
5. Se receber um *feedback* negativo, não se esquive das responsabilidades; aceite-as.
6. Se receber um *feedback* injusto, verifique se o momento e o estado emocional do interlocutor são favoráveis para a sua contra-argumentação.
7. Não confunda emoções e sentimentos pessoais com profissionalismo; concentre-se nos fatos.
8. Entenda toda e qualquer crítica como possibilidade de crescimento e evolução, mesmo que seja nos quesitos de tolerância e paciência.
9. Verifique se compreendeu com clareza o que lhe foi colocado, agradeça e comprometa-se a refletir e rever o que for necessário.
10. Mantenha discrição e sigilo sobre o *feedback* recebido.

O Quadro 8.3 apresenta as etapas do *feedback*.

O profissional em busca de excelência não espera para receber *feedbacks*; solicita-os, sem receio ou vaidade. Seu objetivo de crescimento e evolução alimenta-se desses *inputs*.

Quadro 8.3 Etapas do *feedback*

Etapa	Como fazer	Por quê?
Preparação	Reflita cuidadosamente sobre o que pretende falar Faça um balanço de aspectos positivos e negativos	Preparar-se com antecedência faz com que os fatos mais importantes sejam privilegiados na conversa Listar os pontos positivos ajuda a quebrar a resistência
Escolha do ambiente	A conversa deve ocorrer em um ambiente neutro, de preferência na sala de quem vai receber o *feedback*, sem interrupções	O local adequado ajuda a diminuir a tensão É fundamental que telefonemas ou secretárias, por exemplo, não interrompam
Definição das regras	Enquanto um se pronuncia, o ideal é que o outro anote todas as observações e fale somente depois Em seguida, os papéis se invertem	Respostas de bate-pronto geram tensão Com a espera, a impulsividade é controlada e há tempo para assimilar o que foi dito Quem propôs o *feedback* deve deixar o outro à vontade para começar, caso prefira
Início da conversa	Destaque as qualidades de quem ouve, antes de cobrar algo	Isso ajuda a quebrar a resistência de quem escuta
Cuidado com o tom	Use exemplos específicos e não adjetivos genéricos como "egoísta" ou "preguiçoso" É melhor dizer "eu me sinto desconfortável com essa situação" em vez de "você é isso ou aquilo"	Trata-se de uma maneira de manter a objetividade da conversa e desarmar as defesas do outro, sem causar irritação
Momento de ouvir	Não interfira enquanto o outro se posiciona Ouça, anote e espere sua vez de falar	Aguardar o momento certo para se pronunciar demonstra maturidade e interesse verdadeiro de melhorar
Finalização	Depois de tudo dito, é fundamental que haja um reforço dos pontos principais do *feedback* – tanto negativos quanto positivos	Isso ajuda a organizar o pensamento e selecionar o mais importante da conversa (que dura cerca de 40 minutos)

Fonte: adaptado de MAMONA, K. S. Conheça as sete etapas para dar um feedback ideal. *Infomoney*, jun. 2012. Disponível em: <https://www.infomoney.com.br/carreira/noticia/2470060/conheca-sete-etapas-para-dar-feedback-ideal>. Acesso em: 4 set. 2018.

PERGUNTAS DE *COACHING*

1 Você descreve o comportamento ou acontecimento indesejado exatamente como ele ocorreu, sem utilizar palavras que fazem juízo de valor, como ruim, mau, decepcionante?

2 Você é direto e claro, sem ser rude, quando mostra para o profissional que o comportamento ou procedimento dele foi inadequado?

3 Você consegue ser específico?

4 Você usa o *feedback* para desenvolver e melhorar o desempenho de seu time?

5 Você solicita ao final que a pessoa fale com suas palavras o que compreendeu que deve ser seu novo comportamento ou procedimento?

6 Quais habilidades você gostaria de aprimorar para dar um *feedback* incentivador e positivo?

8.12 COMO ATRIBUIR PODER, ENCORAJAR E VALORIZAR EQUIPES

O papel do gestor é, de certa forma, ser um estrategista. Seu principal objetivo é aumentar a produtividade e expandir o negócio. Cada gestor é um elemento dentro de um círculo maior, que comporta outros gestores, até chegarmos aos executivos tomadores de decisões estratégicas em alto nível.

Ao conduzir uma **gestão democrática e participativa**, o gestor incentiva os membros de sua equipe a participarem de tomadas de decisões e garante a priorização de atividades, em uma verdadeira gestão colaborativa.

Quando o líder confere metas e objetivos à equipe, quando concede autoridade para a realização de atividades que lhe pertencem para serem cumpridas no prazo estipulado e o subordinado aceita as responsabilidades e as realiza efetivamente, podemos dizer que o poder está sendo partilhado. A equipe se sente empoderada e motivada a superar desafios e a dar o melhor de si.

Cabe ao gestor reconhecer as forças e talentos, assim como os motivadores que propulsionam a ação dos participantes de sua equipe, construindo um ambiente de trabalho que beneficie a todos na medida do possível.

220 Parte III O gestor no mundo 4.0

Incentivar o desenvolvimento profissional e o protagonismo é uma das tarefas mais valorizadas nos dias de hoje. No mercado de trabalho atual, as empresas que compreenderem isso obterão ganho na competitividade, na entrega de projetos nos prazos estabelecidos e a integração entre membros da equipe estará mais apta ao sucesso contínuo.

FIQUE DE OLHO
Sentir-se responsável por uma tarefa ou objetivo a ser atingido atua como um gerador de entusiasmo e energia que não podemos desperdiçar. É preciso estabelecer desafios e fazer o acompanhamento deles, dando o devido reconhecimento se o resultado assim o permitir.[14]

Quais atitudes de **empoderamento e valorização de equipes** podem ser tomadas pelo gestor?

- Apoiar a equipe na realização do trabalho, atuando como parceiro e colocando-se à disposição.
- Valorizar e estimular seu subordinado, incentivando-o a pensar e a encontrar soluções próprias.
- Fazer perguntas ao subordinado de maneira que ele possa demonstrar as próprias competências e qualidades.
- Efetuar *feedback* positivo.
- Delegar atividades que permitem o crescimento gradual até que o subordinado sinta-se seguro e confiante.
- Investir tempo para treinar e orientar os subordinados no cumprimento das atividades.
- Comunicar as próprias preferências de como realizar determinadas atividades, ouvir novas possibilidades e fechar com a equipe o melhor modo de operar.
- Ser claro e objetivo nas tomadas de decisão, baseando-se em fatos reais.
- Gerenciar as expectativas dos subordinados enquanto as atividades são realizadas.
- Interagir constantemente e mostrar-se comprometido com a equipe e com os resultados.

---

[14] GASALLA-DAPENA, 2007, p. 76.

- Ser claro ao descrever que tipo de comprometimento será exigido de cada componente para que as atividades sejam cumpridas a contento.
- Definir os prazos, os tipos de recursos e suporte disponíveis, e as avaliações de desempenho.
- Deixar claro qual o grau de responsabilidade e autoridade que a pessoa terá sob a equipe e as atividades delegadas.
- Incentivar seu subordinado a contar as ideias que teve para resolver problemas com inovação.
- Atuar como orientador e organizador de pensamentos.

O Quadro 8.4 apresenta um exercício de *coaching* para que você possa fazer sua análise SWOT pessoal.

Quadro 8.4 Quais são seus pontos fortes e os pontos a serem melhorados?	
Strengths **(Forças internas)** Quais são seus pontos fortes, principais forças, qualidades, virtudes ou talentos?	*Weaknesses* **(Fraquezas internas)** Quais são seus pontos a serem melhorados, principais fraquezas, defeitos ou dificuldades?
Opportunities **(Oportunidades externas)** Que oportunidades existem para você aproveitar essas forças e alcançar seus objetivos?	*Threats* **(Ameaças externas)** Que ameaças existem pelas suas fraquezas que podem impedir que você atinja seus objetivos?

Fonte: elaborado pela autora.

PERGUNTAS DE *COACHING*

1. O que você conclui com base no Quadro 8.4? O que você pode aprender com essa análise?
2. O que você vai fazer para aproveitar e fortalecer as oportunidades?
3. O que você poderia melhorar ou desenvolver para aproveitar melhor as oportunidades e diminuir as possíveis ameaças?

CASO REAL

O caso real deste capítulo é sobre um gestor de uma empresa de energia que assumiu uma nova área após complexa reestruturação derivada da assunção de um novo grupo de acionistas que trouxe nova cultura organizacional.

Nessa nova organização, várias áreas foram extintas e outras foram criadas. Uma delas foi a de redesenho de processos, responsável por reformular diversas operações, interagindo intensamente com outras áreas e com reporte direto ao recém-empossado diretor geral.

Vários desafios se impuseram ao novo gestor da área de redesenho de processos: conquistar o respeito e a confiança do diretor, habilidade de interlocução com gerentes de outras áreas, negociando e persuadindo-os sobre a necessidade de novos desenhos nos processos, e gerir uma equipe já constituída, que estava habituada a um modo de funcionamento que precisava ser refeito.

Qual era o perfil desse gestor de que estamos tratando? Era um indivíduo introvertido, bastante analítico, muito cuidadoso, com foco orientado para a precisão.

Não era uma pessoa preocupada com marketing pessoal, não tinha muito carisma nem prazer especial em lidar com pessoas. Suas forças eram o pensamento crítico, examinando informações de forma imparcial; a integridade, traduzindo seus compromissos de forma sincera; a equidade, tratando todas as pessoas de maneira similar e sem deixar transparecer sentimentos pessoais; e, ainda, a prudência, não se precipitando e aguardando a obtenção de todas as informações.

Seus talentos naturais eram a disciplina, o pensamento analítico, os valores éticos e o foco.

Como se pode ver, as qualidades, aliadas à experiência, tornavam-no um excelente candidato ao novo cargo de gestor da área de redesenho de processos. Havia, entretanto, alguns poréns relacionados à necessidade de comunicação com a equipe e com os outros gerentes.

De início, ele trabalhou a questão da equipe junto a seu *coach*. Primeiro, entendeu que, sem ela, nada seria possível e ele corria o sério perigo de não conseguir realizar o que necessitava. Essa descoberta falou fundo em sua alma. Ele compreendeu não só racionalmente, mas emocionalmente, o quanto seu sucesso dependia não só de suas forças, competências e talentos, mas da construção de uma teia de relacionamentos de confiança.

Quando ele teve 100% de certeza emocional de que precisava conquistar as pessoas da equipe, ele substituiu o verbo precisar pelo verbo querer. Sim, agora ele queria – de verdade – conquistar as pessoas.

Para isso, utilizou (inconscientemente) sua força de integridade, conversando com cada um sobre as novas demandas, ouvindo a experiência dos colegas e construindo junto com cada um o *modus operandi*.

Surpreendentemente, em três semanas, ele já havia conquistado a equipe. Ele gostou tanto do resultado que incorporou essa nova maneira de trabalhar, interagindo mais com as pessoas e descobrindo o prazer dessa interação. Ao final de um semestre, já tinha obtido resultados surpreendentes. Não fosse isso o bastante, levou o aprendizado para casa e afirmou que seu casamento ficou muito melhor.

9

COMPETÊNCIAS SOCIOEMOCIONAIS E ALTA PERFORMANCE

9.1 COMPETÊNCIAS SOCIOEMOCIONAIS: O QUE SÃO

As **competências socioemocionais** são um conjunto de aptidões desenvolvidas a partir da **inteligência emocional** de cada uma das pessoas. Em resumo, elas apontam para dois tipos de comportamento: a sua relação consigo mesmo (intrapessoal) e a sua relação com outras pessoas (interpessoal).

O assunto ganhou destaque após o lançamento, em 1995, do livro *Inteligência emocional*, de Daniel Goleman, em que ele contrapõe as habilidades socioemocionais (QE) à inteligência (QI).[1]

Goleman divide a QE em cinco pilares:

1. autoconhecimento emocional;
2. controle emocional;
3. automotivação;
4. reconhecimento de emoções em outras pessoas;
5. habilidade em relacionamentos interpessoais.

De acordo com a professora Carmen Migueles, especialista em educação e desenvolvimento organizacional da Escola Brasileira de Administração Pública e de Empresas da Fundação Getulio Vargas (EBAPE-FGV), essas habilidades socioemocionais – também chamadas de *soft skills* ou **habilidades não cognitivas** – foram citadas por todas as empresas quando questionadas sobre o que queriam em seus funcionários, em pesquisas feitas pelo MBA da FGV no Rio.[2]

Criatividade, espírito colaborativo, pensamento crítico, resiliência e habilidades de comunicação são exemplos da importância das competências socioemocionais no mercado de trabalho atual e futuro.

---

[1] GOLEMAN, D. *Inteligência emocional*. Rio de Janeiro: Objetiva, 2012.
[2] IDOETA, P. A. Habilidades socioemocionais são chave para empregos do futuro. *BBC Brasil*, maio 2014. Disponível em: <https://www.bbc.com/portuguese/noticias/2014/05/140429_habilidades_empregos_futuro_pai>. Acesso em: 10 fev. 2019.

FIQUE DE OLHO

As competências socioemocionais têm papel relevante no desenvolvimento de competências para o trabalho.

Ressalte-se que essas competências não são atributos inatos, mas capacidades adquiridas ao longo do processo de socialização familiar, educacional e profissional.

Este é o papel do gestor líder: cuidar para que todos se desenvolvam como seres humanos completos, nos quais razão e emoção se complementem para que o desempenho atinja o nível de excelência.

Um gestor líder não deve ser avaliado somente pela sua habilidade de, por exemplo, fazer bons relatórios, elaborar programas ótimos, estar presente nas horas certas, ter simpatia ou empatia, capacidade de ver, prever, organizar, controlar etc. O que se espera dele, principalmente, é que os resultados sejam produzidos e que sua empresa consiga atingir suas metas com ele e por ele.

O Quadro 9.1 apresenta um teste para você avaliar se é um gestor líder ou um ótimo administrador. Somando todas as marcações, você verá se seu perfil atual está mais voltado para **administrador eficiente** ou para **gestor líder**. Evidentemente, não existem respostas melhores ou piores, pois tudo depende da organização em que você está atuando. O resultado aponta para onde está focado o seu desempenho. Deve-se responder com a opção que é mais real, não aquela que você gostaria que fosse. Preste atenção se você deve alterar alguma atuação e ajuste seu desempenho.

Quadro 9.1 Teste: você é um gestor líder ou um ótimo administrador?

Leia as afirmações e assinale A (administrador eficiente) ou G (gestor líder)

	Afirmações	A	G
1	Você acredita que seu principal objetivo é controlar o que é feito por sua equipe e por você.		
2	Sua atribuição envolve atuar como facilitador, gerando aprendizagem e desenvolvendo as pessoas.		
3	Você incentiva a reflexão de sua equipe e propõe desafios estimulantes.		
4	Você ordena à sua equipe o cumprimento dos procedimentos e controla com atenção quem não segue à risca as orientações.		
5.	Você atua no dia a dia respondendo às questões dos subordinados.		
6	Você delimita as tarefas dos subordinados e todas as atuações estão bem demarcadas.		
7	Você busca alinhamento com todos os subordinados sobre as metas a alcançar.		
8	Suas preocupações maiores estão direcionadas à questão "o quê".		
9	Suas preocupações maiores estão direcionadas à questão "como?".		
	SOMATÓRIO		

Fonte: elaborado pela autora.

9.2 INTELIGÊNCIA SOCIAL EM FOCO

Com a evolução das pesquisas e testes ao longo dos anos, bem como com o avanço de técnicas de mensuração e a comprovação da existência de diversos tipos de inteligência, chegou-se ao conceito de inteligência social.

Inteligência social pode ser definida como habilidade de raciocínio abstrato e uma adequada percepção de si e dos outros, reparando nas diferenças e conhecendo o modo de funcionamento das pessoas e suas motivações, a fim de responder adequadamente.

Um dos pilares fundamentais que sustentam a inteligência social é a isenção de julgamento, que será abordada a seguir.

Uma dica poderosa para usar a inteligência social é focar em reduzir as diferenças. Reduzindo as diferenças é possível transformar o conflito em relacionamentos saudáveis e produtivos.

Vamos analisar algumas situações e buscar formas de obter um ambiente positivo.

- **Pessoas rudes, agressivas e intensas** estão acostumadas a agir assim por necessidade de se impor. Em geral, elas têm pouca inteligência emocional e, no subconsciente, consideram estar em guerra. A primeira atitude é manter-se calmo e não se submeter à pressão. Ao manter-se calmo, você ignora a guerra. Em seguida, você deve ouvi-la atentamente, pois no fundo a pessoa agressiva está se sentindo ferida e precisa de atenção. Filtre o fato que a está incomodando. Pergunte o que está acontecendo para que ela esteja tão intensa. Foque no fato e mostre sutilmente a possibilidade de separação do fato em si da emoção que está sendo expressa. Foque em uma maneira de resolver a situação, mostrando que o que existe é um desafio, e não um problema de tão grandes proporções.
- **Pessoas ressentidas** têm um histórico de mágoa, por acreditarem que não foram respeitadas ou reconhecidas. Elas são mais resistentes à empatia porque são muito desconfiadas de que sofrerão novamente esse desrespeito. Mostre-se confiável. Coloque-se ao lado delas e as apoie. Conquiste a confiança aos poucos. Ressalte as características positivas que elas têm e fale do valor que elas agregam.
- **Pessoas que pensam "saber tudo"** têm, em geral, muita assertividade e eloquência para se expressar. Se você confrontá-las diretamente, perderá a chance de transformá-las em aliadas. Para lidar com inteligência social com um sabe-tudo, deve-se reconhecer que ele realmente tem muito a contribuir. Assim, um comportamento respeitoso é o primeiro passo. Para a conquista efetiva da empatia, entretanto, ainda é necessário que ele reconheça em você alguém que também sabe bastante. Por isso, você deve estar preparado para expor suas ideias com clareza e congruência, de maneira a fazê-lo reconhecer em você um parceiro.
- **Pessoas excessivamente cordatas** estão muito preocupadas em agradar aos outros e apresentam dificuldade de organização e foco. Por isso, é difícil obter um verdadeiro comprometimento dessas pessoas, uma vez que elas se comportam atendendo aos desejos de outras. Para conviver harmoniosamente com esse perfil, é necessário estreitar o relacionamento por meio de harmonização corporal e de

uma franca comunicação verbal. Comemore cada realização, mostre-se aberto e procure orientá-las na utilização de ferramentas. Só após o domínio e a sensação de que realizou a tarefa adequadamente passe para a etapa seguinte da transmissão do processo completo. É preciso ter muita paciência com pessoas excessivamente cordatas e lembrar-se de que elas não são dispersas porque querem, mas sim porque é da natureza delas.

- **Pessoas indecisas** temem as tomadas de decisão pois não querem se sentir responsáveis por erros. Elas também reagem muito mal a situações de pressão, ficando irritadas. No mundo do trabalho, todos precisam tomar decisões constantemente, pois disso depende a produtividade. A utilização de uma ferramenta – e existem várias – para tomada de decisão possibilita o apoio psicológico e objetivo necessário para que o indeciso chegue a uma boa conclusão. Dessa forma, o gestor ou o colega de equipe utiliza um recurso tangível para exercer sua inteligência social.

- **Reclamadores contumazes** tendem a entender que a reclamação pode produzir algum efeito de mudança. Eles gostariam que as coisas fossem diferentes e, como não conseguem mudar sozinhos a situação, reclamam para que alguém faça alguma coisa por eles. Para lidar com esse perfil é preciso ter paciência para ouvir a reclamação. Foque em ouvir uma reclamação/opinião por vez, procurando orientar o reclamador para uma questão específica, demonstrando claramente que a especificidade ajuda a resolver a questão. Incentive-o a deixar de ser um reclamador contumaz e a passar a ser um crítico com observações construtivas. Deixe claro que reclamar sem apresentar soluções é um comportamento indesejável, que gera um clima negativo na equipe e que é uma manifestação prejudicial à própria pessoa, uma vez que a leva a um círculo vicioso de negatividade.

9.3 ISENÇÃO DE JULGAMENTO

Um dos principais pilares da inteligência social é a isenção de julgamento. Em cada universo social existem os valores mantidos pelo grupo. Aprendemos como devemos nos comportar na família, na escola, no grupo do churrasco etc. Cada grupo social pode estabelecer o próprio conjunto de valores, que pode estar em consenso ou em desacordo com aquele mais geral. Podemos citar como exemplo a comunidade *hippie* dos anos 1960, que estabeleceu seus próprios valores, distintos da maioria da sociedade.

As relações sociais, em todas as culturas conhecidas, são viabilizadas por normas, valores e regras. Assim, quando nos relacionamos uns com os outros, utilizamos condutas que orientam nosso comportamento. Se cada um de nós obedecesse apenas aos impulsos pessoais, fazendo somente aquilo que tivesse vontade, não seria possível a construção de uma sociedade, pois cada um gostaria de fazer valer somente a própria vontade.

Existem, contudo, valores imutáveis, como não roubar, não matar, entre outros.

FIQUE DE OLHO
Em qualquer grupo em que se estabeleça um relacionamento interpessoal existirão regras – algumas explícitas, outras ocultas.

No mundo profissional também há regras, e é um sinal de inteligência emocional distinguir as regras explícitas e implícitas que o compõem. Conhecer as regras, no entanto, é apenas o primeiro passo para colocar em prática as habilidades sociorrelacionais. Na verdade, é a ação de não julgamento que fará com que essas habilidades sociorrelacionais constituam um diferencial positivo.

O pilar do não julgamento facilita a ascensão a cargos mais altos da hierarquia.

O julgamento é uma faculdade da mente que distingue duas instâncias: uma considerada apropriada e outra inapropriada. Dito de forma simplificada, no julgamento há sempre uma opinião sobre algo, classificando-o como positivo ou negativo.

No julgamento, o que ocorre é a passagem da informação pelos filtros de crenças e valores do julgador. Na passagem por esse funil, a pessoa determina o que considera ou não positivo.

Embora se discuta se essa função é inata ao ser humano, o fato é que ela faz parte do desenvolvimento da personalidade e é fundamental para a sobrevivência da espécie e do indivíduo. Sem a função de julgamento, não haveria regras e seria impossível a convivência social.

Quando dizemos que a isenção do julgamento é um dos principais pilares dos relacionamentos, defendemos a ideia de que o respeito à diferença e a diversos comportamentos é precondição para a harmonia das relações entre as pessoas.

FIQUE DE OLHO

Isenção de julgamento sobre o outro favorece a criação de laços de confiança. Laços de confiança estabelecem o grupo como unidade, instaurando forças de coesão e harmonia.

Como obter isenção de julgamento? Uma das mais verdadeiras formas de ser isento é tratar os outros como você mesmo quer ser tratado, pensar nos outros como você gostaria que os outros pensassem em você, sentir pelos outros o que você gostaria que sentissem por você.

Por que essa maneira é eficaz? Simplesmente porque une os pensamentos conscientes aos pensamentos inconscientes. Pensamentos positivos sobre outras pessoas alimentam positivamente a sua vitalidade. Pensamentos negativos geram energia negativa.

> O modo como você pensa sobre outra pessoa é *seu*, porque *você* é o ser pensante. Pensamentos são criativos. Por conseguinte, você cria efetivamente em sua experiência o que pensa e sente sobre outra pessoa. A sugestão que dá a outrem dá também a si mesmo, porque sua mente é o instrumento criador.[3]

9.4 A EMPATIA

Dentre as habilidades socioemocionais, a empatia se destaca como competência fundamental para o convívio social.

Define-se **empatia** como a capacidade de sentir o que a outra pessoa está sentindo, buscando compreender os sentimentos e emoções vivenciados por ela. Empatia é ter abertura e capacidade para conhecer e respeitar a realidade do outro.

Muitas pessoas confundem empatia com simpatia. São habilidades diferentes. Enquanto a simpatia é um sentimento de compaixão, tristeza ou até alegria pelo que o outro está passando, a empatia é colocar-se no lugar do outro de forma plena. Na simpatia, você oferece um conselho, uma ajuda. Na empatia você escuta com toda a atenção e coração o que o outro está passando.

Alguns estudiosos afirmam que a empatia está relacionada ao **sentimento de altruísmo**, em que predominam o interesse e

---

[3] MURPHY, J. *O poder do subconsciente*. 65. ed. Rio de Janeiro: Bestseller, 2015. p. 227.

o amor pelo próximo, aliados à vontade de ajudar pelo simples prazer de apoiar a outra pessoa.

A empatia pressupõe a capacidade de se colocar no lugar do outro. Quando uma pessoa consegue sentir a dor ou o sofrimento do outro ao se colocar no seu lugar, abre-se caminho para maior entendimento e respeito. Assim, no relacionamento interpessoal positivo, a empatia é rainha, pois ajuda a compreender o comportamento que se manifesta em determinadas circunstâncias, as incongruências e emoções, e até mesmo a maneira como a outra pessoa toma decisões.

PAUSA PARA REFLEXÃO
Empatia origina-se do grego *empatheia*, que significava "paixão", e pressupõe uma comunicação afetiva e compreensão psicológica do outro. Você tem praticado empatia?

Para o bem do relacionamento interpessoal no mundo profissional, temos de lidar com pessoas muito diferentes. Nós próprios somos, às vezes, surpreendidos por algum comportamento inesperado. Não somos perfeitos. Por que, então, esperar que os outros sejam?

Reconhecer que cada um de nós tem sua "caixa-preta", na qual estão registradas emoções desconhecidas, ajuda – muito – a começar a desenvolver empatia pelos outros. Para que a pessoa seja empática, é necessário que deixe o ego de lado. Com toda a certeza, o ego é a fonte do julgamento que fazemos dos outros.

PAUSA PARA REFLEXÃO
Entender a outra pessoa com base nas opiniões e concepções do seu próprio "eu" é completamente diferente de ser capaz de praticar a empatia e perceber as razões e emoções da outra pessoa.

O exercício de experimentar visões diferentes das nossas amplia nosso aprendizado sobre a vida e sobre o ser humano, já que nos permite observar aspectos que nos eram anteriormente desconhecidos.

Pessoas empáticas sabem que os outros não pensam e sentem da mesma forma que elas.

Ao praticar a empatia, as pessoas empáticas permitem-se abrir-se e conhecer mais verdadeiramente as pessoas ao seu redor. Elas descobrem que, mesmo que os outros tenham comportamentos e pensamentos diferentes dos seus, é possível encontrar harmonia na interação. Essa atitude resulta em novos laços de respeito ao outro.

Como já analisamos anteriormente, nossa percepção da realidade é moldada por nossas próprias experiências pregressas. A prática da empatia faz com que possamos enxergar de forma diferente e sob outra perspectiva o que ocorre a nossa volta.

Atenção: empatia é diferente de sociabilidade. Ser extrovertido ou sociável não implica empatia. O principal detalhe para criar uma relação empática é saber ouvir; é perguntar a opinião do outro sobre suas percepções, sentimentos e ações. Pessoas que são boas ouvintes demonstram grande grau de amabilidade e confiança.

Quais são as duas características básicas das pessoas empáticas?

1. **Escuta focada:** estar realmente presente e focado para perceber o sentimento das pessoas. Pessoas altamente empáticas ouvem os outros e fazem todo o possível para compreender seu estado emocional e suas necessidades.
2. **Ser transparente sobre os sentimentos:** remover a máscara da impessoalidade e revelar nossos sentimentos cria vínculos de confiabilidade.

Segundo o autor Roman Krznaric, autor de muitos estudos e livros sobre empatia, a empatia é o antídoto para o individualismo absorto em si mesmo, que herdamos do século XX. A necessidade de desenvolver empatia está no cerne do esforço para encontrar soluções para problemas mundiais como violência étnica, intolerância religiosa, pobreza extrema, fome, abusos dos direitos humanos e aquecimento global. Essa capacidade seria uma espécie de pílula da paz.[4]

A falta de empatia com colaboradores pode influenciar as atividades de todos os profissionais envolvidos e acarretar baixa produtividade, em decorrência da insatisfação no trabalho.

Quando a empatia nos falta, ficamos egocêntricos. Não enxergamos o outro como indivíduo, não respeitamos seus momentos e processos pessoais, tratamos os demais como estereótipos.

Hoje em dia, sabe-se que a empatia tem raízes biológicas e neuronais. Revelou-se, em homens e animais, que existe uma capacidade empática, de forma que a natureza não gira apenas

---

[4] KRZNARIC, R. *O poder da empatia*: a arte de se colocar no lugar do outro para transformar o mundo. Rio de Janeiro: Zahar, 2015.

em torno do egoísmo. A neurociência descobriu a existência de neurônios espelho, que oferecem a possibilidade de nos reconhecermos no outro, e que há um complexo com dez regiões cerebrais interconectadas, conhecido como circuito da empatia.

Outro aspecto muito importante que a empatia contribui é para a liderança. Nos dias de hoje, e com o modelo dinâmico de organizações que vivemos, não cabe mais o líder autocrático, altamente técnico, mas que não consegue se comunicar bem com seus liderados. É um exercício diário observar os colegas, subordinados e superiores e desenvolver a habilidade de ser empático com cada um deles.

Isso significa compreender as demandas individuais e atendê-las de forma abrangente. Um subordinado demanda orientações para o desenvolvimento da tarefa de forma a contribuir com a meta do grupo em que está inserido. Um superior demanda informações já tratadas para o processo decisório. Mesmo tratando de um assunto comum, as abordagens são completamente diversas e cabe ao líder compreender essa diferença. Para isso, vai usar muito de sua capacidade de ser empático com ambos.[5]

PERGUNTAS DE *COACHING*

1 Você se considera uma pessoa empática? Dê um exemplo de como você praticou ou pratica a empatia.

2 Você ouve outra pessoa com atenção quando percebe que ela está passando por um momento difícil e precisa falar?

3 Você aceita o que outra pessoa está passando e seus sentimentos mesmo que, se fosse você, teria outro tipo de atitude?

4 Você é um gestor líder empático? Reflita se o é realmente ou se usa uma falsa empatia para manipular o outro e garantir sua confiança.

5 A empatia faz com que você se interesse pelos outros e os ajude. Você aplica a empatia no seu dia a dia?

6 Você avalia que sua capacidade de empatia pode impactar negativamente seu dia a dia profissional? Explique.

---

[5] AZEREDO, A. O poder transformador da empatia nas relações humanas. *Você S/A*, maio 2016. Disponível em: <https://exame.abril.com.br/carreira/o-poder-transformador-da-empatia-nas-relacoes-humanas>. Acesso em: 28 jul. 2018.

9.5 O LÍDER *COACH* E SEU PAPEL COMO ATIVADOR DAS HABILIDADES SOCIAIS

O líder *coach* entende que o principal recurso de qualquer organização é o seu capital humano. Provendo desafios e oportunidades de aprendizado e de crescimento, ele é capaz de promover o alinhamento entre os objetivos organizacionais e os objetivos de profissionais e de equipes, gerando um ambiente no qual todos contribuem efetivamente.

Ele utiliza os princípios do *coaching* para:

- desenvolver o capital humano e, com isso, aumentar o engajamento, o desempenho e a produtividade;
- lidar de modo eficaz com situações que exigem flexibilidade, criatividade e inovação;
- superar expectativas e obter muito mais resultados.

Para atingir e consolidar o sucesso em um mundo dinâmico e em constante transformação, o *coaching* é, para o líder, uma ferramenta fundamental. Ao se tornar um *coach*, o líder poderá:

1. **Ter uma perspectiva mais ampla.** A capacidade de ter uma visão do todo e de manter o foco no que realmente importa é uma das habilidades do líder *coach*. Com isso ele provê clareza, contexto e direcionamento – para si mesmo e para os outros.
2. **Gerar mais impacto positivo.** O líder *coach* possui elevado grau de autoconhecimento e, por isso, não apenas está ciente do impacto que causa nos outros como também permanece atento para que esse impacto seja positivo. Com isso, o líder *coach* motiva e traz à tona o que as pessoas têm de melhor.
3. **Possuir maior influência.** Algumas das principais características do líder *coach*, como liderar pelo exemplo e dar *feedbacks* construtivos, fazem dele uma poderosa fonte de influência positiva e transformadora.
4. **Obter mais possibilidades de soluções.** O líder *coach* sabe como ouvir com atenção e como fazer perguntas capazes de estimular as pessoas a refletir e a encontrar as melhores soluções. Esse espaço aberto à participação é essencial para que os outros se sintam valorizados a se empenhem para corresponder à confiança neles depositada.
5. **Obter maior engajamento.** Ao compartilhar resultados e o reconhecimento pelo sucesso, o líder *coach* constrói relações

Capítulo 9 Competências socioemocionais e alta performance **237** baseadas na confiança e no apoio mútuo. Isso fornece uma base sólida para que o engajamento, o empenho e o desempenho possam florescer.

6. **Facilidade de quebra de crenças limitantes e maior evolução.** Por estar sempre investindo em seu desenvolvimento e no aprimoramento dos outros, o líder *coach* cria um senso de prontidão para a mudança e ajuda a superar obstáculos que impedem o crescimento.

Veja a seguir a atuação de um líder *coach* diante de uma situação que exige maior autoconhecimento emocional e um novo comportamento:

- **Passo 1.** Identificar o problema: Qual é o problema? Talvez você não tenha percebido, mas existe um problema.
- **Passo 2.** Definir a emoção: Como você se sente?
- **Passo 3.** Identificar as regras e critérios: O que você acha que deveria ser diferente? O que faz você se sentir assim?
- **Passo 4.** Identificar as crenças associadas às emoções: Por quê?
- **Passo 5.** Avaliar as consequências da atitude:
  - "Entendo que esta é sua melhor forma de expressar seus sentimentos. Você já parou para avaliar as consequências de médio ou longo prazo desse comportamento?"
  (Caso a resposta seja não)
  - "Você conhece alguém que teve ou tenha sucesso profissional agindo dessa maneira?"
  Ou, ainda:
  - "Você acha que as pessoas se sentem bem quando você atua assim? Você acredita que isso gera um bom clima na empresa? Você acredita que esse comportamento é gregário?"
- **Passo 6.** Mudando a resposta: Que comportamento seria o mais efetivo?
- **Passo 7.** Confirmando os novos sentimentos: Que emoção positiva você sentirá ao agir de modo mais produtivo?
- **Passo 8.** Identificando os ganhos: Quais serão seus ganhos em curto, médio e longo prazo? Quais serão os ganhos para as pessoas, equipes e empresa?
- **Passo 9.** O que você precisa fazer para colocar isso em prática?
- **Passo 10.** Como eu posso te ajudar mais?

PERGUNTAS DE *COACHING*

1 Você gostaria de ser um líder *coach*?

2 Alguma crença limitante está dificultando seu crescimento?

3 Que crenças limitantes você está disposto a desafiar para ser um líder *coach*?

4 Você está satisfeito com seus resultados ou acredita que tem potencial para voos ainda mais altos?

5 Você topa aceitar riscos calculados para sair de sua zona de conforto?

6 Alguém mais, além de você, é responsável por seus resultados?

7 Quem mais tem o poder de mudar, além de você, de forma a assumir o controle de suas metas?

8 Você busca a sua melhoria contínua?

9 Você tem disposição para ouvir os outros?

10 Qual é a primeira ação que você deve fazer para ser um líder *coach*?

9.6 O GESTOR DE RELACIONAMENTOS

Seja qual for a posição do profissional no mundo do trabalho do século XXI, dá-se destaque e importância ao **relacionamento interpessoal**. Pode-se afirmar sem receio que esse é um fator necessário de desenvolvimento profissional, sem o qual o profissional não evolui na carreira. Sempre será necessário ter habilidade para se relacionar com pessoas de comportamentos diferentes.

Quando falamos em relacionamento, pensamos imediatamente na comunicação entre pelo menos duas pessoas; dois indivíduos que trocam informações, sentimentos, emoções. O relacionamento é uma das mais importantes características do ser humano, porque é consequência da necessidade social inerente. Um inter-relacionamento saudável, que vise ao estabelecimento de um ambiente harmonioso, é a garantia de que os objetivos organizacionais serão atingidos de modo satisfatório.

Os seres humanos são essencialmente seres sociais, instintivamente motivados pela necessidade de se relacionar. É nessa interação que descobrem suas próprias capacidades e as exercitam.[6]

---

[6] CARVALHO, M. C. N. *Relacionamento interpessoal*: como preservar o sujeito coletivo. Rio de Janeiro: LTC, 2009.

Capítulo 9 Competências socioemocionais e alta performance **239**

Você, como gestor, deve cuidar para que a produtividade de sua equipe não seja afetada por possíveis desentendimentos entre seus componentes; afinal, o relacionamento interpessoal é algo extremamente complexo, e por isso o gestor líder deve atentar para a gestão de pessoas.

Se o relacionamento interpessoal se utilizar de uma via de comunicação de mão única – por exemplo, quando o chefe de um grupo não consegue identificar os talentos/expertises/perfis de cada membro de sua equipe e não se esforça por se fazer entendido por todos –, as chances de progredir profissionalmente no mundo de hoje são nulas.

FIQUE DE OLHO
Atenção: um desentendimento na equipe prejudica os resultados e muitas vezes impede a expansão dos negócios.

Em razão da dificuldade em lidar com diferentes formas de ser, pensar e agir, muitos colaboradores acabam criando barreiras que limitam suas relações no trabalho e causam conflitos que diminuem a qualidade de vida no trabalho.

Uma gestão que valoriza a comunicação e sabe ouvir seus membros, diminuindo conflitos interpessoais por meio da imparcialidade e empatia, da gestão de talentos e de tomadas de decisão em que prevaleçam a objetividade e a meritocracia, influencia diretamente no comprometimento dos colaboradores em suas funções e atividades.

Uma das principais vantagens da construção de um clima harmonioso e agradável é evitar o estresse, que tem grande custo financeiro para a empresa e um enorme custo emocional para as pessoas envolvidas.

Hoje em dia, sabe-se que o relacionamento interpessoal é também responsável por compor nosso corpo físico. A nossa necessidade de **apoio social** não está só na nossa cabeça. Os psicólogos evolucionários explicam que a necessidade de afiliação e formação de vínculos sociais está literalmente programada no nosso corpo.[7]

Acrescente-se a isso que, desde muito cedo, logo após nascer, são os vínculos afetivos que sustentam o desenvolvimento psíquico. Somos constituídos a partir de vínculos sociais. Muitos estudiosos citam, inclusive, que é o primeiro vínculo de amor que permitirá o desenvolvimento de adultos mais saudáveis emocionalmente.

---

[7] ACHOR, S. *O jeito Harvard de ser feliz*. São Paulo: Saraiva, 2012. p. 183.

Várias são as informações qualificadas de que o apoio social é, se não determinante, ao menos fundamental para a sobrevivência. Nossos corpos ativam diversas respostas fisiológicas – como aumento dos batimentos cardíacos, da pressão arterial e de hormônios do estresse, como o cortisol – quando nos sentimos desamparados ou ameaçados.

FIQUE DE OLHO
A construção de relacionamentos interpessoais positivos possibilita reagir melhor a situações de estresse.

Pessoas que contam com apoio emocional e suporte de pessoas queridas durante os seis meses posteriores a um ataque cardíaco triplicam as chances de recuperação. Mulheres que são apoiadas por amigos e familiares após sofrerem de câncer de mama também dobram a expectativa de vida após a cirurgia.

Um grupo de médicos cita que, "se alguém precisa se livrar de uma parte da vida, o tempo com o companheiro ou companheira deve ser o último item da lista, considerando que essa conexão é necessária para a sobrevivência".[8]

FIQUE DE OLHO
O relacionamento interpessoal é uma das principais características para o sucesso da organização. O bem-estar emocional obtido por relacionamentos interpessoais positivos influencia o desempenho individual.

Recorrer aos outros também é fundamental para que lidemos com as vicissitudes do mundo profissional. Muitas organizações, em âmbito mundial, estão empenhadas em criar um ambiente de trabalho positivo, incentivando a troca respeitosa de sentimentos e experiências a fim de promover a satisfação do trabalho e, consequentemente, a produtividade.

---

[8] ACHOR, 2012, p. 183.

PERGUNTAS DE *COACHING*

1 Você considera que o seu ambiente de trabalho tem relações positivas?

2 Em uma escala de 0 a 10, quanto você está verdadeiramente aberto a ter um bom relacionamento com seus colegas? Você demonstra essa vontade?

3 Todos nós temos uma forma de ser, pensar, sentir e agir. Quem são as pessoas de sua equipe com quem você mais se identifica?

4 Quais são as pessoas com quem você menos se identifica? Explique a diferença entre você e essas pessoas.

5 Analisando as pessoas com as quais você não se identifica, você diria que os valores delas são diferentes dos seus?

6 Se a resposta anterior foi afirmativa, tente discernir quais são os valores dessas pessoas com as quais você tem menos afinidade.

7 Agora considere os valores que você descreveu dessas pessoas e reflita: eles são realmente intoleráveis?

8 O que você tem feito para que as diferenças não constituam conflitos?

9.7 CONHEÇA O GRANDE VILÃO DO TRABALHO EM EQUIPE

Já está comprovado que colaboradores que trabalham bem em equipe e possuem perfil de apoio aos colegas constituem poderoso capital psicológico positivo para a empresa. Uma interação positiva reduz o nível de estresse.

> As pessoas que investem em sistemas de apoio social são simplesmente mais bem equipadas para prosperar até nas circunstâncias mais difíceis, enquanto aqueles que se isolam das pessoas ao seu redor efetivamente abrem mão de todas as tábuas de salvação disponíveis, justamente no momento em que mais precisam delas.[9]

---

[9] ACHOR, 2012, p. 184.

> **PAUSA PARA REFLEXÃO**
> O antídoto para o mal-estar na civilização pós-moderna é o convívio social. Entretanto, não o mero contato social, mas sim um interesse genuíno por quem a outra pessoa é, o que ela representa e a demanda que ela apresenta no momento do contato social.[10]

Em tempos de efervescência das mídias sociais e dos relacionamentos virtuais, vale lembrar que estes não têm o mesmo poder que os contatos presenciais.

No livro *O inverno de nossa desconexão*, Susan Maushart, uma jornalista americana que residia na Austrália, conta como ela e seus três filhos adolescentes passaram seis meses desconectados – e sobreviveram.[11] Tudo começou quando Susan percebeu que estava vivendo um caso de amor e dependência, mas não era com uma pessoa: era com seu iPhone. Ela também constatou que só conseguia ver a nuca de seus três filhos de 18, 15 e 14 anos, já que eles estavam sempre à frente de uma tela qualquer.

Ela resolveu, então, fazer o que chamou de "o experimento": passar seis meses sem aparelhos eletrônicos dentro de casa, com exceção de celulares pré-pagos, exclusivos para a comunicação familiar. Telefone fixo? Só com fio. Música? O estéreo com rádio ou CD. "Mas e a lição de casa?", os filhos perguntaram. Biblioteca, é claro.

Houve muita revolta, discordâncias, irritações e cabos e fios guardados. No entanto, após o longo período, o filho mais velho redescobriu o prazer de tocar saxofone, a filha do meio encantou-se com livros e a mais nova aprendeu a cozinhar. Os jantares passaram a ser regados por conversa e diversão, a alimentação tornou-se mais saudável – sem tantas barrinhas, palitos de queijo, iogurte em tubinhos e lasanha congelada –, e os filhos, "por não terem nada para fazer", começaram a ir ao cinema juntos. O mau humor geral cedeu espaço a um convívio tão harmonioso quanto pode ser o de uma família normal. Foi necessário a essa família perder algo que acreditava ser pessoal para ganhar a convivência e o relacionamento interpessoal.

---

[10] PEREIRA, D. S. Inteligência social. In: PORTELLA, M. *Psicologia positiva*. Rio de Janeiro: Psi+, 2015. p. 154.
[11] MAUSHART, S. *O inverno da nossa desconexão*. São Paulo: Paz e Terra, 2011.

PAUSA PARA REFLEXÃO

Quando a pessoa faz parte de uma equipe, ela perde alguma coisa porque precisa ceder. Em compensação, os ganhos são muito maiores.

Aprender a deixar passar, aprender a colocar a vontade da equipe em primeiro lugar, é uma experiência fortalecedora que gera a experiência mais extraordinária de todas: ser membro de uma equipe de alto rendimento, entusiasta e dedicada, uma equipe de primeira.[12]

Nos relacionamentos de grupos, muitas vezes é preciso deixar o ego de lado. Bernardo Rocha de Rezende, o Bernardinho, dono de uma carreira vitoriosa como jogador e como técnico de vôlei, afirma categoricamente que, para ele, egos inflados são os grandes vilões das relações interpessoais e podem colocar tudo a perder no trabalho em equipe, e valoriza a necessidade de o líder da equipe saber monitorar a si mesmo.

não estamos livres de ser atingidos por esse sentimento. Imagine se eu, que brigo, grito e faço cara feia durante as partidas, não aceitasse que um jogador fosse se sentar no banco emburrado por ter sido substituído. Tenho que aceitar. Não o fazendo, achando-me com mais direito que o outro, terei sido vencido pelo meu próprio ego e perdido para sempre a capacidade de dialogar de igual para igual com o jogador.[13]

PERGUNTAS DE *COACHING*

1. Você tende a achar que sua opinião é sempre a melhor e não gosta de abrir mão dela?
2. Você sente que seus colegas se afastam de você? Se sim, por quê?
3. Você se sente apoiado pelos seus colegas? Se não, explique por quê.
4. Suas relações interpessoais estão desgastadas? Você tem alguma ideia do motivo pelo qual isso está acontecendo?
5. Você tem algum colega que se enxerga como superior aos outros? O que você sente quando isso acontece?

---

[12] BLANCHARD, K. *A alma do líder*. São Paulo: Garimpo, 2009. p. 23.
[13] BERNARDINHO. *Transformando suor em ouro*. Rio de Janeiro: Sextante, 2006. p. 136.

9.8 SEU AUTOCONCEITO REGE O SEU DESTINO?

Nós nos referimos a nós mesmos pelo pronome pessoal "eu". Que "eu" é esse?

Acreditamos que nossa identidade é uma entidade única, mas, se pararmos para refletir, veremos que somos formados por vários "eus": um "eu" como nós mesmos nos percebemos, um outro "eu" de como somos percebidos pelas pessoas ao nosso redor e o "eu" em que apresentamos comportamentos aprovados socialmente.

O **autoconceito** é a imagem interna que temos de nós mesmos; a forma como nós nos percebemos.

Quando constituímos nossa identidade, na infância, formamos um autoconceito que orienta, consciente ou inconscientemente, nossa comunicação e nosso comportamento.

Temos de lembrar que somos feitos de, pelo menos, duas esferas de atividade: a mente consciente e a mente inconsciente.

- A **mente consciente** é a raciocinadora; aquela que julga, discrimina e escolhe. Já a parte inconsciente de nosso "eu" utiliza processos diferentes. Ela não se empenha em provar se os pensamentos são verdadeiros ou falsos, bons ou maus. Ela reage conforme gravações que ficaram impressas nos mecanismos cerebrais. É nela que está a sede das emoções.
- A **mente inconsciente** não tem capacidade de questionar ou contestar o que lhe dizem. Se uma informação é fornecida repetidas vezes, aliada a uma emoção, o inconsciente a registrará. Assim, se uma pessoa recebe desde pequena a informação de que é frágil e não consegue superar dificuldades, essa pessoa acreditará nessa mensagem e agirá em conformidade a ela.

O autoconceito é uma força tão poderosa que determina não só a maneira como nos comunicamos, mas também nosso comportamento.

Na verdade, o que muitos chamam de destino pauta-se nessa conduta inconsciente que trabalha para que a crença registrada internamente seja verdadeira.

Muitas vezes, se não sempre, o autoconceito é sugerido pelas palavras de outras pessoas. Um professor pode, por exemplo, categorizar determinadas pessoas como mais inteligentes, e é certo que elas tenderão a ter melhor desempenho que as outras. O princípio é válido também quando é enviada uma mensagem de "você não é competente".

Conhecer-se é um processo por si só vitorioso, pois permite que percebamos que somos feitos de várias facetas e várias características.

O autoconhecimento é como um espelho que nos mostra quais são nossos pontos fortes, de que influências somos feitos, como enxergamos o mundo, que pontos podemos reforçar ou mudar, quais são nossas virtudes e talentos, que valores estamos seguindo, trazendo-nos muitos benefícios.

O autoconhecimento é um processo e está em constante evolução. Só chega ao fim quando morremos ou desistimos de aprender mais sobre nós mesmos. Todos nós mudamos muitas vezes durante a vida.

FIQUE DE OLHO
Sempre podemos conhecer alguma faceta desconhecida sobre nós e isso é maravilhoso, porque essas mudanças ampliam nossas perspectivas, trazem novos sentimentos e permitem novos comportamentos. O benefício mais importante é nos tornarmos mais conscientes e vermos as pessoas e situações a nossa volta com maior clareza.

A história a seguir é relatada no livro *O jeito Harvard de ser feliz* e retrata a possibilidade de alteração do autoconceito a partir de expectativas de outras pessoas.

> Uma equipe de pesquisadores lideradas por Robert Rosenthal aplicou testes de inteligência em alunos de uma escola primária. Depois, os pesquisadores disseram aos professores de cada turma quais alunos – digamos Sam, Sally e Sarah – os dados identificaram como gênios acadêmicos, aqueles que apresentavam o maior potencial de crescimento. Eles instruíram os professores a não mencionar os resultados do estudo a esses alunos e não passar nem mais nem menos tempo com eles. (Na verdade, os professores foram alertados de que seriam observados para que os pesquisadores se certificassem de que isso não aconteceria.) No final daquele ano, os alunos foram testados novamente e, com efeito, Sam, Sally e Sarah apresentaram um desempenho intelectual fora do comum.
>
> Essa seria uma história previsível, se não fosse pela reviravolta do enredo no final. Na verdade, quando Sam, Sally e Sarah foram testados no início do experimento, eles apresentaram um desempenho absoluta e maravilhosamente *mediano*. Os pesquisadores escolheram nomes aleatoriamente e mentiram para os professores sobre a capacidade

desses alunos. Mas, ao final do experimento, eles de fato haviam se transformado em gênios acadêmicos. Então, o que fez esses alunos medianos se tornarem extraordinários? Apesar de os professores não terem dito nada diretamente àquelas crianças e terem dedicado o mesmo tempo a todos os alunos, dois fatos cruciais ocorreram. A crença que os professores tinham no potencial daqueles alunos foi expressa, mesmo que de forma não verbal e inconsciente. E, o mais importante, essas mensagens não verbais foram captadas pelos alunos e transformadas em realidade.

Esse fenômeno é chamado de Efeito Pigmaleão: quando a nossa crença no potencial de alguém acaba concretizando esse potencial.[14]

PAUSA PARA REFLEXÃO
Se palavras e mensagens não verbais positivas podem criar ou alterar o autoconceito que uma pessoa tem de si mesma, o mesmo vale para palavras e mensagens não verbais negativas. Reflita a respeito.

Imaginemos uma criança cujos pais a colocam em um pedestal e a induzem a se considerar a rainha da casa, merecedora do que há de melhor no mundo. Essa criança crescerá acreditando nisso e começará a manifestar insatisfação com tudo que não lhe traga benefícios. Ao se tornar adulta, ela tenderá a não ser solidária, não conseguir trabalhar em equipe e terá predisposição à tirania, para que seus desejos se tornem realidade.

FIQUE DE OLHO
O autoconceito pode gerar círculos *virtuosos* ou círculos *viciosos*.

O autoconceito cria círculos virtuosos quando gera crenças de relacionamento harmonioso, em que se pode confiar em si mesmo e, por consequência, nos outros. Entretanto, os círculos podem ser considerados viciosos, no sentido negativo do termo, quando a pessoa desenvolveu uma fraca autoestima pessoal, tendendo a olhar sempre criticamente para seus resultados e considerando-se, na maior parte das vezes, injustiçada.

"Temos uma conta-corrente emocional", afirma Mara Luquet, comentarista de finanças pessoais em vários telejornais

---
[14] ACHOR, 2012, p. 92.

e na rádio CBN. "Sim, como uma conta-corrente: ativos e passivos conquistados pelas interações sociais, mas mediados pelos primeiros depósitos realizados por nossos pais".[15]

9.9 AUTOCONTROLE OU AUTORREGULAÇÃO COMO VANTAGEM COMPETITIVA

Autocontrole ou autorregulação é uma habilidade socioemocional. Refere-se à capacidade de conter as emoções e, consequentemente, conter o impulso da reação. Essa aptidão é considerada uma das mais fundamentais no relacionamento interpessoal.

FIQUE DE OLHO
Quem não possui autocontrole provoca situações desnecessárias para a boa convivência entre familiares, com os parceiros amorosos, com os filhos e até no ambiente de trabalho.

Os resultados do **teste do marshmallow**, criado na década de 1960 pelo psicólogo Walther Mischel, revelam a essência da autorregulação emocional: a capacidade de controlar um impulso para conseguir chegar a um objetivo. Esse teste consistia em oferecer a crianças de 4 anos dois marshmallows para aqueles que conseguissem esperar para recebê-los após executar determinada tarefa, enquanto os que não conseguiam esperar ganhavam apenas um, mas imediatamente.

Esse desafio é relatado e analisado por Daniel Goleman no livro *Inteligência emocional*.[16] Anos depois, quando essas mesmas crianças foram observadas dos 12 aos 14 anos, constatou-se uma significativa diferença emocional e social entre aqueles que agarraram a oferta imediata do marshmallow e aqueles que adiaram a satisfação. O grupo dos mais afoitos demonstrou ficar mais abalado sob tensão, perturbar-se facilmente diante de frustrações e reagir com mau humor exagerado e desproporcional a inconveniências. O grupo das crianças que resistiram à oferta imediata do doce comprovou ser muito mais capaz de controlar seus impulsos e suas emoções. Tornaram-se adolescentes que demonstravam ser mais competentes

---

[15] LUQUET, M. *Muito além do voo*. São Paulo: Leya, 2015. p. 25.
[16] GOLEMAN, 2012.

emocionalmente, tinham maior capacidade de concentração e obtinham melhores resultados acadêmicos.

A capacidade de controlar um impulso é fundamental no relacionamento interpessoal.

Tanto na vida pessoal quanto no mundo do trabalho, os adultos são constantemente submetidos a situações que fogem de seu controle, seja uma reunião desmarcada em cima da hora, uma ação surpreendente do colega ou uma decisão tida como prejudicial tomada pelos gestores.

Mayer e Salovey afirmam que há quatro estágios para que se atinja o autocontrole e a autorregulação que caracterizam a inteligência emocional.[17]

1. Perceber as próprias emoções, bem como as emoções das outras pessoas.
2. Utilizar as emoções para facilitar os pensamentos.
3. Entender a emoção e seu significado, criando conexão entre as emoções e os relacionamentos.
4. Monitorar e regular as emoções pessoais, de crescimento social e de bem-estar.

Celso Antunes, estudioso da neurobiologia sobre a ação da mente nos processos de aprendizagem, comprova que existe realmente algo que se pode denominar inteligência interpessoal: "A inteligência interpessoal baseia-se na capacidade nuclear de perceber distinções nos outros; particularmente, contrastes em seus estados de ânimo, suas motivações, suas intenções e seu temperamento".[18]

FIQUE DE OLHO

As pessoas que se preocupam bastante com sua aparência, com a maneira de combinar peças de sua roupa, com seu desempenho social mesmo entre pessoas próximas e com a intensidade com que são positivamente lembradas pelos outros revelam essa forma de inteligência "em alta" e, naturalmente, opõem-se a outras que jamais se interessam por si mesmas e pela impressão que causam nos outros.[19]

---

[17] PEREIRA, 2015, p. 148.
[18] ANTUNES, C. *As inteligências múltiplas e seus estímulos*. 13. ed. São Paulo: Papirus, 1998. p. 88.
[19] ANTUNES, 1998, p. 88.

9.10 VOCÊ É UM GESTOR IMPARCIAL?

Como ser imparcial se cada pessoa pensa, age, raciocina e interpreta os fatos de maneira distinta de outra? Essa é a questão mais importante quando se fala em habilidades socioemocionais.

A **imparcialidade** consiste em aplicar igualmente as leis, sem se deixar levar por sentimentos e emoções. Significa exercer a neutralidade nos julgamentos para que todos sejam tratados da mesma maneira.

A imparcialidade está ligada à dignidade de comportamento, ignorando preferências e atendo-se exclusivamente aos fatos, tanto para se relacionar com as pessoas à sua volta quanto para tomar decisões. É o oposto de preconceito, favoritismo e discriminação.

Não é fácil ser imparcial. Além disso, os gestores são pessoas também dotadas de emoção, com seu círculo de afinidades. Porém, quando passam a assumir um posto de liderança, precisam estar atentos para deixar essas afinidades na neutralidade, tendo em vista um ambiente mais justo.

Por isso, a imparcialidade é tão importante para uma boa gestão. Sem ela, é impossível manter a harmonia e a unidade de uma equipe.

FIQUE DE OLHO
Sem a imparcialidade, caem também os vínculos de confiança.

Quando no cargo de gestão, a imparcialidade é requisito fundamental, uma vez que impacta o clima da equipe e em sua produtividade. As atitudes do gestor precisam transmitir justiça para serem geradoras de confiança. Caso contrário, repercutem negativamente, podendo até impactar seu plano de carreira.

FIQUE DE OLHO
A imparcialidade – e, em consequência, a justiça – evita a instalação de conflitos.

Lidar com diferentes tipos de personalidade não é simples. Muitas vezes, ocorrem tensões, mal-entendidos e falhas na comunicação. Os gestores também estão sujeitos a ter preferências por determinadas personalidades. Contudo, é necessária muita atenção para que essas preferências não influenciem sua conduta e suas decisões.

PAUSA PARA REFLEXÃO
Estar emocionalmente preparado para agir de forma justa e equilibrada faz parte do desenvolvimento de competências de liderança. Você já parou para pensar se se sente preparado?

No entanto, é impossível ao ser humano ser completamente imparcial. Por quê? Porque a percepção do mundo é relacionada às crenças e à cultura. Cada pessoa pensa, age, raciocina e interpreta um fato de forma distinta.

Cada um de nós tem uma história de vida na qual aprende a dar significado às suas emoções. Esses significados emocionais são posteriormente deslocados para suas relações interpessoais, grupais e, na vida adulta, para o mundo do trabalho. Dessa forma, as pessoas levam para o trabalho valores, crenças e expectativas inerentes ao seu "eu".

A imparcialidade consiste em dois pontos-chave:

1. Estarmos conscientes, a cada momento, de que nossas emoções e sentimentos existem e interferem no relacionamento interpessoal.
2. Buscarmos apoio em fatos e dados objetivos para orientar nossa conduta e nossas decisões.

O agilista Marcelo L. Barros trata da difícil questão da imparcialidade dos líderes e apresenta um teste bastante interessante (Quadro 9.2).

Quadro 9.2 Coloque a sua imparcialidade à prova

Pense naquele colega de trabalho com o qual não simpatiza, seja qual for o motivo. Daqui por diante, ele será chamado de "colega não favorito", para fins ilustrativos. Marque os comportamentos que você percebe ter em relação a ele.

1. ( ) Normalmente, quando meu colega não favorito fala, mesmo que seja assunto de trabalho, reviro os olhos e penso: "Lá vem bobagem".

2. ( ) Algumas vezes chego a fazer cara feia a ponto de as pessoas ao redor perceberem que aquele é meu colega não favorito.

3. ( ) Quando meu colega não favorito pede alguma coisa, nunca as trato com prioridade ou demoro a responder seus e-mails ou solicitações.

4. ( ) Já esqueci de passar informações relevantes ou de chamar meu colega não favorito para reuniões.

5. ( ) Já fantasiei com o dia em que meu colega não favorito sai da empresa.

6. ( ) Avalio com extremo cuidado qualquer trabalho realizado pelo meu colega não favorito, pois não confio no que ele faz.

7. ( ) Evito falar com meu colega não favorito; se é assunto de trabalho, prefiro mandar um e-mail.

8. ( ) Quando meu colega não favorito se dirige a mim, minhas respostas geralmente são secas e até mesmo grosseiras.

9. ( ) Meu colega não favorito fez um bom trabalho e está sendo elogiado, menos por mim.

10. ( ) Quando não tem jeito e tenho que falar com meu colega não favorito, percebo que minha linguagem corporal é de defesa ou tentando manter distância.

Fonte: BARROS, M. L. Você é realmente um líder imparcial? Faça o teste e descubra. *Administradores.com*, ago. 2014. Disponível em: <http://www.administradores.com.br/artigos/carreira/voce-e-realmente-um-lider-imparcial-faca-o-teste-e-descubra/79793>. Acesso em: 28 jul. 2018.

CASO REAL

Uma jovem profissional me procurou com uma queixa: tinha grande dificuldade de relacionamento com sua chefe e percebia que esse poderia ser um forte impeditivo de sua ascensão profissional. Ela tinha razão. No mundo corporativo, o relacionamento com a chefia é determinante para a alavancagem da carreira.

Essa jovem mostrou-se em nossos primeiros encontros uma moça muito inteligente, proativa, com excelentes resultados em seu trabalho. Com formação superior em pedagogia, apresentava forte inclinação para dedicar-se aos outros, e dois de seus valores mais fortes eram a justiça e a competência.

Dentro desse cenário, o que impedia o bom relacionamento com sua gerente?

Conforme caminhamos em direção às camadas mais sutis de seus sentimentos, ela foi percebendo que seu valor de justiça estava fortemente impregnado de algumas crenças que haviam sido construídas ao longo de sua vida. Uma delas dizia respeito à perfeição, outra relacionava-se a ideias de coletividade.

Na análise de comportamentos sabotadores e não sábios, a jovem observou que era sempre muito crítica, cobrando a si e aos outros excessivamente, apontando falhas e defeitos. De fato, por padrões consolidados na tenra infância, a jovem, apesar de inteligente, altamente capacitada e direcionada ao apoio a pessoas, estava sendo excessivamente crítica com sua gestora, não admitindo diferenças.

Além disso, sua história pessoal mostrava uma valorização do *status* relacionado à competência técnica, não à competência relacional.

Quando falamos sobre competências relacionais, é importante ressaltar a diferença do processo de *coaching* em relação à terapia e à psicanálise. O ponto focal do processo de *coaching* é a ampliação da inteligência emocional por meio de novos comportamentos, e não a busca por suas causas.

O que estava impedindo, de fato, a empatia da jovem profissional por sua chefe era um julgamento com base em crenças rígidas sobre si e sobre o que era importante na vida.

Como mudar essa situação? Como adotar um comportamento menos reativo e mais inteligente emocionalmente?

A primeira etapa consistiu no reconhecimento de que a mente emocional é muito mais rápida que a racional. Essa rapidez impede uma análise reflexiva da situação e a pessoa fica à mercê de reações de um passado insconsciente.

Além disso, como as emoções são fortes, a mente emocional aparelha a mente racional para seus fins. Os seres humanos racionalizam e justificam suas reações diante da situação presente sem perceber que estão reagindo sob a influência da memória emocional do passado.

Após a conscientização desse domínio do estado emocional, sem que o *coach* aprofunde com seu cliente as causas geradoras desse mecanismo – a fim de não confundir seu papel com o do psicanalista ou terapeuta –, a segunda etapa do processo de *coaching* da jovem profissional foi aprender como interromper "o sequestro da amígdala".

Esfriar-se psicologicamente, esperando que passe a corrente da emoção, é um poderoso artifício. A jovem obteve esse resultado por meio de técnicas de relaxamento e de controle deliberado da emoção, por meio do autocontrole exercido pela mente racional. Nessa etapa, os exercícios de controle devem ser constantes, tal como quando se deseja obter um abdômen trincado: ninguém obterá o resultado em apenas uma semana.

Atuamos, também, no sentido de subsidiar a mente racional com reflexões sobre crenças, expectativas emocionais e práticas reflexivas sobre ganhos e perdas advindos desse arrebatamento emocional. Podemos considerar essa atuação como a terceira etapa do processo.

A quarta etapa se deu com o fortalecimento do capital psicológico positivo, estimulando pensamentos e comportamentos de esperança, autoeficácia, resiliência e otimismo.

A jovem profissional, ao esfriar as emoções e colocar os pensamentos positivos como forças dominantes, mudou seu comportamento. Passou a interagir como parceira de sua gestora, sem julgá-la por sua necessidade de "ser querida" e diálogos "fúteis". Ela atingiu a profunda compreensão de que existem diferenças entre as pessoas, mas que, por meio de resiliência e respeito, todos colhem muitos benefícios.

PALAVRA FINAL DA AUTORA

Caro leitor,

Você chegou ao final do livro e tenho certeza de que percebeu que o desenvolvimento de sua carreira é um fator essencial para a construção do seu sucesso e da sua felicidade.

Você sabe que, na vida adulta, as atividades profissionais e a monetização destas constitui um pilar fundamental para a conquista dos sonhos.

Uma frase atribuída ao técnico Bernardinho diz que a vontade de se preparar deve ser maior que a vontade de vencer.

Vencer será consequência de uma boa preparação.

Você, que já conquistou tantas coisas, está realizando as transformações que sempre sonhou. A cada passo dado, haverá outro, e mais outro, e mais outro, porque a vida nunca para de nos trazer desafios.

Com este livro, você percebeu a importância de atuar com estado de ânimo positivo, pois nosso cérebro está configurado para apresentar o melhor desempenho quando está positivo.

Assim, ao contrário da crença comum de que alcançamos a felicidade após nossas conquistas, a psicologia e a neurociência demonstram que temos mais sucesso quando estamos felizes e impregnados de espírito positivo.

De fato, esse ativo intangível do capital positivo representa valor e diferencial competitivo para a permanência no mercado de trabalho, principalmente neste mundo VUCA em que ocorrem várias mudanças tecnológicas, culturais e sociais. Seja optanto pelo crescimento no mundo corporativo, por uma carreira independente ou empreendedorismo, todos os profissionais devem desenvolver-se continuamente para conseguirem ajustar-se às complexidades, ambiguidades e dinâmicas do universo 4.0.

Não basta desenvolver as tarefas e funções que lhe são próprias; o indivíduo que se destaca é aquele que demonstra estar preparado para ser colaborativo, flexível, otimista, resiliente, ter um olhar amplo e oferecer soluções inovadoras.

Esse é o perfil do indivíduo que possui os quatro atributos da psicologia positiva – esperança, autoconfiança, resiliência e otimismo – e tem o poder de ser protagonista de sua trajetória, não apenas enfrentando os desafios, mas buscando as oportunidades que estão por trás das adversidades.

Não existe insucesso. O insucesso é apenas uma oportunidade para começar de novo com mais inteligência, dizia Henry Ford.

Por isso, você viu na Parte III deste livro que o caminho para se tornar um excelente gestor (e aqui podemos considerar a gestão de qualquer escolha de carreira) passa, necessariamente, por abandonar antigos hábitos e criar novos.

A mudança é resultado de dois vetores: clareza de objetivos e capacidade de ação, ou seja, atitudes.

> Não se alcança novos resultados mantendo comportamentos do passado.

A mudança passa pelo sonho que se queira realizar, pela sensação de estar realizando o seu propósito.

A comunicação é, com certeza, um dos maiores impulsionadores de novas conquistas, tanto pessoais quanto corporativas. Ressaltamos que cuidar da comunicação positiva não é desperdício de tempo, muito pelo contrário: a alta performance dos profissionais e da empresa é alcançada por gestores que sabem dar os *feedbacks* necessários nas horas certas, delegar, gerir perfis comunicacionais distintos, estimular a motivação e gerar pertencimento.

Na gestão, dentro e fora do mundo corporativo, tudo que é dito e mesmo o que não é dito, o que é feito e o que não é feito, tudo comunica algo. Quais são as pessoas que lidam melhor com a complexidade atual? Precisamente aquelas que cuidam da comunicação no relacionamento consigo mesmas e com os outros.

> Os indivíduos que procuram desenvolver suas competências sociorrelacionais colocam em prática atitudes positivas, habilidades e conhecimentos que lhes permitem controlar emoções, alcançar objetivos, demonstrar empatia e obter apoio de suas redes sociais.

São as características visíveis dos líderes que geram a motivação necessária às equipes para seguirem em frente e tornarem-se vencedoras. Nada acontece por acaso. Não existe um colaborador supermotivado se o líder é descansado ou procrastinador.

E agora, leitor, que você chegou ao patamar desejado, qual será o seu próximo passo?

Como vimos, não há uma única resposta, pois cada indivíduo é diferente e tem seus próprios sonhos. O que podemos afirmar, com base nas características comuns a grandes líderes, é que, além de acreditarem em si mesmos, eles possuem um senso de propósito para o que estão fazendo. Por isso eles se destacam.

Encontre seu propósito, que sempre é muito maior do que alcançar poder, *status*, dinheiro. Coloque um propósito no centro de suas ações e você verá como isso será motivador e inspirador.

Atinja a plenitude de seu destino conectando-se com sua voz interior. Entenda seu papel no mundo e escolha seu próximo passo com paixão e entusiasmo.

Ao atuar com esperança, foco nas metas, resiliência, persistência, autoconfiança, otimismo e poder de persuasão, você estará construindo sua lenda pessoal.

Agradeço sua companhia e desejo muito sucesso em sua jornada!

MIRIAM GOLD

ÍNDICE REMISSIVO

A

Accomplishment, 140
ACE, 57
Acompanhamento de idosos, 96
Adaptabilidade, 49, 50, 86, 87, 92, 101, 121, 144
Administração de tempo, 181
Administrador eficiente, 228, 229
Adversidade(s), 34, 47, 117,151, 152, 154, 256
Agressividade, 108
Alavancagem
  da carreira, 26, 253
  de resultados, 179
Alegria, 60, 111, 114, 159, 164, 199, 233
Alinhamento, 32, 33, 39, 212, 229, 237
Alterações de humor, 139
Ambição, 111, 155
Ambiente corporativo, 17, 19, 177, 209
Ambientes desafiadores, 30
Ambiguidade(s), 69, 134, 174, 175, 201, 202, 256
Ameaça(s), 18, 29, 91, 148, 222
American Psychological Association (APA), 113
Amígdala cortical, 109
Amizade(s), 42, 124, 133, 139, 205
  como valor, 111
Amor, 115, 117, 234, 240, 243
Analista de qualidade da informação, 95
Analista de Search Engine Optimization (SEO), 93
Âncora(s) de carreira, 61, 66-70, 75
Animação, 117
Ansiedade, 15, 19, 21, 134, 144, 162, 163, 164, 165, 203, 210
Antecipação de prazos de entrega, 144
Apoio social, necessidade de, 240
Apreciação da beleza, 117
Aprendiz, 178
Aprendizado rápido, 119

Aprendizagem, 7, 18, 23, 46, 111, 116, 229, 249
  automática, 57
Arquiteto de realidade aumentada, 95
Assertividade, 26, 40, 48, 100, 201, 230
Assessments, 100
Associação de Psicologia Positiva da América Latina (APPAL), 154
Atitude positiva, 31, 45, 86, 177, 178
Atitudes sabotadoras, 111
Ativação, 121
Audácia, 111
Auditor de estilo de vida, 94
Auditoria, 100
Autoafirmação, 121
Autoaperfeiçoamento, 25
Autocompreensão, 19
Autoconceito, 245, 246, 247
Autoconhecimento, 19, 26, 38, 40, 41, 61, 66, 100, 107-136, 178, 180, 188, 227, 237, 238, 246
Autoconsciência, 18, 19
Autocontrole, 17, 45, 90, 108. 117, 187, 248, 249
Autodisciplina, 159, 177, 178
Autoeficácia, 32, 141, 145, 148-150, 159, 166, 254
Autogestão de carreira, 49, 66
Automação, 57, 58
Autonomia, 58, 62, 67, 70, 73, 134
Auto-observação, 110
Autoridade, 25, 117, 220, 222
Autossabotagem, 162

B

Bar D'Hôtel, 64
Barômetro Global do Otimismo, 154
Bioinformacionista, 93
Biotec, 81
Blockbuster, 7
Bom humor, 117
Bondade, 117
Bravura, 117
Budget, 181

C

Camaradagem, 176
Capital, 55
  econômico tradicional, 142
  humano, 32, 85, 130-134, 142, 144, 237
  psicológico, 140
  positivo, 31, 139, 143, 145, 147, 157-159, 166, 242
  social, 142
Caráter, 42, 114, 115, 117, 177, 178
Caridade, 111
Carisma, 51, 121, 126, 177, 178
Carta de recomendação, 35
Catarse comportamental, 141
Centro de Ciências da Universidade de Nova York, 109
Chief Technical Officer (CTO), 93
Cidadania, 117, 140
Ciência comportamental, 141
Circuito da empatia, 236
Círculos
  viciosos, 247
  virtuosos, 247
Cirque du Soleil, 17
Cirurgião de memória, 94
Clareza de objetivos, 180, 256
Classificação tipológica de Myers-Briggs, 38
Coach, 26, 52, 89, 110, 167, 223, 237, 238, 254
Coaching, 34, 51, 64, 75, 88, 92, 187, 188, 222, 237, 253
Colaboração, 7, 32, 48, 90, 142
Coletividade, 32, 111, 155, 253
Comando, como padrão de talento, 121
Combatividade, 49, 86, 87
Companheirismo, 48
Competência
  relacional, 253
  técnica, 100, 253
Competências
  socioemocionais, 11, 227- 252
Competição, 121
  interna, 203
Complexidade cognitiva, 196

Comportamento(s), 8, 15, 24, 32, 37, 40, 79, 85, 110-112, 127, 133, 140, 157, 160, 196, 204, 214, 234, 250
defensivos, 111
gregário, 238
humano(s), 98, 139, 141
indesejável, 231
organizacional positivo, 141, 144
respeitoso, 230
sabotadores, 253
Comprometimento, 51, 177, 178, 230, 240
Compromisso, 61, 69, 117, 160, 209
Comunicação
assertiva, 201-204
bem-sucedida, 195
clara, 86, 100, 101, 144, 209
de mão única, 240
eficaz, 195, 196
eficiente, 195, 196
não verbal, 197-200
objetiva, 201
verbal, 80, 197-200, 231
Conectividade, 5, 8, 23
Conexão, 32, 42, 122, 150, 249
global, 80
Conexões
neurais, 114
virtuais, 80
Confederação Nacional de Profissionais Liberais (CNPL), 70
Confiança, 39, 42, 122, 158, 188, 193, 207-209, 217, 230, 233, 250
Conflito(s), 108, 123, 127, 135, 163, 229
Conforto, zona de, 6, 12, 24, 29
Conhecimento, 8, 17, 24, 31, 38, 47, 49, 57, 69, 84, 85, 92, 115, 119, 122, 142, 173, 215
Conquistas, 43, 45, 75, 159, 193, 256
Consciência autorreflexiva, 109
Consultor, 98, 130
Contabilidade, 100, 167
Contexto, 32, 57, 85, 122, 173, 202, 208
social, 98, 213
Contratação, 11, 38, 50
de subordinados, 86, 87, 101
Coragem, 111, 115, 117, 149
Córtex cingulado anterior rostral (rACC), 156
Cortisol, 241
Crença, como padrão de talento, 122
Crenças limitantes, 159-161, 238
Crescimento
espiritual, 46
na empresa, 47-50
Crianças prodígios, 128
Criatividade, 52, 86, 87, 90, 92, 101, 111, 116, 134, 152, 206, 227, 237
Críticas, 211
Curiosidade, 116
Currículo, 46, 71
Cursos comportamentais, 141

D

DaVinci Institute, consultoria, 89
DBM Consultoria, 33
Definição de metas prioritárias, 86, 87, 101
Delegação de tarefas, 215, 216
Demissão voluntária, programa de, 11
Demissões, 93, 107
Departamento de Psicologia da Universidade da Califórnia, 156
Desafio
puro, 66, 68
técnico, 66, 68, 176, 181
Desafios, 7, 9, 13, 19, 25, 29, 33, 38, 43, 47, 62, 80, 82, 89, 121, 124, 139, 143, 147, 153, 173, 181, 206, 211, 221, 229
Desânimo, 59, 60, 139, 148, 184
Desculpa, 146
Desejos, 37, 110, 116, 119, 230, 247
Desempenho, 12, 14, 23, 31, 38, 47, 56, 84, 112, 115, 118, 121, 143, 146, 149, 176, 179, 187, 212, 217, 228, 245, 249
Desenvolvedor de dispositivos inteligentes, 95
Desenvolvimento
de carreira, 9, 36, 55, 126, 179
de pessoas, 49, 50, 63, 85, 87, 101
profissional, 8, 26, 221, 239
Design thinking, 90, 92
Designer
de joias, 82
de personalidade automática, 96
Desmotivação, 107, 203
Diferencial competitivo, 9, 143, 256
Dinheiro, 13, 23, 59, 72, 80, 96, 111, 122, 159, 161, 258
DISC, metodologia, 132
DISC, teste, 41
Discernimento, 19, 177, 178
Disciplina, 47, 73, 89, 181, 122, 223
Discrição, 117, 218
Distância
íntima, 200
pessoal, 200
pública, 200
social, 200
Divertimento, 111
Dodecaedro, 132
Dom natural, 128
Dopamina, 30, 114
Downsizing, 151

E

Economia 4.0, 6
Economia
de satisfação, 13
do dinheiro, 13
Efeito Pigmaleão, 247
Efficacy, 145
Eficiência

interpessoal, 19, 22
Emoções, 15, 17, 18, 21, 22, 39, 46, 90, 92, 107, 110, 122, 199, 217, 227, 234, 248, 249, 251
negativas, 44, 113, 153
positivas, 30, 44, 113, 114, 140, 156, 159
Empatia, 18, 86, 89, 90, 100, 111, 122, 136, 145, 193, 196, 198, 199, 200, 210, 230, 233, 235
raízes biológicas e neuronais da, 235
Empoderamento, 221
Empreendedorismo, 23, 66, 68, 69, 72-74, 120, 256
Empregabilidade, 9, 14, 55-59, 61, 72, 84, 100, 168
seis pilares da, 55, 56
Emprego fixo, 80, 81
Empresa viva, 58
Engagement, 140
Engajamento, 96, 140, 189, 237
Ensaio mental, 149, 150
Entrevista(s), 35, 37, 40, 48, 75, 85, 100
Entusiasmo, 59, 111, 114, 117, 124, 258
Envelhecimento, 96, 97, 98
117, 223
Equilíbrio emocional, 46
Equilíbrio razão–emoção, 109
Escola Brasileira de Administração Pública e de Empresas da Fundação Getulio Vargas (EBAPE-FGV), 227
Escuta, 207, 210
atenta, 90
ativa, 210, 211
focada, 235
passiva, 210, 211
Escutar, 133, 135, 175, 177, 178, 210
Especialista
em negociação de sequestro de dados, 94
em networking social, 96
Esperança, 31, 117, 126, 141, 145, 146-147, 166, 167, 188, 254, 256
Esperteza, 116
Espírito
colaborativo, 227
de equipe, 83
individualista, 48
Espiritualidade, 115, 117, 139
Espontaneidade, 111
Estabilidade, 23, 67, 132
Estereótipos, 235
ESTJ, perfil, 40, 131
Estoquistas, 96
Estresse, 12, 31, 50, 86, 87, 101, 102, 144, 158, 183, 241, 242
Estrutura em rede, 58
Ética, 51, 56, 122, 217, 218
Exame, portal, 92
Excelência, 58, 117, 122, 129187, 218, 228

Expectativa de vida, 96, 97, 98, 155, 241
Expectativas, 15, 32, 39, 146, 173-185
Experiência, 38, 59, 80, 81, 99, 134, 195, 223
Experiências negativas, 146
Expressões faciais, 200
Expressões negativas, 161
Extroversão, 39, 130

F

Falta de clareza sobre as tarefas, 144
Falta de concentração, 139
Falta de gestão, 144
Falta de vontade, 107, 211
Família, 18, 35, 46, 64, 67, 98, 111, 155, 162, 196
Feedback, 42, 85, 87, 101, 102, 127, 179, 194, 206, 208, 217, 218, 219
Felicidade, 9, 16, 29, 30, 64, 113, 114, 156, 255
Filtros sensoriais, 213
Fixação do objetivo da mensagem, 203
Flexibilidade, 69, 81, 86, 87, 100, 101, 111, 133, 196, 237
  cognitiva, 91
Foco, 47, 50, 89, 99, 123, 134, 164, 177, 178, 179, 205, 230
Forças de caráter, 115
Formação, 8, 17, 38, 63, 70, 142
Fórum Econômico Mundial, 90
Fraternidade, 111
Frustração, 15, 44, 51, 68, 127, 153
Fusões, de empresas, 44, 151

G

GEM, pesquisa, 72
Generosidade, 117, 177, 178
Geoengenheiro, 97
Geração
  baby boomer, 23,79, 80, 81
  X, 23, 79, 80, 81, 82, 101
  Y, 23, 79, 80, 82, 100
  Z, 23, 79, 80, 82, 100
Gerência, 62, 66, 68, 69, 82, 193
Gerenciamento,
  de conflitos, 179, 186
  de pessoas, 85, 87, 100, 101
  de processos, 50, 86, 87, 101
  de tempo, 49, 50, 181, 182, 186
  do estresse, 50, 86, 87, 101, 102
Gerente
  de herança, 96
  de privacidade, 94
  de vida profissional, 94
  sênior, 101
Gerontologista, 93
Gestão
  de conflitos, 86, 87, 101, 102, 194
  de pessoas, 29, 90, 188, 194, 201, 210, 240
  do tempo, 86, 87, 101, 144
Gestor(es)

de comunidade, 93
de ecorrelações, 93
de marketing, 93
de mídias sociais, 93
para e-commerce, 93
Gestor líder, 228, 229, 240
Gestor, definição, 175
Gestos, 198, 200
Global Entrepreneurship Monitor (GEM), 73
Globalização, 10, 55, 80
Google, 8
Gosto pela aprendizagem, 116
Gratidão, 60, 117, 153, 168
Grupo Pão de Açúcar, 10

H

Habilidade(s)
  de comunicação, 85, 89, 99, 100, 193, 209, 227
  de controle, 50, 85, 87, 101
  de gestão, teste, 186-187
  comportamentais, 58
  não cognitivas, 227
  políticas, 86, 87, 101
  sociorrelacionais, 232
Habilidades socioemocionais (QE), 227, 233, 250, pilares,
  autoconhecimento emocional, 227
  automotivação, 227
  controle emocional, 227
  habilidade em relacionamentos interpessoais, 227
  reconhecimento de emoções em outras pessoas, 227
Harmonia, 44, 101, 109, 123, 133, 205, 232, 235
Heráclito, filósofo, 15
HERO, 145
Hierarquia piramidal, 58
História de vida, 37, 210, 251
Holarquia, 58
Home office, 80
Honestidade, 111
Hope, 145
Humildade, 111, 117, 210

I

IBM, 89
IBQP, 72
Ideia(s)
  principal(is), 86, 201, 202
  secundária(s), 86, 201
  terciária(s), 86, 202
Ideias-satélites, 202
Idoneidade, 56
Igualdade, 18, 58, 111
Imagem, 40
Imparcialidade, 117, 123, 250, 251
Imprevisibilidade, 5, 90, 145
Impulsos pessoais, 232
Incerteza, 9, 11, 69, 173, 174, 193
Inclusão, 123
Independência, 66, 68, 69, 73, 111

Individualidade, 59, 80
Individualização, 123
Indolência, 181
Indústria 4.0, 90
Iniciativa, 11, 47, 49, 50, 61, 86, 177, 178, 179, 185
Inovação, 7, 11, 80, 86, 87, 101, 206, 210, 222, 237
Input, 123, 218
Insegurança, 15, 26, 44, 82, 108
Insights, 14
Insônia, 139
Instituto Data Popular, 72
Instituto de Ensino e Pesquisa (Insper), 74
Instituto Gallup, 120
Integridade, 111, 137, 136, 223
Intelecção, 124
Inteligência
  artificial, 57
  emocional, 11, 17, 18-19,47, 49, 90, 109, 175, 227, 248, 249
  prática, 116
  social, 116, 175, 229-231
Inteligência (QI), 227
Inteligências múltiplas, 17
Interdependência, 5, 6
Interesse, 43, 61, 80, 116, 210, 219
Internacionalização do capital, 55
Internet, 7, 82
  das coisas, 6, 94
Introversão, 39, 130
Intuição, 39, 50, 73, 131, 134
Invasões cibernéticas, 94
Irritabilidade, 19, 139
Isenção de julgamento, 26, 229, 231-233
ISTP, perfil, 40, 131

J

Justiça, 111, 115, 117, 250

K

Kodak, 7, 8

L

Laços de confiança, 233
Lealdade, 76, 111,
Liberdade, 62, 67, 70, 72, 111, 163
Líder, 90, 134, 175, 177-179, 215, 220, 244
  coach, 237, 238
  completo, 177
  provedor, 177, 178
Liderança
  estratégica, 173
  inspiradora, 85, 87, 101, 102
  participativa, 48
  situacional, 48
Longevidade, 79, 97, 99, 112
Lucidez, 116
Lucro, 13, 73, 83

M

Mal-entendidos, 251
Máquinas pensantes, 58
Marketing pessoal, 134, 223
Maturidade, 99, 219
MBTI, teste, 38, 39, 40, 130, 132
Meaning, 140
Mecanismos cerebrais, 245
Medo do fracasso, 7
Mensagem informativa (boa),
    características, 202
    brevidade, 202
    clareza, 202
    concisão, 202
    densidade, 202
    exatidão, 202
    naturalidade, 202
    precisão, 202
    ritmo, 202
    simplicidade, 202
    variedade, 202
Mensagens paralinguísticas, 199
Mente
    consciente, 109, 245
    emocional, 44, 45, 109, 253
    inconsciente, 245
    racional, 44
Mentor, 98
Mercado corporativo, 8
Mercado de trabalho, 11, 46, 55, 88,
    92, 97-99, 130, 167, 221, 256
Meritocracia, 240
Meta(s), 10, 13, 21, 30, 40, 47, 49, 50,
    60, 74, 85, 86, 87, 101, 117, 123,
    124, 139, 144, 148, 149, 181, 185,
    188, 206, 215, 229, 258
Metáforas, 122, 133, 201
Mindset, 8, 188
Ministério do Trabalho, 10
Mobile marketing, 93
Modelo de comunicação
    transacional, 208
Moderação, 115, 117
Modéstia, 117
Moldura mental, 213-215
Morgan Stanley, banco, 94
Motivação, 13, 18, 39, 47, 59-60, 85,
    89, 147, 149, 156, 184-185, 193,
    203, 257
Motivadores de carreira, 12, 66-70
    baseados na dor, 60
    baseados no prazer, 60
Movimento *hippie*, 80
Mudança(s)
    comportamental, 141
    culturais, 6
    de atitude, 180-181,
    de emprego, razões de, 33
    organizacionais, 6
Multifuncionalidade, 8, 9, 10
Mundo 4.0, 6, 8
Mundo do trabalho 4.0, 5-8

N

Nasa, 89
Nativos digitais, 23, 80
Necessidades, 9, 11, 44, 55, 66, 67,
    70, 110, 164, 235
Negociação, 12, 39, 50, 86, 91, 94,
    216
    entre pares, 87, 89, 101, 102
Neocórtex, 109
Networking, 41, 42, 43,49, 50, 86, 87,
    96, 100, 101, 142, 168, 193
Neurônios espelho, 236
Número de nascimentos, 96

O

Obediência, 111
Objetividade, 52, 201, 203, 207, 219,
    240
Obstáculos profissionais, 139
Operadores, 96
Oportunidades, 6, 9, 69, 70, 82, 129,
    153, 237, 256
    externas, 12
    internas, 12
Opportunities, 222
Optimism, 146
Orientação para servir, 91
Otimismo, 31, 65, 111, 124, 141, 146,
    154-157, 254, 256
Outplacement, 55, 74, 75, 100, 168

P

Padrões,
    de satisfação no trabalho, 65
    de talentos, 120-125
    específicos, 112, 121
    mentais automáticos, 162
Paixão, 74, 177, 178, 234, 258
Participação, 17, 39, 58
Passividade, 181
Pensamento
    crítico, 90, 116, 223, 227
    estratégico, 124
Percepção
    de si, 26, 116, 229
    Percepções, 196, 210, 214, 235
Perdão, 117, 146
Perfil(s) comportamental(ais), 24,
    132
    analítico, 204, 205
    centralizador, 204, 205
    compreensivo, 204, 205
    expansivo, 204, 205
Perma+, 140
Perseverança, 117, 146, 149
Personalidade, 38, 84, 96, 145, 198,
    232, 251
Perspectiva(s), 8, 9, 24, 31, 72, 89,
    116, 130, 131, 196
    de crescimento, 19, 33
Perspicácia, 111
Piloto automático, 129
Pipeline de liderança, 179

Planejamento, 46, 50, 86, 87, 101,
    161, 174, 179, 180
Plano de carreira, 62, 250
Plano de Desenvolvimento de
    Competências, 88, 91
Plano de negócios, 73, 74
Pokémon Go, 95
Polivalência, 9
Ponderação, 111
Pontos fortes, 12, 37, 38, 120, 121,
    123, 124, 126, 143, 222, 246
Pontos fracos, 38, 127, 130
Popularidade, 19, 22
Portabilidade de talentos, 31
Positive emotions, 140
Positive Organizational Behavior
    (POB), 143
Positividade, 7, 52, 60, 146, 153,
    154, 159
Postura, 197, 198, 200
    profissional, 212
Potencialidades, 113
Potencialização de forças e talentos,
    189
Prazer, 59, 60, 68, 111, 123, 185,
    186, 234
Prazo(s), 40, 59, 88, 89, 91, 174, 183,
    205, 216, 220, 238
Preconceitos, 10, 111
Predisposição à tirania, 247
Preguiça, 107, 162
Presença, como valor, 111
Princípios pessoais, 111
Processo comunicacional, 209
Processo seletivo, 38, 51
Procrastinação, 183
Produtividade, 5, 10, 23, 58, 61, 72,
    83, 99, 131, 141, 181, 183, 220, 237,
    240, 241, 250
Profissionais multidisciplinares, 11
Profissional
    4.0, 8, 11, 89- 91
    autônomo, 70-72
    liberal, 70-72, 168
Promoção, 12, 51, 56, 79
Proxêmica, 200
Prudência, 111, 117, 124, 223
Psicologia positiva, 31, 113, 118, 139,
    142, 143, 145, 154, 158, 256
Psicologia tradicional, 140
PsyCap, 141, 143, 144, 146, 158
Purificador de água, 97

Q

QI, 18, 227
Qualidade de vida, 12, 13, 63, 64, 66,
    68, 70, 75, 90, 98, 99, 139, 158, 240
Quarta revolução industrial, 6, 57
Quarta revolução tecnológica, 6
Quebra de paradigmas, 10

R

Raciocínio abstrato, 229
Rapidez, 6, 45, 109, 152, 206, 256
Razão, 49, 90, 109, 228
Reações imediatas, 118
Realismo, 111
Realização
  pessoal, 5, 76, 98, 111
  profissional, 5, 10, 32, 45, 76, 98
Reconhecimento, 26, 33, 51, 52, 63,
  111, 221, 237
Recursos tecnológicos, 6
Rede de contatos, 32, 42, 86, 139,
  142
Rede(s) social(ais), 31, 96, 142, 143,
  161, 257
Reestruturação administrativa, 12
Reestruturação emocional, 141
Regra do CHA (conhecimento,
  habilidade e atitude), 84
Regras
  explícitas, 232
  implícitas, 232
  Relacionamento interpessoal, 34, 49,
    50, 85, 87, 101, 130, 205, 232, 239,
    240, 248
  positivo, 234
Relationships, 140
Remuneração, 8, 33, 34, 64, 161
Reporting, 100
Reserva financeira, 56
Resilience, 146
Resiliência, 31, 52, 89, 100, 141, 145,
  146, 150-151, 152, 153, 161, 175,
  227, 254
Resolução de problemas, 40, 49,
  90, 114
  complexos, 90
Respeito, 25, 32, 83, 131, 164, 197,
  211, 215, 217, 218, 232, 235, 254
  à diferença, 111
Responsabilidade, 58, 61, 71, 117,
  122, 124, 151, 177, 178, 185, 222
Ressignificação de modelos de
  pensamento, 189
Restauração, 125
Resultados, 10, 23, 25, 38, 40, 47, 61,
  66, 85, 89, 108, 112, 125, 135, 139,
  149, 152, 176181186, 215, 228, 237,
  240, 247, 249
Retenção dos talentos internos, 13
Revista *Exame*, 93
Revivedor de animais extintos, 97
Risco(s), 11, 24, 35, 55, 69, 111, 121,
  134, 149, 174, 205, 207
Robótica, 57
Roda de Forças, 132
Roubo de dados, 94
Ruella, bistrô, 64

S

Sabotadores, 92, 162, 165, 187
  lista dos dez maiores, 163
Saúde
  emocional, 11
  física, 11, 56
  mental, 56
Sebrae, 72
Segurança, 23, 44, 56, 66, 68, 69, 80,
  94-95, 111, 130, 134, 177, 178
Self-efficacy, 145
Seniores, 99
Senso
  de autenticidade, 115
  de propósito, 117
  de realidade, 152
  de urgência, 134
Sentimento de altruísmo, 233
Sentimentos
  de perda, 44, 45
  positivos, 114
Sequestro da amígdala, 254
Sequestro neural, 109
Serotonina, 30, 114
Significado, 13, 102, 122, 140
Significados residuais, 203
Significância, 125
Simpatia, 121, 228, 233
Sistema de crenças, 159
Sistema monetário internacional, 5
Situação
  contextual, 203
  psicossocial, 203
Sociabilidade, 235
Soft skills, 227
Solidariedade, 32, 111
Starbucks, 99
Status, 18, 111, 175, 253, 258
Strengths, 222
Sucesso, 8, 11, 18, 29, 30, 32, 45, 51,
  63, 70, 73, 84, 89, 122, 127, 128,
  130, 141, 148, 159, 164, 175, 183,
  193, 210, 237, 238
Sustentabilidade da empresa, 33
Sutileza, 111, 185
Swot Pessoal, ferramenta, 52, 222

T

Talento natural, 119
Talento
  mito do, 127, 129
Técnico em telemedicina, 93
Tecnologia da informação, 6, 62, 70
Temple University, 129
Teoria DISC, 132
Teste de preferência cerebral, 41
Teste do Marshmallow, 248
Threats, 222
Tomada de decisão, 13, 50, 82, 86,
  87, 90, 101, 173, 174, 231
Trabalho

  em equipe, 49, 52, 83, 85, 87, 90, 101,
    179, 242-244,
  humanitário, 82
  por projetos, 71
Tradição, 80, 111
Transcendência, 115, 117
Transição
  de carreira, 99, 168
  de emprego, 44
Tristeza, 17, 17, 44, 140, 199, 233
Troca de ideias, 32, 42, 74

U

Universidade Cornell, 81
Universidade de São Paulo, 81

V

Valentia, 117
Valores, 5, 10, 12, 15-17, 22, 23, 32,
  36, 63, 66, 69, 79, 80, 82, 110, 111,
  114, 122, 133, 153, 177, 196, 203,
  210, 213, 216, 223
Valorização de equipes, 221
Vantagem competitiva, 157, 158,
  248
Vendedores, 96
Vestuário, 198, 200
VICA (volátil, incerto, complexo e
  ambíguo), mundo, 5, 173
Vida profissional, 18, 31, 39, 45, 64,
  87, 94, 107, 159, 182
Visa, empresa, 59
Visão
  de negócio, 50, 86, 87, 101
  estratégica, 50, 86, 87, 89, 179
VitalSmarts, empresa de
  consultoria, 80
Vivência, 23, 110, 142, 207
Vocação, 56, 59
Volatilidade, 8, 173, 175
Votorantim Ventures, 81
VUCA (*volatility*, *uncertainty*,
  complexity and *ambiguity*),
  mundo, 5, 90, 102, 112, 173, 174,
  256

W

Weaknesses, 222
Web, 6, 82
Webdesigner, 92
Webmaster, 92
Wella, empresa, 135

X

Xerox, 8

Y

Yahoo, 7

índice remissivo **263**

REFERÊNCIAS

CAPÍTULO 1

BERTOLINO, V. O *profissional multiprofissional*. Disponível em: <https://carreiras.empregos.com.br/seu-emprego/o-profissional-multifuncional>. Acesso em: 10 jul. 2018.

BREDA, J. As pessoas têm medo das mudanças, eu tenho medo é que as coisas permaneçam como estão. *Administradores.com*, nov. 2011. Disponível em: <http://www.administradores.com.br/informe-se/artigos/as-pessoas-tem-medodas-mudancas-eu-tenho-medo-e-que-as-coisas-permanecam-comoestao/59861>. Acesso em: 10 jul. 2018.

BUCKINGHAN, M.; CLIFTON, D. O. *Descubra seus pontos fortes*. Rio de Janeiro: Sextante, 2006.

CABRERA, 2011, p. 128.

CALMON, N. Entrevista com Daniel Goleman. *Blog Nayaracalmon*, abr. 2010. Disponível em: <https://nayaracalmon.wordpress.com/2010/0 /19/entrevista-com-danielgoleman>. Acesso em: 10 jul. 2018.

CHIAVENATO, I. *Construção de talentos*: coaching & mentoring. 7. ed. Rio de Janeiro: Campus, 2002.

CUELLAR, M. Quero mudar de carreira, e agora? *Blog Televendas & Cobrança, fev. 2014*. Disponível em: <https://www.televendasecobranca.com.br/gestao /quero-mudar-de-carreira-eagora-30170/>. Acesso em: 10 jul. 2018.

GOLEMAN, D. *Inteligência emocional*. Rio de Janeiro: Objetiva, 1995.

LEITE, R. C. Guia sobre as diferentes gerações no ambiente de trabalho. *Centro de pesquisa, desenvolvimento e educação continuada (CPDEC)*, abr. 2015. Disponível em: <http://www.cpdec.com.br/guia-sobre-as-diferentes-geracoes-no-ambientede-trabalho>. Acesso em: 29 ago. 2018.

MEISTER, J. *Educação corporativa, a gestão do capital intelectual através das universidades corporativas*. São Paulo: Makron Books, 1999.

MEISTER, J. *Educação corporativa*. São Paulo: Makron Books, 2005.

MONTEIRO, P.; PASSARELLA, W. *A reinvenção da empresa*. São Paulo: Évora, 2017.

OLIVEIRA, 2000, p. 137.

SELIGMAN, M. *Felicidade autêntica*. Rio de Janeiro: Objetiva, 2002.

SOUSA, J. Funcionários polivalentes e plataforma colaborativa com fornecedores estão entre as prioridades do GPA para 2017. *Portal Atacadista*, mar. 2017. Disponível em: <http://www.supermercadista.com.br/2017/03/02/ funcionarios-polivalentes-e-plataforma-colaborativa-com-fornecedoresestao-entre-as-prioridades-do-gpa-para-2017>. Acesso em: 2 abr. 2019.

TATIANA, I. *Disputados*: empresas procuram profissionais polivalentes. *Hoje em dia*, abr. 2014. Disponível em: <http://hojeemdia.com.br/primeiro-plano/economia/disputados-empresas-procuram-profissionais-polivalentes-1.251679>. Acesso em: 10 jul. 2018.

CAPÍTULO 2

A culpa é dele. *Você S/A*, n. 157, p. 65.

ACHOR, S. *O jeito Harvard de ser feliz*. São Paulo: Saraiva, 2012.

BUCKINGHAM, M.; CLIFTON, D. O. *Descubra seus pontos fortes*. Rio de Janeiro: Sextante, 2008.

CHOPRA, D.; FORD, D.; WILLIAMSON, M. *O efeito sombra*. São Paulo: Lua de Papel, 2010.

DAÓLIO, L. C. *Perfis & competências*: retrato dos executivos, gerentes e técnicos. São Paulo: Érica, 2004.

DAVIDSON, R. J.; BEGLEY, S. *O estilo emocional do cérebro*. Rio de Janeiro: Sextante, 2013.

GOLD, M. *Redação empresarial*. 5. ed. São Paulo: Saraiva, 2017.

GROYSBERG, B. *Perseguindo estrelas*: o mito do talento e a portabilidade do desempenho. São Paulo: Évora, 2011.

HIRSH, S. K.; KUMMEROW, J. M. Myers-Briggs Type Indicator – Relatório Interpretativos para Organizações. *Relatório preparado para modelo*, 12 jan. 2010. Disponível em: <https://fellipelli.com.br/wp-content/uploads/2016/05/MBTI-Modelo-Relatorio.pdf>. Acesso em: 30 ago. 2018.

PAINE, N. Atrair e reter talentos. *Mindquest educação*, set 2014. Disponível em: <http://www.mindquest.com.br/retencao-de-talentos>. Acesso em: 16 jul. 2018.

PAIVA, K. S. O autoconhecimento numa entrevista de emprego. *RHPortal. com*, set. 2015. Disponível em: <https://www.rhportal.com.br/artigos-rh/autoconhecimento-em-umaentrevista-de-emprego>. Acesso em: 16 jul 2018.

Plano de carreira. *Você RH*, n. 15, 2011.

SYED, M. *Salto*. Rio de Janeiro: Alta Books, 2012.

CAPÍTULO 3

ADMINISTRADORES.COM. Profissional liberal ou autônomo? mar. 2014. Disponível em: <http://www.administradores.com.br/noticias/carreira/profissional-liberal-ouautonomo/85622>. Acesso em: 20 jul. 2018.

BLANCHARD, K. *A alma do líder*. São Paulo: Garimpo, 2009.

BONIFÁCIO, A. *Pense grande*. Caxias do Sul: Belas Letras, 2013.

CORRÊA. E. A luta pela sobrevivência. *Pequenas Empresas Grandes Negócios*, n. 270, 2011.

DINO. Vale a pena ser empreendedor no Brasil? *Exame*, 5 jul. 2018. Disponível em: <https://exame.abril.com.br/negocios/dino/vale-a-pena-serum-empreendedor-no-brasil>. Acesso em: 30 ago. 2018.

DORNELAS, J. C. A. *Empreendedorismo corporativo*: como ser empreendedor, inovar e se diferenciar na sua empresa. 2. ed. Rio de Janeiro: Elsevier, 2008.

ESTEVES, S.; MAGLIOCCA, R.; GALDINI, D. *Você está cuidando de sua carreira?* Rio de Janeiro: Elsevier, 2011.

FABRASILE, D. Tudo que você aprendeu não serve mais. *Época Negócios*, jun. 2017. Disponível em: <http://epocanegocios.globo.com/Carreira/noticia/2017/06/tudo-que-voceaprendeu-nao-serve-mais.html>. Acesso em: 20 jul. 2018.

HOCK, D. *Nascimento da era caórdica.* São Paulo: Cultrix, 2006.

MINARELLI, J. A. *Empregabilidade*: como ter trabalho e remuneração sempre. 15. ed. São Paulo: Gente, 1995.

MONTEIRO, P.; PASSARELLA, W. *A reinvenção da empresa.* São Paulo: Évora, 2017.

PORTAL CONTABILIDADE NA TV. Cresce a presença de jovens que abrem negócios no Brasil. *Agência Sebrae de notícias*, jun. 2018. Disponível em: http://www.contabilidadenatv.com.br/2018/06/crescea-presenca-de-jovens-que-abrem-negocios-no-brasil>. Acesso em: 30 ago. 2018.

SCHEIN, E. H. *Identidade profissional.* São Paulo: Nobel, 1996.

SELIGMAN, M. *Felicidade autêntica.* Rio de Janeiro: Objetiva, 2002.

CAPÍTULO 4

ALVES, W. Um café operado somente por pessoas acima de 60 anos: o Starbucks tem. *Blog MaturiJobs*, set. 2018. Disponível em: <https://www.maturijobs.com/cases/cafe-operado-somentepor-pessoas-acima-de-60-anos-starbucks>. Acesso em: 1o fev. 2019.

AMARO, M. Saiba quais serão as profissões do futuro. *Exame*, jul. 2017. Disponível em: <http://exame.abril.com.br/carreira/saiba-quais-sao-as-profissoes-dofuturo>. Acesso em: 23 jul 2018.

ASSOCIAÇÃO NACIONAL DE MEDICINA DO TRABALHO (ANAMT). O que é síndrome de burnout. E quais as estratégias para enfrentá-la. *Nexo Jornal*, maio 2018. Disponível em: https://www.anamt.org.br/portal/2018/05/30/o-que-e-sindrome-de-burnout-e-quais-as-estrategias-para-enfrenta-la. Acesso em: 1° fev. 2019.

CARVALHO, A. As gerações baby boomer, X, Y e Z. *Coisa&tal*, abr. 2012. Disponível em: <http://www.coisaetale.com.br/2012/04/as-geracoes-baby-boomer-x-y-e-z>. Acesso em: 23 jul. 2018.

COELHO, T. Neocompetência: uma nova abordagem para o sucesso profissional. *TomCoelho.com*, maio 2011. Disponível em: <http://www.tomcoelho.com.br/index.aspx/s/Artigos_Exibir/160/Neocompetencia_-_Uma_nova_abordagem_para_o_sucesso_profissional>. Acesso em: 23 jul. 2018.

FIFTIES MAIS. O que o país mais feliz do mundo faz pelos maiores de 50 anos? *Blog MaturiJobs*, fev. 2018. Disponível em: <https://www.maturijobs.com/cases/o-que-o-pasmais-feliz-do-mundo-faz-pelos-maiores-de-50-anos>. Acesso em: 1o fev. 2019.

GIULIESE, M. *Desenhando o futuro*: transições de vida e carreira. Rio de Janeiro: Qualitymark, 2008.

GUIA DA CARREIRA. *Descubra quais são as profissões do futuro.* Disponível em: <http://www.guiadacarreira.com.br/profissao/profissoes-do-futuro>. Acesso em: 23 jul. 2018.

GUICHARD, J. Quais os desafios para o aconselhamento em orientação no início do século 21? *Revista Brasileira de Orientação Profissional*, v. 13, n. 2, 2012. Disponível em:<http://pepsic.bvsalud.org/scielo.php?script=sci_arttext&pid=S1679-33902012000200002>. Acesso em: 23 jul. 2018.

IBARRA, H. *Working identity*: unconventional strategies for reinventing yourcareer. Boston: Harvard Business School Press, 2003.

IBGE. Em 2017, a expectativa de vida era de 76 anos. Agência IBGE Notícias, nov. 2018. Disponível em: <https://agenciadenoticias.ibge.gov.br/agencia-salade-imprensa/2013-agencia-de-noticias/releases/23200-em-2017-expectativa-de-vida-era-de-76-anos>. Acesso em: 11 fev. 2019.

JACOMASSI JUNIOR, I. Conflitos de gerações no ambiente de trabalho. *Revista Melhor*, jul. 2017. Disponível em: <https://revistamelhor.com.br/conflitos-de-geracoes-noambiente-de-trabalho>. Acesso em: 30 jan. 2019.

PAPALIA, D. E.; OLDS, S. W.; FELDMAN, R. D. *Desenvolvimento humano*. Porto Alegre: Artmed, 2006.

PATI, C. 10 competências que todo profissional vai precisar até 2020. *Você S/A*, 21 jan 2016. Disponível em: <https://exame.abril.com.br/carreira/10-competencias-que-todo-professional-vai-precisar-ate-2020>. Acesso em: 30 jan. 2019.

RIVERIN-SIMARD, D. L'adulte au travail: les variations de sa trajectoire. *Orientation*, v. 9, n. 3, p. 19-21, 1996. Disponível em: <http://www.fse.ulaval.ca/danielle.riverin-simard/pdf/trajectoire.pdf>. Acesso em: 23 jul. 2018.

SELIGMAN, M. *Florescer*. Rio de Janeiro: Objetiva, 2011.

VEJA. *Profissão*, jul. 2003. Disponível em: <http://veja.abril.com.br/especiais/jovens_2003/p_064.html>. Acesso em: 25 jun. 2011.

CAPÍTULO 5

ACHOR, S. *O jeito Harvard de ser feliz*. São Paulo: Saraiva, 2012.

BUCKINGHAM, M.; CLIFTON, D. *Descubra seus pontos fortes*. Rio de Janeiro: Sextante, 2008.

CHOPRA, D.; FORD, D.; WILLIAMSON, M. *O efeito sombra*: encontre o poder escondido na sua verdade. São Paulo: Lua de Papel, 2010.

GOLEMAN, D. *Inteligência emocional*. Rio de Janeiro: Objetiva, 1995.

PETERSON, C.; SELIGMAN, M. *Character strengths and virtues*: a handbook and classification. Oxford University Press, 2004.

PORTELLA, M. *Psicologia positiva*. v. 1. Rio de Janeiro: Instituto Internacional de Psicologia Positiva, 2013.

PORTELLA, M.; SÁ, R.; MOTTA, V. *Psicologia positiva*: como descobrir e desenvolver qualidades humanas. v. 2. Rio de Janeiro: Psi+, 2016.

SELIGMAN, M. *Felicidade autêntica*. Rio de Janeiro: Objetiva, 2002.

SYED, M. *Salto*: a ciência explica Mozart, Federer, Picasso, Beckham entre outros sucessos. Rio de Janeiro: Alta Books, 2012.

FREDRICKSON, B. L.; BRANIGAN, C. Positive emotions broaden the scope off attention and thought-action repertoires. *Cognition and Emotion*, v. 19, p. 313-332, 2005; apud ACHOR, S. *O jeito Harvard de ser feliz*. São Paulo: Saraiva, 2012.

WIKIPÉDIA. *Lionel Messi*. Disponível em: <https://pt.wikipedia.org/wiki/Lionel_Messi#In%C3%ADcio_como_profissional>. Acesso em: 6 mar. 2019.

CAPÍTULO 6

ACHOR, S. *O jeito Harvard de ser feliz*. São Paulo: Saraiva, 2012.

BANDURA, A. Self-efficacy mechanism in human agency. *American Psychologist*, v. 37, n. 2, 1982. Disponível em: <https://www.uky.edu/~eushe2/Bandura/Bandura1982AP.pdf>. Acesso em 25 jul 2018.

BZUNECK, J. A. As crenças de autoeficácia e o seu papel na motivação do aluno. In: BORUCHOVITCH, E.; BZUNECK, J. A. (Org.) *A motivação do aluno*: contribuições da psicologia contemporânea. Petrópolis: Vozes, 2009. Disponível em: <http://www.uky.edu/~eushe2/Pajares/Bzuneck2.pdf>. Acesso em: 25 jul. 2018.

CHAMINE, S. *Inteligência positiva*. São Paulo: Fontanar, 2013.

COSTA, R. A ciência do otimismo. *Istoé*, n. 2203, 2012. Disponível em: <https://istoe.com.br/188363_A+CIENCIA+DO+OTIMISMO>. Acesso em: 25 jul. 2018.

COUTU, D. How resilience works. *Harvard Business Review*, v. 80, n. 5, p. 46-54, 2002. Disponível em: <https://hbr.org/2002/05/how-resilience-works>. Acesso em: 25 jul. 2018.

LUTHANS, F. The need for and meaning of positive organizational behavior. *Journal of Organizational Behavior*, v. 23, n. 6, p. 695-706, 2002.

LUTHANS, F.; YOUSSEF, C. M.; AVOLIO, B. *Psychological capital*: developing the human competitive edge. New York: Oxford University Press, 2007.

LYUBOMIRSKY, S. *The how of happiness*: a new approach to getting the life you want. Londres: Penguin Books, 2007.

PINA E CUNHA, M.; REGO, A.; LOPES, M. P. Comportamento organizacional positivo. *Análise Psicológica*, v. 4, n. XXXI, p. 313, 2013.

PORTELLA, M. *Psicologia positiva*: como descobrir e desenvolver qualidades humanas. v. 1. Rio de Janeiro: Psi+, 2015.

PORTELLA, M.; SÁ, R.; MOTTA, V. *Psicologia positiva*: como descobrir e desenvolver qualidades humanas. v. 2. Rio de Janeiro: Psi+, 2016.

SELIGMAN, M. E. P. *Felicidade autêntica*. Rio de Janeiro: Objetiva, 2002.

SELIGMAN, M. E. P. *Florescer*. Rio de Janeiro: Objetiva, 2011.

SELIGMAN, M. E. P.; CSIKSZENTMIHALYI, M. Positive psychology: na introduction. *American Psychologist*, v. 55, n. 1, p. 5-14, 2000.

SHAROT, T. *O viés otimista*. Rio de Janeiro: Rocco, 2015.

SNYDER, C. R. The past and possible futures of hope. *Journal of Social and Clinical Psychology*, v. 19, p. 11-28, 2000.

SNYDER, C. R. *The psychology of hope*. New York: The Free Press, 1994.

SNYDER, C. R.; LOPEZ, S. J. *Psicologia positiva*: uma abordagem científica e prática das qualidades humanas. Porto Alegre: Artmed, 2008.

VANISTENDAEL, S.; LECOMTE, J. Resiliencia y sentido de vida. In: MELILLO, A.; OJEDA, E.; RODRÍGUEZ, D. (eds.). *Resiliencia y subjetividad*: los ciclos de la vida. Buenos Aires: Paidós, 2004.

CAPÍTULO 7

ACHOR, S. *O jeito Harvard de ser feliz*. São Paulo: Saraiva, 2012.

ADP. *Lidando com um mundo VICA*: oportunidade de investimento de RH. Disponível em: <http://www.adp.com.br/assets/vfs/Account-109968/BRADP-VUCA-Report-low.pdf>. Acesso em: 29 jul. 2018.

BLANCHARD, K. *A alma do líder*. São Paulo: Garimpo, 2009.

BLANCHARD, K.; SHULA, D. *Você também pode ser um líder*. Rio de Janeiro: Record, 1998.

BRASILIANO, A. *O mundo "VUCA" e a gestão de riscos*: estamos preparados? Disponível em: <https://pt.linkedin.com/pulse/o-mundo-vuca-egest%C3%A3o-de-riscos-estamos-preparados-antonio-brasiliano>. Acesso em: 29 jul. 2018.

CAMARGO, R. F. Estratégias para uma gestão do tempo eficaz: aprenda a fazer um gerenciamento do tempo que atue a seu favor. *Treasy*, mar. 2017. Disponível em: <https://www.treasy.com.br/blog/estrategias-para-gestao-do-tempo>. Acesso em: 29 jul. 2018.

CARVALHO, L. Técnicas para gestão de tempo. Administradores.com, nov. 2013. Disponível em: <https://administradores.com.br/artigos/tecnicas-para-gestao-de-tempo>. Acesso em: 29 jul. 2018.

CHARAM, R. *Pipeline de liderança*. São Paulo: Campus, 2012.

COLA DA WEB. Liderança nas organizações e perfil do líder. Coladaweb. com, 2000. Disponível em: <https://www.coladaweb.com/administracao/lideranca>. Acesso em: 7 mar. 2019.

GASPARINI, C. Os sinais de que você ainda não está pronto para ser chefe. *Você S/A*, mar. 2015. Disponível em: <http://exame.abril.com.br/carreira/os-sinais-de-que-voceainda-nao-esta-pronto-para-ser-chefe>. Acesso em: 29 jul. 2018.

GOLEMAN, D. *Inteligência emocional*. São Paulo: Objetiva, 2012.

JUCÁ, F. *Academia da liderança*. São Paulo: 7 Mares, 2012.

MEDEIROS, L. F. G. *Mundo VUCA foi a expressão "da hora" no C2030*. Disponível em: <http://gamademedeiros.com.br/mundo-vuca-no-c2030>. Acesso em: 3 set. 2018.

PATI, C. *Pessoas com inteligência emocional evitam dizer estas 5 frases*. Disponível em: <http://exame.abril.com.br/carreira/pessoas-cominteligencia-emocional-evitam-dizer-estas-5-frases>. Acesso em: 29 jul. 2018.

PORTELLA, M. *Psicologia positiva*: como descobrir e desenvolver qualidades humanas. v. 1. Rio de Janeiro: Psi+, 2015.

PORTELLA, M.; SÁ, R.; MOTTA, V. *Psicologia positiva*: como descobrir e desenvolver qualidades humanas. v. 2. Rio de Janeiro: Psi+, 2016.

CAPÍTULO 8

ADLER, R.; RODMAN, G. *Comunicação humana*. 7. ed. Rio de Janeiro: LTC, 2003.

ARREDONDO, L. *Aprenda a se comunicar com habilidade e clareza*. Rio de Janeiro: Sextante, 2007.

BLANCHARD, K. *A alma do líder*. São Paulo: Garimpo, 2009.

GASALLA-DAPENA, J. M. *A nova gestão de pessoas*. São Paulo: Saraiva, 2007.

GOLD, M. *Redação empresarial*. 5. ed. São Paulo: Saraiva, 2017.

JUCÁ, F. *Academia de liderança*. São Paulo: Papirus 7 Mares, 2012.

KYRILLOS, L.; JUNG, M. *Comunicar para liderar*. São Paulo: Contexto, 2015.

MAMONA, K. S. *Conheça as sete etapas para dar um feedback ideal*. *Infomoney*, jun. 2012. Disponível em: <https://www.infomoney.com.br/carreira/noticia/2470060/conheca-sete-etapas-para-dar-feedback-ideal>. Acesso em: 4 set. 2018.

PASSADORI, R. *Comunicação essencial*. São Paulo: Gente, 2003.

PENTEADO, J. R. W. *A técnica da comunicação humana*. 11. ed. São Paulo: Pioneira, 1991.

RONALD, A.; RODMAN, G. *Comunicação humana*. 7. ed. Rio de Janeiro: LTC, 2003.

WEIL, P.; TOMPAKOW, R. *O corpo fala*. 54. ed. Rio de Janeiro: Vozes, 2002.

CAPÍTULO 9

ACHOR, S. *O jeito Harvard de ser feliz*. São Paulo: Saraiva, 2012.

ANTUNES, C. *As inteligências múltiplas e seus estímulos*. 13. ed. São Paulo: Papirus, 1998.

AZEREDO, A. O poder transformador da empatia nas relações humanas. *Você S/A*, maio 2016. Disponível em: <https://exame.abril.com.br/carreira/o-podertransformador-da-empatia-nas-relacoes-humanas>. Acesso em: 28 jul. 2018.

BARROS, M. L. *Você é realmente um líder imparcial? Faça o teste e descubra*. *Administradores.com*, ago. 2014. Disponível em: <http://www.administradores.com.br/artigos/carreira/vocee-realmente-um-lider-imparcial-faca-o-teste-e-descubra/79793>. Acesso em: 28 jul. 2018.

BERNARDINHO. *Transformando suor em ouro*. Rio de Janeiro: Sextante, 2006.

BLANCHARD, K. *A alma do líder*. São Paulo: Garimpo, 2009.

BRINKMAN, R.; KIRSCHNER, R. *Aprendendo a lidar com pessoas difíceis*. Rio de Janeiro: Sextante, 2006.

CARVALHO, M. C. N. *Relacionamento interpessoal*: como preservar o sujeito coletivo. Rio de Janeiro: LTC, 2009.

GOLEMAN, D. *Inteligência emocional*. Rio de Janeiro: Objetiva, 2012.

IDOETA, P. A. *Habilidades socioemocionais são chave para empregos do futuro*. *BBC Brasil*, maio 2014. Disponível em: <https://www.bbc.com/portuguese/noticias/2014/05/140429_habilidades_empregos_futuro_pai>. Acesso em: 10 fev. 2019.

KRZNARIC, R. *O poder da empatia*: a arte de se colocar no lugar do outro para transformar o mundo. Rio de Janeiro: Zahar, 2015.

LUQUET, M. *Muito além do voo*. São Paulo: Leya, 2015.

MAUSHART, S. *O inverno da nossa desconexão*. São Paulo: Paz e Terra, 2011.

MURPHY, J. *O poder do subconsciente*. 65. ed. Rio de Janeiro: Bestseller, 2015.

PEREIRA, D. S. Inteligência social. In: PORTELLA, M. *Psicologia positiva*: como descobrir e desenvolver qualidades humanas. v. 1. Rio de Janeiro: Psi+, 2015.